우산을 든 투자자

Safe Haven: Investing for Financial Storms by Mark Spitznagel and Nassim Nicholas Taleb
Copyright © 2021 by Mark Spitznagel.
Korean translation copyright © 2024 Water Bear Press

All Rights Reserved.
This translation published under license with the original publisher
John Wiley & Sons, Inc. through Amo Agency, Korea

이 책의 한국어판 저작권은 AMO에이전시를 통해
저작권자와 독점 계약한 워터베어프레스에 있습니다.
신 저작권법에 의해 한국 내에서 보호를 받는 저작물이므로 무단 전재와 무단 복제를 금합니다.

우산을 든 투자자

위기를 기회로 만드는 투자자는 무엇이 다른가?

마크 스피츠나겔 지음 • 김경민 옮김 • 송종은 감수

SAFE HAVEN

WATER BEAR PRESS

우산을 든 투자자

초판 1쇄 발행 2024년 7월 26일
초판 2쇄 발행 2024년 10월 18일

저자	마크 스피츠나겔
역자	김경민
감수	송종은

기획	장동원 이상욱
책임편집	오윤근
디자인	김경민
제작	제이오엘앤피

발행처	워터베어프레스
등록	2017년 3월 3일 제2017-000028호
주소	서울 강서구 마곡서로 152 두산더랜드타워 B동 1101호
홈페이지	www.waterbearpress.com
이메일	book@waterbearpress.com
ISBN	979-11-91484-24-3 03320

* 책값은 뒤표지에 있습니다. 잘못 만들어진 책은 구입하신 곳에서 바꿔드립니다.

I was burned out from exhaustion, buried in the hail
Poisoned in the bushes an' blown out on the trail
Hunted like a crocodile, ravaged in the corn
"Come in," she said, "I'll give ya shelter from the storm"

나는 너무나 지쳤지. 쏟아지는 우박을 맞고
덤불 속에서 독에 취해 몽롱해진 채 길 위에 쓰러져 있었지.
쫓기는 악어처럼 처참하게 옥수수밭에 내몰렸지.
그녀가 말했지. "들어와요. 폭풍을 피할 곳을 내어줄게요."

-밥 딜런-

감사의 말

———

칫푸니트 만, 데이지 바이스, 브랜든 야킨의 도움이 없었더라면 이 책은 세상에 나오지 못했을 것이다. 편집을 도와준 로버트 머피와 내가 자주 옆길로 샜음에도 작업을 계속할 수 있게 독려해준 파트리샤 크리사풀리에게 특히 깊은 감사의 인사를 전한다. 인내심을 가지고 작업해준(그리고 내가 본업이 있다는 점을 이해해준) 와일리 출판사 직원들에게도 감사드린다. 마지막으로 아이디어의 테스트 대상이 되어주고, 유니버사의 '실제 사례 연구 및 표본 외 테스트'에 함께 참여해준 유니버사 투자자들에게도 크나큰 감사의 마음을 전한다.

차례

감사의 말 7
나심 니콜라스 탈레브 서문 10

1부 앞선 것으로부터 21
1 운과의 전쟁 22
피로 쓴 글 | 탐색적 베팅 | 세이프 헤이븐이란 무엇인가?
거대한 딜레마 | 제1원리 | 부정 논법 | 연역적 주사위

2 자연의 경고 58
스위스의 베르누이가 | 상트페테르부르크 역설
에몰루멘툼 미디움 | 기하평균 | 또 다른 상트페테르부르크 역설 | 곡선의 오목성 | 라인 '로그' 폭포

3 영겁 회귀 95
실존적 원칙 | 다중 우주 속으로
슈뢰딩거의 악마와 함께 하는 주사위 게임(N=∞)
니체의 악마와 함께 하는 주사위 게임(N=1)
비에르고딕성이라는 꼼수 | 마술인가 수학인가?
사이드 베팅 | 보물의 일면

2부 뒤의 것으로부터 149

4 분류 체계 150
본질주의 | 공통점보다는 차이점이 더 많다 | 표현형
리스크 완화의 아이러니 | 유사종 | 분산투자라는 도그마
귀납적 주사위

5 전체론 183
시계 속 뻐꾸기 | 두 눈을 모두 지키기 | 임상 시험
비용과 효과의 관계 | 리셔플링 | 불가지론
공격적 방어 | 좁고 깨진 창틀 | 트랙 전체를 보기
대해적

6 과감한 추측 236
인식론 | 해왕성인가, 벌컨인가? | 현금이 왕이다
흐름을 타라 | 반짝이는 모든 것 | 세이프 헤이븐 경계선
해맑게 휘파람을 불며 지나는 무덤

후기: 운명을 사랑하라 276
옮긴이의 말 296

서 문

나심 니콜라스 탈레브
Nassim Nicholas Taleb

성녀 마리나

내 조상들이 살았던 레반트Levant 북부 지역 마을의 언덕 위에는 성녀 마리나에게 헌정된 예배당이 있다. 마리나는 이 지역 출신 성녀다. 뭐, 성인聖人이 배출되면 으레 그렇듯 고대 비티니아Bithynia나 동로마제국의 아나톨리아Anatolian 지방 등 다른 문화권에서는 마리나가 자기 지역 출신이라고 주장하긴 하지만.

5세기경 태어난 마리나는 유복한 가정에서 자랐다. 어머니가 돌아가시자 마리나 아버지는 속세를 등지고 수도원 생활을 결심했다. 마을에서 8마일 정도 떨어진 레바논 산맥Mount Lebanon 기슭에 콘누비움Connubium(칸누빈Qannubin) 계곡이 있는데, 그곳의 바위틈에 있는 수도

실에서 여생을 보낼 작정이었다. 마리나는 아버지와 동행하겠다고 고집을 부린 끝에 '마리노스'라는 이름의 소년으로 변장해 아버지를 따라갔다.

10여 년이 지나고 아버지가 돌아가신 이후, 마리나가 살던 지역에 파견된 로마 군인 하나가 동네 여관 주인의 딸을 임신시키는 일이 발생했다. 로마 군인은 여관 주인에게 방패막이가 되어줄 사람이 없는 마리노스 신부가 저지른 일이라고 고발하라고 시켰고, 군인들의 보복이 두려웠던 여관 주인의 딸과 가족은 그 말에 따랐다.

마리나는 누명을 쓰게 되었지만, 자신의 결백을 입증하기 위해 실력 있는 변호인을 구하지 않았다. 수도사로서의 정체성과 스스로가 생각하는 사명의 신성함에 충실하고자 본인이 여자라는 사실도 밝히지 않았다. 결국 마리나가 그 아이를 맡아 키우게 되었고, 저지른 적 없는 일에 대한 속죄로 10년 동안 수도원 벽의 바깥에서 구걸하는 삶을 살았다.

마리나는 동료 수도사와 동네 사람들이 내비치는 경멸을 매일같이 직면했다. 그러나 그녀는 의연했으며, 단 한 번도 진실을 밝히려는 유혹에 넘어가지 않았다.

마리나가 때이른 죽음을 맞이하고, 정화 의식을 치르는 과정에서 여자였음이 드러났다. 부당한 고발을 당했다는 사실이 밝혀졌고, 마리나는 그리스 정교회의 성인으로 추대됐다.

성 마리나의 이야기는 영웅 서사의 또 다른 형태다. 마음에서 우러나 숭고하고 용기 있는 행위를 할 수도 있고, 대의명분을 위해 목숨을 걸 수도 있고, 전쟁 영웅이 될 수도 있고, 철학적 죽음을 추구해 독약을 마실 수도 있고, 로마 콜로세움에서 사자 밥이 되면서도 당당함을 잃지 않고 순교자가 될 수도 있다. 하지만 결백을 입증할 가능성이 없는데도 매일같이 주변 사람들이 주는 모진 모욕을 감내하는 일은 이보다 훨씬 더 어렵다. 격통은 사라지지만 둔통을 견디기란 훨씬 어렵고, 또 대단히 영웅적인 일이다.

스피츠

나는 마크 스피츠나겔과 꽤 오랫동안 알고 지낸 사이다(20년이 넘었다). 그래서 주인공이 "나는 사색할 줄 압니다. 기다릴 줄 압니다. 단식할 줄 압니다"라고 이야기하는 헤르만 헤세Herman Hesse의《싯다르타Siddhartha》를 읽고 나서였던가, 마크가 한때 잠시나마 채식주의자로 지냈다는 사실도 알고 있다. 1년의 3분의 2는 비건으로 지내는(그리고 나머지 3분의 1은 주로 일요일과 휴일에 적극적으로 육식을 하는) 그리스 정교회의 단식을 권했지만, 마크를 설득하지는 못했다. 그에게는 지나친 타협안이었던 듯하다.

마크는 동료들에게 은근슬쩍 자신의 음악 취향(주로 카라얀이 지휘한 말러의 곡들)을 권했으며, 젊은 시절에는 으레 칼 포퍼Karl Popper로 시작해서 과학적 방법론의 핵심적인 (블랙스완Black Swan) 비대칭성*으

• 발생 가능성은 작지만, 발생 시 파급 효과가 큰 사건.

로 끝났다. 우리가 하는 일은 트레이딩이 아니라 지적 사업, 즉 적절한 추론과 확률 이론을 비즈니스 세계에 적용하여 시장 피드백에 따라 이 분야를 발전시키는 일이라고 당당하게 주장하기도 했다. 그러면서 '게당켄엑스페리멘트 Gedankenexperiment(사고 실험)' 같은 온갖 독일어 단어를 써댔다. 그 당시 우리 사무실에서 주로 이야기했던 저자와 주제에는 전쟁 전의 오스트리아 빈과 그 '벨트안샤웅 Weltanschauung(세계관)'이라는 의도치 않은 지리적 공통점이 있지 않았나 생각한다.

스피츠는 언제나 고집이 있는 사람이었다. 고집스럽지만 머리가 특출나게 좋은 이라는 점이 다행이라면 다행이다. 나는 실제로 보면 책에서 비치는 모습보다 훨씬 더 사교성이 있고 고집이 덜하다. 마크는 정확히 그 반대인데, 기자나 사정을 잘 모르는 외부인에게 그 사실을 능숙하게 숨기는 사람이라는 점을 꼭 짚고 넘어가고 싶다. 우리를 취재해 《뉴요커 New Yorker》에 기사를 낸 말콤 글래드웰 Malcolm Gladwell 작가도 마크에게 깜박 속아서 나는 술집에서 시비를 거는 사람이고, 마크는 말리는 사람이라고 생각했다.

우리 사무실은 장난기가 어린 독특한 분위기를 풍긴다. 사무실에 와서 칠판 곳곳에 휘갈긴 수학 공식을 본 사람들은 우리의 주된 경쟁력이 수학에만 국한된다고 착각하곤 한다. 하지만 그렇지는 않다. 퀀트 쪽에 발을 들이기 전에 마크와 나는 둘 다 객장 트레이더였다. 우리 일이 기존의 금융 모델에서 수학적 오류를 찾아내는 것을 근간으로 삼고 있기는 하지만, 우리 강점은 객장에서의 경험과 보정·미세조정·실행·주문흐름·거래비용 등이 얼마나 중요한지를 이해하는 것에서 나온다.

재밌게도 '스킨 인 더 게임skin in the game'을 하는 사람들, 즉 자수성가해서 자기 돈을 투자해 리스크를 짊어지는 사람들(예를 들면 은퇴한 섬유 수입업자나 전직 쇼핑센터 개발업자)은 우리가 하는 말이 무슨 소린지 곧바로 감을 잡는다. 반대로 이도 저도 아니게 MBA에서 금융을 전공하고 연말에 인사평가를 받아야 하는 사람들은 좀 더 자세히 설명을 해줘야 한다. 우리가 하는 말의 핵심 직관도, 수학적인 내용도 감을 잡지 못한다. 마크를 만났을 때, 우리는 둘 다 객장 트레이딩과 새로운 지류의 확률 이론(최대 최소 정리Extreme Value Theory 같은)이 만나는 지점에 있었다. 당시에(그리고 지금까지도) 그 지점에 있는 사람은 단둘이었다.

서로를 존중하는 노새 무리

객장 트레이딩과 최신 확률 이론의 접점에서는 어떤 생각이 주로 떠올랐을까?

'어떤 일에는 즉각적인 보상과 피드백이 없어서 일반 대중이 무시하곤 한다.'

필연적으로 이런 결론이 나온다.

'피드백이 없다는 점이 사람들의 무의식적인 행동과 선택에 미치는 영향력을 절대 과소평가해서는 안 된다.'

이 이야기를 하면서 마크는 오랫동안 피아노를 쳤음에도 〈젓가락 행진곡〉도 잘 치지 못할 정도로 실력이 늘지 않던 사람이 꾸준히 연습해서 어느 날 갑자기 쇼팽이나 라흐마니노프를 완벽하게 연주하게 되는 예를 자주 들었다.

이 이야기는 현대 심리학과는 관련이 없다. 심리학자들은 '보상 지연deferred payoff'이라는 개념을 들면서 만족 지연 능력의 부재를 그 방해 요인으로 꼽는다. 그러면서 미래의 2달러보다 현재의 1달러를 선호하는 사람은 살면서 결국에는 가난해진다고 말한다. 하지만 마크는 그런 이야기를 하려는 게 아니다. 끝에 가서 보상이 있을지 알 수 없고, 더욱이 심리학자들은 논의하는 이야기가 대부분 틀리는 어설픈 과학자들이기 때문이다. 만족 지연 능력이 있는 사람이 사회경제적인 이점을 누린다는 가설은 결국 틀렸음이 밝혀졌다. 현실은 약간 다르다. 불확실한 상황에서는 지금 손에 쥘 수 있는 것을 쥐어야 한다. 지금은 1달러, 1년 후에는 2달러를 준다고 하는 사람이 그때 가서 파산할 수도 있고, 감옥에 갈 수도 있기 때문이다.

지금 하는 이야기는 만족 지연이 아니라, 외부적인 만족이 없어도 기능할 수 있는 능력, 더 정확히는 무작위적 만족이다. 보장된 것이 없더라도 살아갈 수 있는 굳건함을 갖춰야 한다.

여기에서 두 번째 결론이 나온다.

'좋지만, 좋아보이지 않는 것에는 반드시 일정한 경쟁력이 있다.'

바보가 넘쳐나는 상황에서는 끈기 있고 제대로 된 마음가짐을 갖춘 사람이 제대로 된 선택을 할 수 있다는 뜻이다.

다른 사람들 눈에 근사하게 보이고 싶은 사람의 마음을 과소평가하면 절대로 안 된다. 과학계와 예술계는 만족감의 부재에 대응하기 위해 상과 권위 있는 저널과 같은 것을 만들 수밖에 없었다. 영웅은 아니지만 근사해 보이고 싶은 욕망을 충족해주는 것이다. 자신의 가설이 옳은지를 끝까지 입증하지 못하더라도 상관없다. 그 과정에서 쟁취할 수 있는 보상이 있으면 된다. 그렇기에 결국 '연구'는 겉보기에만 연구일 뿐 사실은 연구가 아닌 무언가를 지칭하게 된다. 논지의 유효성이 나중에 입증되지 않더라도 '권위 있는' 저널에 논문을 발표하면 그걸로 된 것이다. 이는 서로의 논문을 인용해주기로 한다거나, 금융학•경제학과 같은 분야의 학회에서 유의미한 피드백 없이 끝도 없이 헛소리를 지껄이고는 동료들이 주는 표창을 받는 상황까지 연출한다.

예를 들자면, 마르코비츠Markowitz류의 포트폴리오 이론(또는 이와 관련된 '리스크 패리티risk parity')은 자산 사이의 상관관계가 가시적이고 임의적이지 않다는 가정을 필요로 한다. 이 가정을 배제하면(이 책에서 다루는 에르고딕성ergodicity과 같은 훨씬 더 중대한 오류까지는 고려하지 않는다고 해도) 포트폴리오 구축의 근거가 없어진다. 하지만 컴퓨터의 존재를 모르거나 데이터를 사용하지 못하는 상황이 아니고서야, 연관성이(만약 있다면) 고정적이지 않고 임의로 변한다는 사실을 모를 수가 없다. 사람들이 이런 모델을 쓰면서 제시하는 유일한 변명은 다들 같은 모델을 쓰고 있다는 것뿐이다.

이러다 보면 일부 노벨상 수상자를 포함해 실제로는 아무것도 모르면서 이력서만 화려한 사람들이 생겨난다. 서로의 논문을 인용해주거나 자기들끼리 상부상조하는 이들을 고대인은 '무투아 물리mutua muli', 즉 '서로를 존중하는 노새 무리'라고 불렀다.

비용 효과적인 리스크 완화

금융 및 사업 수익은 대부분 흔치 않은 사건이 발생했을 때 창출된다. 평상시에 일어나는 일은 전체 수익에 거의 영향을 미치지 않는다. 금융 모델에서는 정반대의 일이 일어났다. 1998년에 폭삭 망한 펀드가 하나 있다. '롱텀 캐피털 매니지먼트'라는 잘못된 이름이 붙은 이 펀드는 '무투아 물리' 인증을 받은 사람들이 범하는 오류를 잘 보여주는 사례. 노벨상을 받은 학자들은 불과 한 달 만에 자신들이 만든 모델이 틀렸음을 보여주었다. 1980년대, 특히 1987년 주가 폭락 이후에는 거의 모두가 그 모델이 엉터리라는 사실을 분명히 알고 있었을 것이다. 그러나 긴 주말 연휴를 보내고 온 애널리스트 전부, 조금 양보해서 대부분은 시야가 뉴욕 하수구 수준으로 흐리다. 그러다 보니 무투아 물리가 업계 전체를 장악하게 된 것이다.

실제로 투자업계에는 얼핏 보면 근사하고 세련된, 하지만 완전히 틀린 수학적 방법론을 사용해서 결국에는 장기적으로 고객에게 손해를 끼치는 애널리스트가 많다. 왜 그럴까? 이유는 간단하다. 리스크는 고객 돈으로 감수하고, 수익은 애널리스트가 챙기기 때문이다. 다시 이야기하지만, 자기 돈이 걸린 문제가 아닌 것이다.

안정적인 수익(즉, 지속적인 승인)을 내려면 테일 리스크tail risk[*]를 감춰야 한다. 은행권에서는 1982년과 2008년 두 차례에 걸쳐 역사를 통틀어 은행권이 낸 수익보다 더 큰 돈을 잃었다. 그런데도 매니저들은 여전히 돈을 많이 번다. 이들은 다이너마이트 더미 위에 앉아 있었으면서도 표준 모델상 리스크가 낮았다고 주장했다. 그래서 우리는 기만의 수단이었던 금융 모델들을 깨부숴야 했다.

이런 리스크 전가는 기업 활동 전반에 걸쳐 나타난다. 금융 애널리스트의 말을 듣고 꼬리 보험tail insurance[**]에 가입하지 않는 기업들이 있다. 하지만 애널리스트들은 위기 상황을 버텨낼 수 있는 기업의 주당순이익이 단돈 1원이라도 낮으면, 금리가 조금만 오르락내리락해도 취약해지는 기업보다 좋지 않다고 판단해버린다!

그 결과, 현대 금융 모델은 고객의 이익과 동떨어져 '지대rent'를 추구하면서 결국에는 세금으로 구제받는 사람들을 만들어냈다.

- [*] 일어날 가능성이 희박한 사건으로 인해 손해가 발생할 가능성.
- [**] 보장 기간 내에 발생한 사건에 대해 보험 기한이 만료된 이후에 신고하더라도 보험금을 보장해주는 보험 상품.

금융 분야에서 지대를 추구하는 이들은 분명 사회의 적이지만, 더 나쁜 적이 있다. 바로 모방자들이다.

본인이 설립한 유니버사Universa에서 마크는 포트폴리오의 테일 리스크를 헤지하는 구조를 만들어서 무작위적 만족을 지연해야 할 필요를 차단했다. 《우산을 든 투자자》에서 소개(및 체계화)하듯, 리스크 완화는 '비용 효과적'으로(즉, 자산을 늘리는 방식으로) 해야 한다. 그렇게 하려면 중요하지 않은 리스크가 아니라, 중요한 리스크를 완화해야 한다.

이것이 투자 가능한 자산군으로서 테일 리스크 헤징이 등장하게 된 배경이다. 테일 리스크 헤징은 블랙스완이 포트폴리오에 끼치는 고약한 영향력을 없앴다. 비용 효과적인 테일 리스크 헤징은 다른 모든 형태의 리스크 완화를 압도했다. 사람들이 이 개념에 좋은 반응을 보이면서 새로운 카테고리가 생겨났다. 그러자 아주 많은 모방자가 생겨났다. 현대 금융 모델에 한 번 속았던 무투아 물리가 새롭게 팔아먹을 거리를 발견한 것이다.

유니버사에서는 테일 리스크 헤징을 대체할 수 있는 것은 없을뿐더러, 테일 리스크 헤징은 (포르쉐가 광고에서 자부하듯) 정말로 대체재 자체가 없음을 입증했다.

원칙에서 실행 단계로 넘어가면 상황이 훨씬 더 복잡해진다. 바깥에서 보기에는 간단한 결과물이라도 내부적으로는 어려운 과정을 거친다. 본래적 우위라든지, 보상과 확률적 메커니즘에 대한 이해를 빼고 생각해도 연구와 적용에는 오랜 시간이 걸린다.

마크의 강점은 객장 트레이딩 경험과 테일 리스크의 수학적 내용을 힘들이지 않고 천부적으로 이해하는 능력이라고 언급한 바 있다. 그게 다는 아니다. 마크의 강점은 대체로 그의 행동과 관련이 있고, 고집이 세다는 말 정도로는 마크를 다 설명할 수 없다. 끈질기게, 강박적으로, 또 지루할 정도로 원칙을 지키는 모습이야말로 가장 저평가된 인간의 특성이 아닐까. 나는 20년이 넘도록 마크가 원칙에서 한 치라도 벗어나는 모습을 본 적이 없다.

이 책은 마크가 투자업계에 날리는 기념비적인 엿이다.

1부

앞선 것으로부터

운과의 전쟁

피로 쓴 글

19세기 독일 철학자 프리드리히 니체Friedrich Nietzsche는 고대 페르시아의 예언자 차라투스트라의 입을 빌려 이렇게 말했다. "글로 쓴 모든 것 중에서, 나는 오로지 피로 쓴 것만 사랑한다."

그렇다면 니체는 이 책을 좋아했을 것이다.

내가 25년 넘게 트레이더로 일하면서 운에 맞서 싸우며 흘린 피로 쓴 글이니까. 이 책은 헤지펀드 매니저이자 세이프 헤이븐 전문 투자자로서 쌓은 투자와 리스크 완화의 경험을 녹여낸 결과물이다. 나는 이 책에 나온 내용에 따라 투자해왔고, 앞으로도 늘 그럴 것이다. 내가 창립한 헤지펀드 회사인 유니버사 인베스트먼츠도 마찬가지다(그게 우리의 매니페스토다).

 말은 쉽다. 아이디어 제시나 비평이 딱 그렇다. 정말 중요한 것은 행위, 그러니까 실전에서 어떤 행동을 하는지다. 셜록 홈스처럼 "다른 이들이 모르는 것을 아는 것"은 내 알 바가 아니다. 그보다는 다른 사람들이 하지 않고, 또 할 수 없는 행동을 해야 한다(마찬가지로 내가 무엇을 모르는지 아는 것도 중요하다). 효과적인 세이프 헤이븐 투자가 어때야 하는지 논쟁하는 것보다는 직접 실행하고 보여주는 일이 훨씬, 훨씬 중요하다. 그리고 효과적인 세이프 헤이븐 투자를 한다고 자부하는 사람들조차 대부분 "움직임과 행동을 헷갈리지 말라"는 헤밍웨이의 묵직한 메시지를 무시한다.

 집필 시점까지를 기준으로 10년이 조금 넘은 유니버사 리스크 완화 포트폴리오의 연 환산 순수익률은 S&P 500보다 3% 이상 높다. 책에서는 이 실적의 기초와 방법론을 다룬다. 현저히 적은 리스크를 감수한 직접적인 결과로 이 실적이 나왔다는 점이 중요하다. 요즘도 그렇고, 대부분의 시기에 헤지펀드 업계와 리스크 완화 전략 전반의 실적은 S&P 500을 밑돌기 때문에 이 정도의 초과 실적은 드문 일이다. 시장이 우리에게 친절했던 것은 우리가 시장을 기만, 또는 예측하거나 한발 앞서나가려고 하지 않았기 때문이다. 시장이 돌아가는 방식에 대한 믿음을 바탕으로 한눈팔지 않고 투자했을 따름이다.

 사람들은 리스크 완화를 부채, 또는 부 창출과 트레이드오프 관계라고 생각한다. 대체로 그런 생각이 맞기는 하다. 하지만 적어도 유니

버사는 리스크 완화를 꼭 그렇게 생각할 필요는 없다는 점을 분명하게 보여주는 실제 사례이자 표본 외 테스트다. 리스크 완화는 시간이 지나면서 포트폴리오를 끌어올리는 요소라 생각할 수 있으며, 그렇게 생각해야 한다. 제대로 된 리스크 완화라면 그렇다. 나는 유니버사가 바로 이런 점 때문에 시장에서 주목받았으면 한다.

내가 좋아서 한 일이기는 하지만, 유니버사 일에 관심을 쏟느라 온전히 이 책을 쓰는 데만 집중하지는 못했다. 그러나 책 집필은 아주 소중한 성찰의 계기가 됐다. '보통'의 투자자가 포트폴리오를 보호하려면 어떻게 해야 하는지 항상 질문이 들어오는데, 이 문제를 더 심도 있게 생각해볼 수 있었다.

이 책은 그런 질문에 대한 답이기도 하기에, 처음부터 이 책에서 무엇을 기대할 수 있는지 분명히 하고자 한다. 이 책은 방법을 알려준다기보다는 어떤 일을 하거나 하지 말아야 하는 이유를 설명한다. 세이프 헤이븐 투자자로서 내가 하는 일을 비전문가가 그대로 따라 하려고 해서는 안 된다(그리고 특히나 대다수의 전문 투자자도 그래서는 안 된다). 이 책에서 하는 이야기 모두에 해당하는 말이다.

독자의 손을 잡고 방법을 하나하나 가르쳐주거나, 영업 비밀이라고 할 만한 것을 공개하지도 않을 것이다. 투자 매니저로서 무언가를 판매하려는 의도도 없다. 이 책에서는 특정 세이프 헤이븐 전략의 작동 방식 자체를 설명하거나, 주요 세이프 헤이븐 투자법 전부를 조사해서 백과사전식으로 나열하고 있지 않다. 또한, 현재 시장 상황에 대한 언급은 책의 논지에 전혀 필요하지 않기에 그런 내용도 거의 없다.

그래도 해결해야 하는 커다란 투자 문제는 분명히 있고, 유니버사에서는 이 책 전반에서 제시하고 있는 그 문제 해결의 결론으로 나온 솔루션을 명시적으로 활용하고 있다. 그건 당연히 좋은 일이다. 그렇게 훌륭하다는 솔루션을 내가 적용하지 않는다면 그게 오히려 심각한 위험 신호가 아니겠는가?

이 책을 쓴 이유는 내 방식의 기저에 있는 기본 개념을 명확하게 제시하기 위해서다. 수면 위로 드러난 빙산은 전체의 8분의 1이고, 딱 그만큼이면 충분하다(피치 못하게 수학적인 내용이 간간이 나오기는 하지만, 최소한으로 줄이려고 정말 많이 노력했다). 세이프 헤이븐이 무엇인지 이해할 수 있도록 논리적이고 실용적인 분석틀을 제시해, 체계적인 리스크 완화에서 세이프 헤이븐이 어떤 가치가 있는지 관찰·고찰하고, 애초에 그게 무슨 의미인지 살펴보려 한다. 즉, 세이프 헤이븐과 그 존재에 대한 가설을 엄밀하게 테스트할 수 있는 틀을 제시하고자 한다.

독자 여러분이 이 책을 읽고 세이프 헤이븐 투자에 대해 좀 더 현실적이고 합리적인 가정을 하고, 또 그런 가정을 평가하고 다룰 수 있는 기준을 세워 함정을 피할 수 있게 된다면, 이 책은 쓰임을 다한 것이다. 이 책의 내용을 제대로 이해한다면 책값으로 쓴 돈의 몇 배에 달하는 이익을 얻을 수 있다. 투자를 하다 보면 돈을 벌 때도 있고 잃을 때도 있지만, 나중에 돌이켜보면 정말 중요했던 건 기초를 바로 세우는 일이다.

투자라는 장場은 여러 이유로 기만적이고 기울어져 있다. 나는 그 장을 조금이라도 평평하게 만드는 데 힘을 보태고자 한다(진정성의 표시로 이 책의 수익금 전액은 자선단체에 기부할 예정이다).

탐색적 베팅

이 책은 오래전부터 진행된 탐색과 문제 해결 노력의 결과물이다. 나는 시카고 원자재 거래 객장이 금융계의 중심이었던 시절, 그곳에서 허름하고 가난한 아이로 자랐다. 10대 소년에 불과했던 내게 '시카고 상품 거래소의 베이브 루스'였던 멘토 에버렛 클립Everett Klipp은 "작은 손실이 좋은 손실"이며, 리스크 완화와 생존이야말로 트레이딩과 투자의 전부라고 몇 번이나 이야기해줬다. 클립의 이야기는 지금도 맞는 말이다. 손실에 신경 쓰다 보면 이익은 알아서 따라온다. 이익은 손실과 비교했을 때만 유의미하다. 게임을 계속하려면 판돈이 되는 자본금을 지켜야 한다. 예측은 금물이다.

꽤 뻔한 이야기다. 손실, 특히 큰 손실이 날 가능성을 제대로 따지는 사람이 많지 않다는 점만 빼면 말이다. 내 경험을 통틀어 보면, 투자자 대부분은 투자가 잘못되었을 때의 영향에 대해 제대로 생각하지 않는다. 그걸 따지는 사람이 없다.

나는 20대에 시카고 채권 거래 객장에서 '로컬'(또는 독립) 트레이더로 일하면서 직접 시행착오를 겪었고, 이런저런 실험을 하면서 투자를 시작했다(종잣돈의 대부분은 대학 시절 거래 객장에서 사용하는 휴대할 수 있는 포트폴리오 관리 컴퓨터 프로그램을 최초로 만들어 판매한 돈으로 마련했다). 그 실험은 30대에 뉴욕에서 은행 프랍bank proprietary 및 헤지펀드 파생상품 트레이더로 일하면서도 계속됐고, 뉴욕대학교 쿠란트 수학연구소Courant Institute of Mathematical Sciences의 유서 깊은 전당에서도 잠시나마 이어갔다. 처음으로 테일 리스크 헤징 프로그램을 시작했을 때 나심 니콜라스 탈레브와 맨해튼의 거리를 걸으며 끝도 없이 토론했다. 나중에 탈레브는 유니버사에서 자문을 맡게 되었다. 유니버사의 창립을 함께 구상하고 펀드의 최고운영책임자를 맡게 된 브랜든 야킨Brandon Yarckin과 롱보드 스케이트보드를 타고 센트럴 파크의 위험한 구릉과 비탈을 무모하게 달리며 수없이 나눴던 대화도 모두 그 내용이었다(나는 아직도 브랜든 때문에 어깨 인대가 파열됐다고 이야기한다).

그리고 너무 당연하게도 나 혼자만의 힘으로 이런 생각들을 해내지는 못했다. 밑바닥까지 파고들어 연구한 탐험가 '삼총사'에 무한한 감사를 보내는 바다.

탐색적으로 베팅하고, 과감한 추측과 반박을 제기하고, 성공과 실패를 거듭하며 일이 어떻게 돌아가는지 답을 찾아 운에 맞서 피 흘리며 싸운 시간이었다. 이런 형성기를 거친 뒤 2007년에 나는 유니버사를 시작하기로 했다. 우리가 알아낸 것들과 솔루션을 공식적·합리적·실용적인 투자 방식으로 바꾸어 투자의 큰 문제들을 해결하고, 투자 파트너들에게 가시적인 변화를 보여줬다.

이 책에 담긴 내용을 통해 독자 여러분이 투자와 리스크 완화에 대해 가지고 있던 인식을 바꿀 수 있기를 바란다. 이 책에서 제시하는 관점은 통상적인 시각과는 근본적으로 다르지만, 투자를 성공으로 이끄는 데 가장 효과적이라고 굳게 믿는다. 전문 투자업계에서 정석으로 떠받드는 생각과 대단히 많은 부분에서 상충하는데, 모난 돌이 되어 현대 금융학의 정설과 꽉 막힌 도그마를 객관적으로 바라볼 필요가 있다.

나는 기존의 투자 패러다임을 한물 갔다고 폄하하고 수정하는 데는 관심이 없다. 피리 부는 사나이도 아니고, 이 책의 메시지가 '마크가 주창한 새로운 투자의 정석'이 되리라는 거대한 망상을 품고 있지도 않다. 내 방식이 정형화되어 투자 컨설턴트 집단이 천편일률적으로 받아들이는 또 다른 전략이 되리라는 기대는 단 한 순간도 해본 적이 없다. 방금 중요한 이야기를 했는데, 투자업계에서 정형화된다는 것은 실패를 자초하는 일이다. 죽음의 키스인 것이다. 우리는 사람들이 더 적게 가는 길을 택했고, 그덕에 전혀 다른 이야기가 펼쳐졌다.

나는 "우리는 해군이 아니라 해적이다!"라는 스티브 잡스의 말을 유니버사의 팀원들에게 자주 하는데, 이들은 파생상품 분야에서 가장 스마트하고 요령 있고 경험이 많은 대해적이다.

세이프 헤이븐이란 무엇인가?

누구나 '세이프 헤이븐'이 무엇이고, 그것에 투자할 만한 이유가 무엇인지에 대한 나름의 직관적인 이해가 있다. 아마도 '일이 잘못되었을 때 대피할 수 있는 곳', 더 구체적으로는 '리스크로부터 안전을 담보해 주는 자산' 정도의 내용일 것이다. 그렇다. '리스크'는 보통 증시 폭락이나 금융 및 은행권의 위기, 팬데믹, 침대 밑에 숨어 있는 괴물 같은 것을 의미한다. 그렇다면 결국 리스크는 '우리에게 안전이 필요해지는 무언가'로 정의할 수 있다.

평이하고 간단하게 정리하자면, 리스크는 부정적인 사태에 대한 노출이다. 부정적인 사태는 대부분 한 번도 일어나지 않을 가능성이 높지만, 실제로 일어날 수도 있다. 투자에서 부정적인 사태는 포트폴리오 내에서의 경제적 손실이라는 금전적 결과를 초래한다. 리스크는 그저 변동성이니 상관관계니 하는 이론적이고 그럴싸한 수치가 아니다. 다른 무엇보다도 손실 가능성, 그리고 그 손실의 범위가 투자 리스크다.

우리 앞에는 여러 갈림길이 있다. 우리가 택할 수 있는 여러 갈래 길들에는 셀 수 없이 많은 굴곡이 있다. 아주 쾌적한 길도 있고, 그렇지 않은 길도 있다. 우리 앞에 놓인 모든 길 중에 실제로 걷게 될 유일한 길이 무엇인지는 알 수 없다. 이게 바로 리스크다!

세이프 헤이븐은 포트폴리오에서 리스크, 또는 발생할 수 있는 경제적 비상 사태를 완화하는 투자다. 이게 세이프 헤이븐의 필요조건이다. 세이프 헤이븐은 전반적인 거시경제의 성장 및 수축 사이클과 연동되어 있기에 여기저기에서 모두에게 동시다발적으로 발생하는 중대한 손실로부터 보호해준다. 보편적이고 체계적인 손실의 특성상, 그런 손실을 동시에 겪을 가능성이 낮은 다른 요소와 묶어서 분산투자를 해도 그 리스크를 없앨 수는 없다.

그리고 명심해야 할 게 있다. 세이프 헤이븐은 물건이나 자산이 아니다. 세이프 헤이븐은 '보상payoff'이며, 여러 형태가 있을 수 있다. 금속 덩어리일 수도 있고, 종목 선정 기준일 수도 있고, 암호화폐일 수도 있고, 그도 아니면 파생상품 포트폴리오일 수도 있다. **어떤 형태를 띠든 세이프 헤이븐의 본질적인 특성은 그 기능, 즉 자본을 보존하고 보호한다는 점에 있다. 금융 시장에 폭풍이 몰아칠 때 대피처가 되어주는 것이다.**

따라서 '세이프 헤이븐 투자'는 곧 '리스크 완화'다. 내 생각에는 이 두 가지 용어의 뜻이 비슷해서 이 책 전반에 걸쳐 구분 없이 사용할 예정이다.

더 나아가, 리스크 완화는 투자 그 자체다. 이 점을 근본 가정으로 삼아야 한다. 상향식bottom-up 투자 방법론*의 대가이자 '가치 투자의 아버지' 벤저민 그레이엄조차도 "투자 운용의 본질은 수익률이 아니라 리스크 관리다. 제대로 된 포트폴리오 운용은 이 원칙에서 시작한다"라고 말했다. 이에 더해 "건전한 투자의 비결을 짧은 모토로 압축

• 거시경제와 시장 사이클의 중요성보다는 개별 종목 분석을 강조하는 투자 방식.

해야 한다면, '안전 마진Margin of Safety'이라 하겠다"라고도 했다. 이 문제를 두고 이보다 더 맞는 말을 한 사람이 없다. 그레이엄에게는 '원금의 안전'이야말로 투자와 투기를 구분하는 기준이었다. 투자를 투자답게 만드는 요소인 것이다!(그레이엄은 모든 훌륭한 투자 아이디어가 동시에, 그리고 체계적으로 꺾일 수 있다는 뼈아픈 교훈을 1929년 증시 폭락을 겪으면서 얻었다.)

여기까지는 그래도 꽤 평이한 이야기에 속한다. 세이프 헤이븐의 정의에서 뭐가 그렇게 특별한지가 나오지는 않았다. 여느 도박꾼이라도 금융 시장이 무너질 때 좋은 실적을 내는 방법을 생각해낼 수 있다. 세이프 헤이븐 투자는 이를 훨씬 뛰어넘는 개념이다. 바로 이 지점에서 세이프 헤이븐 투자의 차이점이 부각된다. 너무나 차이가 심해서 이 투자와 다른 여러 투자를 '세이프 헤이븐'이라는 하나의 카테고리로 묶으면 그 분류 자체가 무색해진다. 세이프 헤이븐 투자는 비슷하기보다는 상이한 경우가 더 많아서 생물학자들이 종種을 정의할 때 겪었던 문제와 비슷한 문제에 맞닥뜨리게 된다. 생물학에서 종 개념이 그렇듯, 구체적인 '세이프 헤이븐' 개념이 있어야 세이프 헤이븐 투자를 분류하고, 정말로 세이프 헤이븐 투자인지를 따져볼 수 있다. **이 책에서는 이런 내용을 주로 살펴볼 것이다. 세이프 헤이븐은 분류가 가능한 개념인가? 그리고 진정으로 경제적 가치를 더할 수 있는가?**

거대한 딜레마

투자자들이 맞닥뜨리게 되는 대표적인 문제가 있다. 바로 리스크라는 거대한 딜레마다. 리스크를 너무 많이 감수하면 시간이 지나면서 손실이 발생할 가능성이 커진다. 리스크를 충분히 감수하지 않아도 마찬가지로 시간이 지나면서 손실이 발생할 가능성이 커진다. '캐치 22Catch-22'의 덫에 걸려서 해도 망하고, 하지 않아도 망하는 상황에 놓인다. 나쁜 선택지 2개 중에서 골라야 한다. 적절한 타협점을 찾을지도 모른다는 희망을 품고 이것저것 재볼 수도 있겠으나, 결국에는 나쁜 선택을 하게 된다. 선택지 자체가 나쁘기 때문이다. 현대 금융학의 본질은 이런 상황에서 이론적인 타협점, 즉 '투자의 성배'를 찾는 것이다. 멋진 이름이 붙은 용감한 시도이기는 하지만, 결과적으로 성배는 허상이다. 적절한 타협점이 그리 적절하지 않을 수 있고, 심지어는 두 가지 선택지에서 나올 수 있는 최악의 결과를 낼 수도 있다. 이렇게 보면 결국 우리에게 남는 실질적인 선택지는 하나뿐이다. 과감한 예측을 하고, 그 예측을 바탕으로 위험을 감수하는 것이다.

이 커다란 딜레마는 투자의 모든 문제 중에서 가장 중요하며, 반드시 해결해야 하는 절박한 문제다. 내가 헤지펀드 매니저로서 하는 일이기도 하고, 이 책을 쓴 이유이기도 하다. 이 문제의 규모와 범위 자체가 엄청난 덕에, 그 중요성이 오늘날만큼 높아진 적이 없다. 좀 더 광범위한 문제를 하나를 짚자면 부채가 자산을 초과한다는 점인데, 거대 자본뿐만 아니라 소규모 개인 투자자에게도 해당하는 문제다.

현재 심각한 자금 부족을 겪고 있는 공공 및 민간 연금 펀드를 보자. 수년간 일정 수준의 높은 수익률 목표치를 달성하지 못하면, 부채가 자본을 잠식하여 채무 초과 상태가 된다. 포트폴리오가 제 기능을 하지 못하는 상황에서 리스크가 덜한 자산을 적당히 굴리거나, 리스크를 분산시켜 없애는 식으로 문제를 피할 수는 없다. 그러나 리스크가 더 큰 자산에 투자하면 회복 불가능한 손실을 보게 될 위험이 그 자체로 급증한다. 리스크를 완화하는 정석적인 방법은 모든 사람에게 그랬듯 연금 펀드에도 크나큰 실망을 안겨주었다. 문제는 앞으로 더 악화될 수밖에 없다. 곧 터질 시한폭탄이다.

리스크로 인한 커다란 딜레마를 해결하지 못하면 신문에 추상적인 수치 몇 가지가 실리는 정도로 끝나지 않으며, 실질적인 영향을 미친다. 사람들이 모은 돈이 없어질 것이고, 각국 정부는 세금을 엄청나게 걷거나 극심한 인플레이션을 유발해야 한다. 실제 경제에 영향을 미쳐 사람들이 비참한 일을 겪게 된다. 이건 내 의견이 아니다. 간단한 계산으로 알 수 있는 내용이다.

이런 엄청난 문제는 각국 중앙은행에서 자신만만하게 통화 개입을 시행했던 시절부터 지금까지 글로벌 금융 시장에 막대하게 누적된 시장 왜곡으로 인해 한층 더 복잡해진다. 중앙은행이 개입하면서 부채와 레버리지를 무모하게 축적할 수 있게 되었기 때문이다. 이런 전례 없는 규모의 시장 왜곡이 자금 부족 문제 자체와도 복잡하게 관련되어 있기는 하지만, 그 이야기는 여기서 하지 않겠다. 이 책의 목적에도 벗어날뿐더러, 무엇보다 책을 통해 전하고자 하는 메시지를 고려할 때 전혀 필요하지 않다(시장 왜곡에 대해서는 이미 다른 곳에 많은 글을 썼다). 굳이 독자 여러분에게 이념적인 내용이나 시장이 위험하다는 식의 불길한 전제를 이해시켜서 세이프 헤이븐에 대한 내 결론을 받아들이게 할 필요도 없다. 그건 우리가 추구하는 방법론에서 중요한 문제가 아니다. 우리는 불가지론agnosticism을 유지할 수 있고, 또 유지할 것이다. 운에 기대지 않을 것이고, 무엇보다 중요하게는 '예측'을 하지 않을 것이다.

이 엄청난 문제의 해결책을 찾으려면 리스크의 비용, 특히 손실의 비용을 줄여야 하며, 그러기 위해서 선택한 방법에 더 큰 비용이 들지 않아야 한다. 즉, **병보다 나쁘지 않은 치료제가 필요하다. 리스크 완화는 '비용 효과적'이어야 한다.**

모든 손실이 똑같지는 않기 때문에 리스크 역시 모두 같지는 않다. 이 책에서는 이 점을 인식했을 때 어떤 식으로 해결책을 찾을 수 있는지 살펴본다. 모든 손실을 회계 장부에 깔끔하게 정리할 수는 없다. 따라서 다른 관점, 다른 틀을 가지고 손실과 투자 수익에 접근해야 한다.

모든 일이 그렇듯, '선한 신은 디테일에 있다.' 우리의 경우에는 그 '디테일'이 대단히 복잡하지는 않지만, 직관적인 생각과 반대되고 역설적으로 느껴지는 경우가 많다. 앞으로 살펴보겠지만, 창발적 역학 관계가 작용하기에 비용 효과적인 리스크 완화가 대단히 어렵다. 투자 영역의 다른 어떤 문제보다 훨씬 어려운 문제일 수 있기에 조심스럽게 접근해야 한다.

문제는 전문 투자자와 학자 대부분이(그리고 현대 금융학을 지배하고 있는 퀀트 박사들까지도) 투자에 굉장히 환원주의적인 방식으로 접근한다는 점이다. 하지만 이 책 전반에서 다루듯, 세이프 헤이븐 투자에서는 부분의 합이 전체와 전혀 다르다. 전체가 훨씬 큰 경우가 대부분이다.

비용 효과적인 세이프 헤이븐 투자는 내가 처음 출간한 《자본의 도 The Dao of Capital》에서 다룬 주제의 탁월한 변주가 될 것이다. 그 주제는 내가 입에 달고 살다시피 하는 '우회 투자roundabout investing'라는 개념인데, 손무가 이야기한 전진을 위한 후퇴, 또는 클라우제비츠가 말하는 '전투를 내주고 전쟁에서 이기는' 방법과 같은 간접적인 접근법이다. 주사위를 한 번 던질 때는 나빠 보이는 전략이 여러 번 던질 때는 희한하게도 가장 좋은 전략이 된다.

그렇지만 예측을 하지 않는데 어떻게 제대로 된 투자를 한단 말인가? 너무 좋아서 믿기 어려운 내용이 아닌가. 투자의 본질이 수익률 예측이라는 생각은 투자업계에서 떠받드는 원칙이다. 그래서 사람들은 대부분 투자와 리스크 완화를 하려면 마법의 수정 구슬로 아주 멀리 내다보아야 한다고 생각한다. 보이지 않는 저 너머를 살펴보아야 한다고 말이다. 이는 불가능에 가까울뿐더러, 실제로 투자에 대한 오해이기도 하다. 표면적으로만 보면 이런 착각을 할 법도 하다. 그러나 스포츠, 혹은 포커나 백개먼backgammon* 같은 게임과 마찬가지로, **투자가 꼭 확률 맞히기라고 할 수도 없다.** 확률은 항상 잘 맞혀도 실적이 아주 형편없을 수 있다. 투자의 본질은 '보상'을 정확하게 판단하는 것이다. 좋은 공격으로 이어지는 좋은 수비를 해야 한다. 그래야 실수를 감당할 수 있는 여력, 제대로 판단할 수 있는 여력, 잘못된 판단을 하더라도 바로잡을 수 있는 여력이 더 많아진다. 이게 비용 효과적인 리스크 완화다. 실제로는 그럴 수 없더라도 보이지 않는 저 너머를 볼 수 있는 것처럼 느껴지는 것이다.

사수는 활시위를 놓는 순간 화살이 정확히 어디로 날아갈지 예측하거나 딱 짚으려 하지 않는다. 이는 비생산적이며, 자칫 타깃 패닉target panic**으로 이어질 수도 있다. 활을 쏘고 나면, 그리고 활을 쏘는 바로 그 순간에도 사수는 결과를 통제할 수 없으며, 화살은 끝없는 동요를 겪게 된다. 따라서 헤리겔Herrigel이 《활쏘기의 선Zen in the Art of Archery》에서 이야기했듯, 의도적으로 조준을 하지 않아야 정조준할 수 있다. 과정과 구조를 수없이 연습하여(즉, 화살이 어디에 닿을지보다는 사대射臺에서 하는 일에 더 집중하여) 과녁 중앙에 더 많은 화살을 쏠 수 있도록 조준 범위를 좁혀야 한다. 고대 스토아 학파의 개념 중 '통제의 이분법dichotomy of control'을 활쏘기뿐만 아니라 투자에도 적용할 수 있다. **통제할 수 있는 것을 통제해서 목표(여기서는 더 많은 부富)에 다가**

---

* 15개 말을 주사위로 진행시켜 자기 쪽으로 모으는 놀이.
** 사수가 활을 쏘는 것, 더 정확히는 명중에 대한 불안을 느끼는 현상.

서야지, 거기에서 더 멀어져서는 안 된다.**

이게 비용 효과적인 리스크 완화다. 실제로는 그럴 수 없더라도 보이지 않는 저 너머를 볼 수 있는 것 같고, 항상 과녁 한복판에 명중할 수 있는 것처럼 보이고, 또 느껴진다.

비용 효과적인 세이브 헤이븐은 리스크를 대폭 줄이는 데 그치지 않고, 동시에 더 많은 리스크를 감수할 수 있도록 해준다. 이 문장을 읽고 멈칫했더라도 괜찮다. 그럴 만한 내용이니 말이다!

제1원리

투자의 근간이 되는 몇 가지 기본적인 사실을 원점에서부터 짚고 넘어가자. 기원전 4세기 그리스의 위대한 철학자이자 세계 최초의 '진짜' 과학자였던 아리스토텔레스가 썼듯, "본래부터 제대로 된 방향은 우리가 좀 더 분명히 알고 있는 내용에서 시작한다." 아리스토텔레스는 이를 '제1원리' 또는 '사물을 알게 되는 첫 번째 기초'라고 했다. 이런 것들을 우리의 선험적 a priori 명제, 또는 보편적인 전제로서 먼저 다룬다.

제1원리에서 출발해 이를 개념적인 기본 요소로 삼아, 최종적으로는 테스트가 가능한 연역적 가설을 구성할 것이다. 언뜻 보기에 이런 제1원리는 뻔하고 약간은 하찮아 보일 수도 있겠으나, 그렇지 않다. 오히려 꽤 전문적인 주제를 다루다가 약간 직관에 반하는 내용이 나왔을 때 대단히 중요해진다. 흔히 맞다고 생각하지만 사실은 그렇지 않은 현대 금융학의 핵심적인 휴리스틱을 바꾸고, 활용까지 하게 될 것이다. 외부의 여러 압력에 굴하지 않고 우리의 신념에 부합하는 투자를 하면서, 그러니까 소위 '신념에 베팅'하면서도 어느 정도 존재론적 진정성을 확보하는 데까지 나아갈 수도 있다.

첫 번째 원리. 투자는 시간의 흐름에 따라 순차적으로 진행되는 과정이다. 투자는 고정적이지 않다. 어느 한 시기에만 발생하는 사건도 아니고, 여러 차례에 걸쳐 발생한 사건이 하나로 합쳐지는 것도 아니다(알베르트 아인슈타인은 "시간의 유일한 이유는 모든 일이 한꺼번에 일어나지 않도록 하는 것"이라고 말했다고 한다). 시간은 삶이 펼쳐지는 매개이며, 투자가 펼쳐지는 매개이기도 하다. 우리는 시간에 걸쳐져 있는 존재다. 투자와 리스크는 여러 기간에 걸친 문제이며, 반복적·곱셈적 과정인 수익은 '복리'로 늘어난다. 이전 기간에 남은 자금으로 다음 기간에 투자를 하게 되는 경우가 많다. 세대를 지나며 자손이 기하적으로 늘어나듯, 가지고 있는 자금을 재투자한다. 이 원리가 투자의 본질과 우리가 수익을 생각하고 해석하는 방식을 근본적으로 규정한다.

연간 실적을 기준으로 인센티브를 받는 헤지펀드 매니저에게 '투자는 시간의 흐름에 따라 진행된다'라는 이 진부한 이야기를 해보라. 아니면 수령자의 인생 계획이 아니라, 단기간에 연간 벤치마크를 달성하는지를 기준으로 가차 없는 평가를 받는 연금 펀드에 이 이야기를 해보라. 시간을 고려하지 않고 자신들이 설정한 특정 기간에 나타난

인간의 행동이 최적이 아니라는 이유로 이를 '비합리적'이라 치부하는 경제학 및 행태금융학 분야의 종사자들에게 이 이야기를 해보라. 다들 이상한 표정을 지을 것이다. 사람들은 자신이 이해하지 못하면 비판한다. 다들 아인슈타인이 아니니까. 우리는 매일 투자에서 시간의 의미가 무엇인지 자문해보아야 한다. 곧 알게 되겠지만, 그 질문에 대한 답에 따라 모든 것이 바뀐다.

두 번째 원리. 투자에는 시간이 지나면서 최대한의 부를 달성한다는 한 가지 명시적 목적 내지는 목표만 있을 뿐이다. 그렇다. 우리가 투자자로서 추가로 조금씩 해나가는 결정은 모두 이를 위한 것이다. 부의 극대화라는 과녁을 겨냥해 화살을 쏘는 것이다. 이해하기 어려운 수학적 기대치나 특정 벤치마크와 비교한 부를 이야기하는 게 아니다(물론 그런 부분만 따져서 인센티브를 받는 매니저도 많다). 그보다는 실제로 실현된 최종 자산, 즉 손에 쥐게 되는 결과를 의미한다(직전에 언급한 부와는 다른 개념이다). 그러니까 시간의 흐름에 따른 부의 성장 속도나 복리 증가 속도, 즉 연평균 성장률CAGR을 따지는 것이다. 모든 투자자는 절대 수익 투자자이자 복리 투자자다. 생각이 있는 사람이라면, 특히나 현업 투자자라면, 이 원리에 반대하지 않으리라 생각한다. 이건 상식이니까.

그러나 누군가는 이렇게 이의를 제기할 수도 있다. 투자의 목표는 인류의 부담을 줄이고 한층 더 진보를 도모해 소비자와 세상에 좋은 일을 하는 것이며, 그렇게 하면 이익이 따라온다고. 그러나 그 말은 두 번째 원리를 다르게 표현한 것일 뿐이다. 소비자는 이익을 내기 위해 자본이 받들어야 하는 왕이다. 그렇기에 자본 투자와 창업을 통해 실현한 선善이 정부나 자선단체가 실현할 수 있는 선보다 객관적으로 더 크다.

한편, 투자의 목표는 특정 수준의 이론적 리스크를 감수했을 때 부를 극대화하는 것이라고 이야기하는 사람도 있을 수 있다(뒤에서 이야기할 원리가 없다면 여기에서부터 약간 혼란스러워질 수 있다). 우리는 리스크 완화가 곧 투자라는 점을 알고 있으므로 리스크 완화의 명시적인 목적이 투자의 명시적인 목적과 완전히 동일하다고 유추할 수 있다. 시간이 지나면서 자산을 복리로 늘리는 비율을 극대화하는 것, 즉 '비용 효과적으로 리스크를 낮추는 것'이 바로 투자의 목표다.

여기에서 세 번째 원리로 이어진다. 포트폴리오의 리스크를 비용 효과적으로 낮춘다는 목표를 달성하는 리스크 완화 전략이라면, 해당 전략을 추가했을 때 시간이 지나면서 포트폴리오의 CAGR이 올라가야 한다.

맞는 말이다. 리스크에 의도적으로 제약을 걸어 효과적으로 완화하는 행위의 핵심은 결과적으로 손실을 줄여서 시간이 흐른 뒤 더 많은 부를 얻기 위함이 아닌가? 부가 늘지 않아도 리스크를 완화했다는 사실에 기뻐할 수 있을까? 그러면 굳이 리스크 완화를 하는 이유는 뭐란 말인가? 리스크를 완화하는 다른 이유가 또 있는가?

제대로 된 리스크 완화라면 들어간 비용과 비교했을 때 금전적으로 실질적인 플러스 효과를 내야 한다. 즉, 리스크 완화는 비용 효과적이어야 하며, 그렇기에 좋은 밸류 프로포지션이어야 한다. 따라서 리스크 완화 전략은 리스크 감축의 효과성뿐만 아니라, 비용 효과성의 정도를 근거로 평가해야 한다.

정도는 심하지만 발생 가능성이 희박한 손실, 그것도 한 번도 발생한 적 없는 손실 리스크를 완화했을 수도 있다. 그러나 가능성이 희박하더라도 손실은 언제든 갑자기 발생할 수 있으며, 그렇기에 리스크 완화를 통해 해당 완화 조치를 취하지 않았을 때의 포지션 대비 CAGR이 올라갈 수 있는 것이다. 이건 귀납적인 문제다. 검은 백조가 한 마리만 나타나도 백조는 전부 희다는 주장은 거짓이 된다. 그러나 비용 효과적인 리스크 완화 조치를 취하면 시간이 지나면서 포트폴리오의 CAGR이 올라간다는 이야기는 충분히 넓은 범위에서 나타나는 결과를 두고 이야기한 것이므로, 이런 인식론적 문제는 대체로 해결된다(나중에 부트스트랩bootstrap*이라는 개념을 다루면서 다시 언급하기로 한다).

제대로 된 리스크 완화는 시간이 지나면서 CAGR을 끌어올린다는 이 원리가 제법 논란의 대상이 되고 있는데, 재미있는 일이다. 실제로 현업 투자자와 학자 대부분은 아마 말도 안 되는 생각이라고 할 것이

---

* 통계학에서 가설을 테스트하는 방식의 하나로, 동일한 표본을 반복적으로 추출하여 여러 시뮬레이션 표본을 살펴본다. 이를 통해 표준 오차, 신뢰 구간 등을 계산하는데, 표본 규모가 크지 않아도 기존의 방법보다 좀 더 정확한 표본을 생성할 수 있다. 데이터의 분포 상태와 관계없이 데이터에 대해 어떠한 가정도 할 필요가 없다는 점이 장점이다.

다. 리스크를 낮추는 데는 비용이 들기 때문에 리스크 완화와 수익률 증가는 양립할 수 없다는 것이 이들의 주장이다.

어느 유서 깊은 상품 거래소에는 "잘 먹는 것보다는 잘 자는 것이 낫다Besser gut schlafen, als gut essen"는 독일어 모토가 걸려 있다. 학자들은 수익이 낮을 때 리스크나 변동성도 낮은 것은 수익이 낮다는 바로 그 점 때문이라고 주장한다. 또한, 헤지와 분산을 통해 연관성이 있는 리스크와 그렇지 않은 리스크를 모두 제거하면, 수익률은 얼마 안 되는 무위험 금리에 근접할 것이라고 이야기한다. 또는 투자자가 상대적으로 변동성이 있는 자산을 보유하도록 유도하려면, 추가적인 리스크를 정당화할 수 있을 정도로 기대 수익률이 오르는 지점까지 해당 자산의 가격이 내려야 한다고 말한다. 이들의 세계에서는 합리적인 주장인 모양이다. 주장만 하고 입증은 하지 않으니 편리한 이야기다. 높은 수익을 내려면 더 많은 리스크를 감수해야 한다거나, 발 뻗고 자려면 비용을 치러야 한다거나, 배짱이 없으면 누릴 영광도 없다는 식이다.

설상가상으로 학자들은 여기에서 한발 더 나아가, 투자와 리스크 완화는 부지불식간에 자산 성장률을 희생시켜 평균 수익률 대비 포트폴리오의 변동성을 낮추거나 조정한다고 가정했다. 리스크 조정 수익률 risk-adjusted return, 그러니까 그 무섭다는 샤프 지수Sharpe ratio의 개념을 들고나온 것이다. 이들은 스스로 만들어낸 이론적인 점수표를 가지고 지식인답지 못하게 부정직한 승리를 자축하고 있다(우리의 커다란 딜레마가 생긴 주요 이유이기도 하다). 나는 투자자 대부분이 이렇게 별로인 생각을 한다고 보지는 않는다. 칼 융Carl Jung의 표현을 빌리자면, 오히려 그런 생각이 그들을 지배한 것이다.

투자자로서의 성공은 유의미하고 실질적인 점수표를 기준으로 측정해야지, 이론적이고 허울뿐인 점수표를 기준으로 삼아서는 안 된다. 그리고 유의미한 점수표, 즉 과녁의 한복판은 하나뿐이다.

하지만 우리는 그런 실질적인 목표에서 벗어나 쓸데없는 수학 공식에 현혹될 때가 많다. 현대 퀀트 금융은 특정 과학 분야나 물리학을 부러워하는 병이 있다. 정작 미국의 물리학자 리처드 파인만Richard Feynman은 이렇게 말했다. "물리는 섹스와 같다. 물론 어떤 실질적인 결과물이 나올 수도 있지만, 그것 때문에 하는 건 아니다."

그런데 실질적인 결과물이야말로 투자와 리스크 완화를 하는 이유다. 리스크를 낮춰서 자산 성장률을 극대화하려는 것이다. 그리고 제대로 된 과학적 방법론이 이 문제를 다루는 데 실질적인 도움이 될 수 있다.

부정 논법

흔히 연역 논증, 즉 '쉴로기스모스sullogismos'라는 개념을 가장 초창기에 주창한 중요 인물로 아리스토텔레스를 손꼽는다. 연역은 일반 규칙이나 전제를 특정 사례나 결론에 적용하는 하향식 논리다. 반면, 상향식 논리인 귀납은 연역과는 반대로 특정 사례나 전제를 활용하여 일반 규칙이나 결론을 도출한다. **주사위의 기하학적 구조를 살펴**

본 후, 반복해서 주사위를 던졌을 때 특정 면이 나올 빈도를 추정하는 방식은 연역적 추론이다. 반대로, 주사위를 여러 번 던진 결과를 바탕으로 주사위의 기하학적 구조를 추정하는 방식은 귀납적 추론이다(이 책에서는 두 가지 방향으로 모두 주사위를 던지기로 한다).

삼단 논법은 연역적 추론을 활용하여 전제 조건에서 타당한 결론을 도출한다. 삼단 논법의 일례로 '모두스 톨렌스modus tollens', 즉 '부정 논법denying the consequent'을 들 수 있다. 과학적 추론에서 실수를 방지하려고 주로 사용하는 추론법인데, 파인만은 "스스로에게 거짓말하지 않도록 해주는" 방법이라고 이야기하기도 했다. 부정 논법은 이상적인 헛소리 필터다(그러니 투자의 맥락에서 부정 논법을 접한 적이 없다고 하더라도 너무 놀랄 필요는 없다).

부정 논법은 'H이면 O다. O가 아니다. 그러므로 H가 아니다'(H는 가정, O는 관찰 결과)의 형태를 띤다. 전제가 2개 있는데, 선행 사건과 후행 사건으로 이루어진 설명 가설이 관찰 결과와 짝을 이룬다. 이들 전제에서 논리적으로 추론을 진행해 결론을 도출한다. 그래서 어떤 명제가 참이면 그 대우對偶도 참이다.

우리 집 개 나나로 부정 논법의 예를 들어 보겠다.

- 나나가 그라운드호그*를 잘 잡는다면 우리 집에 그라운드호그 문제가 없을 것이다.

---

* 북미 지역에 널리 분포하는 마멋류 대형 땅다람쥐의 일종으로, '우드척woodchuck'이라고도 한다.

- 우리 집에는 그라운드호그 문제가 있다.
- 그러므로 나나는 그라운드호그를 잘 잡지 못한다.

사례에서 알 수 있듯, 부정 논법은 어떤 가정을 딱 집어서 거짓임을 입증하거나, 해당 가정을 소거하는 역할을 한다. 그러나 부정 논법이나 다른 어떤 방법을 쓰더라도 특정 가정이 참이라는 사실을 입증할 수는 없다. 제안 가설을 소전제, 즉 관찰을 근거로 한 사실과 함께 놓고 보면, 그 가설을 테스트할 수 있는 구조를 갖출 수 있다. 그렇다면 부정 논법은 경험 과학의 논리 법칙이자, 그 자체로 과학적 방법론이다. 부정 논법을 통해 생각을 명확히 할 수 있고, 형이상학에 그치지 않을 수 있다. 과학적 엄밀성을 확보하려면 이런 방식으로 이론이나 추측을 제시하고, 실험을 통해 테스트하고, 궁극적으로 반증해야 한다. 탐정들이 그렇듯, 거짓인 이론이 나올 때마다 탈락시키다 보면 조금씩 진실에 다가가게 된다. 다분히 셜록 홈스 같은 방식이다. "불가능한 일을 제외하면, 아무리 확률이 낮더라도 남은 것이 진실일 수밖에 없다."

이 분야에서 가장 눈에 띄는 업적을 남긴 사람은 20세기 오스트리아의 과학 철학자 칼 포퍼로, 반증주의falsification principle를 과학과 유사 과학을 근본적으로 구분하는 지표로 삼았다. 《과학적 발견의 논리The Logic of Scientific Discovery》에서 포퍼는 이렇게 말했다. "단일 명제에서 보편 명제를 추론하기란 불가능하지만, 보편 명제는 단일 명제로 반박할 수 있다. 따라서 고전논리학의 부정 논법을 이용하면 온전히 연역적인 추론을 통해, 참인 단일 명제로 보편 명제의 거짓을 입증할 수 있다. 이렇게 보편 명제의 거짓을 입증하는 방법은 엄밀한 연역적 추론 중에서 소위 '귀납적 방향', 즉 단일 명제에서 보편 명제로 추론을 진행하는 유일한 방법이다."

지금까지는 비용 효과적인 리스크 완화를 관심 가질 만한 대상인 것처럼, 마치 실재하는 개념인 것처럼 이야기했다. 그렇게 지칭하는 행위 자체가 그 실재성을 상정한다(이런 이유로 투자 분야의 리스크 완화 맥락에서 '비용 효과적'이라는 말을 실제로 하는 사람은 없다. 혹시 이 사실을 눈치챘는가?). 이런 결론을 당연시한다는 것은 답을 이미 정해놓았다는 뜻이다.

세 번째 원리를 다루면서 언급했다고 느꼈을 수도 있지만, 앞에서는 리스크 완화가 어때야 한다고만 이야기했지, 리스크 완화가 원래 무엇인지를 다루지는 않았다. 현시점에서 비용 효과적인 리스크 완화는 이론적으로만 존재하고, 실제로는 가능하지 않은 것일 수도 있다.

그보다는 이 원리를 조건명제로 다룰 필요가 있다. 이 명제는 설명 가설로, 우리가 계속해서 살펴보고 테스트하게 될 세이프 헤이븐 삼단 부정 논법을 간편하게 제시한다.

- 어떤 전략이 비용 효과적으로 포트폴리오의 리스크를 완화한다면, 그 전략을 도입한 포트폴리오는 시간이 지나면서 CAGR이

올라간다.
- 어떤 전략을 도입했는데도 시간이 지나면서 포트폴리오의 CAGR이 올라가지 않는다.
- 그러므로 그 전략은 비용 효과적으로 포트폴리오의 리스크를 완화하지 않는다.

이는 세이프 헤이븐 투자에 대한 타당한 추측으로, 테스트가 가능하다. 또한, 이 가설을 테스트해서 무엇을 할 수 있고, 또 할 수 없는지 이해하고 넘어가야 한다. 테스트를 하면 가설을 반박하거나 가설이 거짓임을 입증할 수 있을 뿐이다. 어떤 세이프 헤이븐 전략을 썼는데 시간이 지나면서 포트폴리오의 CAGR이 올라가지 않는다면, '그 전략이 비용 효과적으로 포트폴리오의 리스크를 완화한다'라는 귀무가설 null hypothesis*은 참이 아니다. 실험 결과와 맞지 않는다면 이 가설은 거짓으로, 비용 효과적인 세이프 헤이븐 전략이 아닌 것이다. 그러나 이런 방법으로 어떤 전략이 비용 효과적인 세이프 헤이븐 전략임을 입증할 수는 없다. 이게 과학적 방법론이다.

이와 반대되는 방향으로 입증할 수 없는 이유를 살펴보려면, 위 가설의 이裏 명제인 '어떤 전략이 비용 효과적으로 포트폴리오의 리스크를 완화하지 않는다면, 그 전략을 도입했을 때 시간이 지나면서 포트폴리오의 CAGR이 낮아진다'라는 전제로 삼단 논법을 전개할 수 없었

- 참일 확률이 낮아서 기각될 것을 상정한 가설.

다는 사실에 주목해야 한다. 이런 추론은 연역적으로 타당하지 않다. 충분조건을 필요조건으로 혼동하고 있기 때문이다. **어떤 전략을 도입했을 때 시간이 지나면서 포트폴리오의 CAGR이 올라간다는 관찰 결과는 비용 효과적인 리스크 완화에 대해 그 어떤 것도 입증하지 않는다. 그 전략이 포트폴리오의 CAGR을 다른 방식으로 끌어올렸을 수도 있고, 리스크 완화에 아예 도움이 되지 않았을 수도 있으며, 심지어는 다른 리스크를 초래했을 수도 있기 때문이다. 초과 실적의 원인을 파악하려면 더 깊이 파고들어야 한다**(헤밍웨이가 말했듯, "악에 반대한다고 해서 선의 편에 서게 되는 것은 아니다.").

이는 '후건 긍정의 오류'에 해당한다. 'O가 참'이라면 'H가 참'이라는 결론을 내릴 수 있는가? 여기에 그렇다고 생각하는 것은 자연 과학 분야에서도 심심치 않게 발생하는 오류다. '내 이론이 옳다면 이런 데이터를 보게 될 것이다. 그런 데이터를 볼 수 있었다. 그러므로 내 이론은 옳다'는 식이다.

나나의 사례에서 우리 집에 그라운드호그 문제가 없다면 어떻게 될까? 나나가 그라운드호그를 잘 잡는 개라고 당당하게 주장할 수 있을까? 따져 보면 우리 집에 그라운드호그 문제가 없는 이유는 무수히 많을 수 있다. 우리 집에 사는 여우 때문에 그라운드호그가 겁을 먹고 도망갔을 수도 있고, 아니면 위장복을 입은 우리 아들이 덤불에서 활과 화살을 가지고 놀고 있기 때문일 수도 있다.

이와 비슷하게 '전건 부정의 오류'에 빠지면 충분조건을 필요조건과 혼동하게 된다. 이 경우에는 나나가 그라운드호그를 잘 잡지 못한다는 사실을 알고 있기 때문에 그 논리적인 결과로 우리 집에 그라운드호그 문제가 있다는 결론을 내릴 수도 있다.

모든 지식은 가설이다. 모두 추측이고 잠정적이기 때문에 결코 확정할 수는 없으며, 반증만 가능할 뿐이다.

이 과학적 방법론에서는 시험하고자 하는 가설을 어떻게 선택할 것인지가 중요하다. 구체적으로는 우리의 관찰 결과에 딱 들어맞는 임시방편적 가설을 피해야 한다. 이용하기 좋은 가설의 유혹은 항상 있는 법이다. 관찰 결과와 관계가 없으면서 그에 선행하는 논리적 설명이 있어야 한다.

과학적 지식은 무엇이 어떠하다는 것을 아는 데 그치지 않는다. 왜 그런지 아는 것도 못지않게 중요하다.

'나나는 그라운드호그를 잘 잡는다'라는 가설의 이면에 있는 연역적 사고가 중요한 이유는 반증이 나올 때까지 계속해서 일종의 작업 가설 working hypothesis[*]로 활용되기 때문이다. 나나에게 그런 능력이 있다면, 그 능력이 정말로 그라운드호그를 없애는 결과를 낳을 수 있다는 결론에 이르기까지 철저한 연역적 추론을 했는가? 능력이 어떻든 나나는 여름에 실내에서 잠자기를 더 좋아하는가?(나나는 버니즈 마운틴 도그라 눈과 에어컨을 훨씬 좋아한다.) 나나가 그라운드호그를 쫓는 경우가 더 많은가, 아니면 그 반대의 경우가 더 많은가?

---

* 이론적 정합성을 갖추지는 않았으나 연구나 실험을 손쉽게 진행하기 위한 수단으로 세우는 가설.

연역적 주사위

리스크 완화를 통해 복리 성장률이 더 높아지는 이유와 방식을 이해하려면 탄탄한 연역적 틀이 필요하다. 그런 것이 가능하기는 한가? 리스크 완화의 비용 효과성을 어떻게 예측할 수 있는가? 그런 메커니즘의 이면에는 무엇이 있으며, 맞닥뜨렸을 때 그 능력을 알아볼 수 있는가? 만약 그렇다면 어떻게 알아볼 수 있는가?

투자 분야와 시장에 작용하는 요인은 무수히 많다. 정신없이 몰아치는 데이터를 가지고 리스크 완화를 설명하려고 하면, 문제에 봉착할 가능성이 크다. 그렇기에 우리의 가설을 끌어내는 메커니즘을 연역적으로 밝혀내야 한다. 어떤 전략을 썼을 때 '짜잔!'하고 자산이 늘어났으니 그 방법이 비용 효과적인 리스크 완화라는 점을 보여주는 것만으로는 충분하지 않다. 그런 작용을 일으킨 요인을 이해해야 한다.

우리가 사용할 수 있는 최선의 연역적 도구는 선사 시대부터 오늘날에 이르기까지 확률에 관한 일반 과학과 공식적인 리스크 개념을 발견·이해하는 데 쓰인 방법과 똑같다.

고고학 발굴 현장에서 기원전 5000년 무렵에 살았던 염소와 양의 거골距骨, 즉 발목뼈 무더기가 나온 적이 있다. 이 4면체 뼈는 도박에 쓰이던 물건 중 가장 오래된 것이다. 우리에게 더 익숙한 6면체 '뼈'는 기원전 3000년 즈음부터 나타나기 시작한다. 주사위는 인류 문명의 역사와 함께하면서 운명, 그다음에는 확률, 그 이후에는 심지어 요령(현대 백개먼의 초기 원형의 경우)을 생성해내는 도구로 쓰였던 듯하다. 범위로 보나 깊이로 보나 주사위는 항상 역사 속에 존재했으며, 우리의 집단 무의식 한구석에 자리하고 있다.

그러나 주사위가 연역적 추론에 대한 직관적인 교육 도구가 되어 확률 이론에 불을 붙이는 계기가 되기까지는 오랜 시간이 걸렸고, 주사위 게임의 내기 방식을 더 자세히 이해해야 할 필요성이 대두되어야 했다. 무려 기원전 4세기에 아리스토텔레스는 주사위를 던지면 두어 번은 운 좋게 원하는 면이 나올 수도 있지만, 1만 번 반복하면 신의 개입이고 뭐고 주사위 운이 균일해진다고 지나가듯 언급하면서, "확률이란 가장 많이 발생하는 경우"라고 말했다. 생각해보면 이건 혁명적인 내용이다! 하지만 고대 그리스인과 로마인은 이를 제대로 이해하지 못했다. 주사위 면이 대칭인지도 신경 쓰지 않았다. 어차피 모든 것이 운명이라면 그게 무슨 차이가 있겠느냐는 것이었다. 율리우스 카이사르가 했던 "주사위는 던져졌다"라는 유명한 말은 단순히 확률에 대한 언급이 아니었다(고대인의 지혜를 인정하기는 하지만, 시간을 되돌려 과거로 돌아갈 수 있다면 도박판을 싹쓸이해서 큰돈을 벌 수 있을 것이다).

시간이 한참 더 지나 17세기가 되어서야 갈릴레오와 그 뒤를 이은 블레즈 파스칼Blaise Pascal과 피에르 드 페르마Pierre de Fermat가 귀족들을 상대로 유료 도박 자문을 해주기 시작했다. 예를 들어, 주사위 1개를 4번 던져서 6이 나올 확률을 반반으로 예상하여 베팅하면 결국에는 돈을 딸 수 있지만, 주사위 2개를 24번 던져서 모두 6이 나올 확률이 똑같이 반반이라는 데 돈을 걸면 그렇지 않다는 사실을 비싼 값을 치르고 깨달은 슈발리에 드 메레Chevalier de Méré 같은 이들이 자문을 구했다(1952년 뉴욕시의 유명한 도박사 '팻 더 부치Fat the Butch'도 비싼 값을 치르고 자신의 가설을 시험한 끝에 이런 동일한 연역적 사실을 재차 확인했다˙).

당시에는 확률에 전부 연역적 추론으로 접근했다. 생성원generator, 즉 주사위의 특성 중 알려진 내용에서 시작하여 특정 결과에 대한 예측으로 추론을 진행해가는 것이다. 반복성은 확률적 추론의 암묵적 필요조건이었다. 이는 확률의 본질적인 의미를 여러 번의 시도에서 가장 빈번하게 나오는 경우로 생각하는 빈도주의적frequentist 관점이었다. 잘나가는 도박사와 카지노의 논리다. 정말이지 확률은 수학자가 별 볼 일 없는 도박사를 떨굴 수 있는 좋은 방법으로 발달하고 있었다. 그야말로 원조 퀀트였던 셈인데, 돈이 걸리면 불꽃 튀는 혁신이 일어나는 법이다(이런, 그러고 보니 나도 옵션 포지션을 다루게 된 이후에야 진지하게 수학을 대하게 되었다).

물론 우리는 리스크와 리스크 완화를 늘 뼛속 깊이 이해하고 있었다. 그랬으니 어찌어찌 여기까지 온 것 아니겠는가. 하지만 확률을 더

• 1952년 팻 더 부치는 주사위 2개를 던져 21번 안에 모두 6이 나올 수 있다는 데 베팅했다. 주사위 2개를 던지면 36개 조합이 가능하고, 둘 다 6이 나오는 조합은 하나뿐이므로 주사위를 18번 던졌을 때 둘 다 6이 나올 확률이 반반이라고 생각한 것이다. '더 브레인'이라는 도박사는 팻 더 부치가 주사위 2개를 21번 던졌을 때 그 안에 6이 2개 나올 수 없다는 데 1,000달러를 걸었고, 12시간 동안 주사위 던지기를 지속한 결과 4만 9,000달러를 잃은 팻 더 부치는 자신의 논리에 오류가 있음을 깨달았다. 팻 더 부치는 후일 아바나에 있는 카지노의 공동소유자가 되었다.

잘 이해하게 되면서 리스크 완화도 점점 더 정교한 형태를 갖추게 되었다. 또한, 다른 것보다도 이런 형식상의 발전을 보험 분야에서의 혁신적인 발전으로 생각해볼 수 있다. 보험은 그 자체로 리스크 감수와 혁신의 폭발적인 성장을 끌어낼 수 있는 분야이기도 하다. 보험은 역사가 긴 개념이고, 인류 문명의 발전에서 핵심 역할을 했다. 리스크를 분산•공유하는 연대에서 시작됐는데, 예를 들면 작은 마을에서 집을 고치는 비용을 각자 마련하면서 동시에 공동체 차원에서도 분담하는 식이었다. **이런 개별 리스크의 합산은 다른 조건이 없었다면 사실상 1이었을 개인의 표본 크기를 공동체의 규모로 확장하는 빈도주의적 관점으로 이어졌다.**

20세기로 넘어와서는 이러한 관점을 둘러싸고 학자들이 장렬하게 충돌했다. 확률을 각각 '신념의 정도'와 '경향'으로 파악한 베이즈주의 Bayesian probability와 포퍼의 성향 이론propensity theory이 새롭게 정립되어 빈도학파의 바보들과 정면으로 부딪쳤다. 누구의 말이 맞았는지는 그리 중요하지 않다. 중요한 것은 어떤 관점을 사용하느냐. 표본 크기가 작으면, 거기다가 설상가상으로 표본이 독특하고 반복성이 없으면, 주관적 확률이 어떻든 간에 표본에 노이즈가 너무 많아서 어차피 알아낼 수 있는 내용이 거의 없다. N이 1이면 우리는 행운이나 멋진 운명을 바라는 도박꾼이다. 그러나 주사위를 여러 번 던져서 나오는 결과에 성패가 달려 있다고 하면, 당연히 주사위를 여러 번 던질 때 어떤 특징이 있는지 고려하게 된다. N이 크면 우리는 반복을 통해 임의

성을 없애는 '하우스 엣지house edge'*를 이용하는 하우스가 된다. 그리고 하우스는 도박을 하지 않는다. 포커 이론가 데이비드 스클랜스키David Sklansky가 이야기했듯, "운과의 전쟁"을 한다.

사람들은 대부분 투자에서 본인이 하우스라고 이야기할 것이다(그게 아니라도 행동을 보면 그렇게 생각하고 있음을 알 수 있다). 93%는 자기 운전 실력이 평균 이상이라고도 생각한다. 둘 다 사실이 아니다.

'운과의 전쟁'에서 '운의 역할을 최소화하는 기술'을 활용하는 것은 실제로 리스크 완화에 적용되는 개념이다. 투자에서의 전쟁은 바로 그렇게 하는 것이다. 내 경우에는 그게 투자자로서 하는 일의 전부라고 해도 과언이 아니다. 따라서 연역적으로 접근해서 리스크 완화의 골자를 추려내는 식으로 이해하는 편이 적합해 보인다.

내가 나심 탈레브에게 배운 중요한 점이 하나 있다. 탈레브는 현실에서 발생하는 날것의 위험과 "게임과 주사위의 좁은 세계" 사이에는 공통점이 거의 없다는 유희적 오류ludic fallacy를 지적했다. 탈레브의 경고는 타당하며, 간소화한 몬테카를로 시뮬레이션Monte Carlo simulations**이나 '대체 역사'***를 가지고 이것저것 실험하고 생각해보는 것이 가장 좋은 방법이다. 포퍼도 과학은 "과도한 단순화를 체계적으로 하는 기술"이라고 했다.

- 플레이어가 베팅한 금액의 확률(%)로 나타낸 카지노의 수익으로, 카지노가 유리한 정도를 나타내는 지표.
- 반복적으로 무작위 변수를 투입하여 기댓값을 구하는 방법.
- 역사적 사건이나 인물 등이 달랐다면 어떤 일이 생겼을지 가정하여 쓴 소설, 또는 특이한 관점에서 서술된 역사.

인식론적 엄밀함뿐만 아니라, 주사위 게임을 활용해 세이프 헤이븐 가설을 연역적으로, 또 점진적으로 개진했을 때 얻을 수 있는 가장 큰 이점은 바로 '투명성'이다. 세이프 헤이븐 투자에는 상식에 반하는 듯한 내용도 일부 있다. 게다가 투자업계가 온갖 방법을 동원해 사람들에게 복잡하고 반박 불가능한(그래서 비과학적인) 이론과 입맛대로 고른 시장 데이터를 제시하면서 투자자를 혼란에 빠뜨린다는 점을 고려하면, 내 우려를 건전한 회의주의로 여길 수 있을 것이다. 믿되 검증해야 한다. 뭔가 이상하다는 느낌이 들면 시작점으로, 그러니까 단순하고 투명한 연역적 주사위의 사례로 돌아가야 한다. 집에서 직접 주사위를 던지며 규칙대로 해보면 된다. 그러면 모든 것이 분명해진다.

파인만은 이런 말을 했다.

"보통 우리는 다음의 과정을 거치며 새로운 법칙을 찾아낸다. 우선은 추측한다. 그리고 나서 그 추측의 결과를 계산하여, 추측이 맞는다면 어떤 의미가 있는지 살펴본다. 그다음에는 관찰 결과와 계산 결과를 비교하여 추측이 타당한지 살펴본다. 실험 결과와 맞지 않으면 추측이 틀린 것이다. 바로 이 단순한 명제가 과학의 핵심이다. 추측이 얼마나 훌륭한지, 추측을 한 사람이 얼마나 똑똑한지, 또는 그 사람이 누구인지는 아무런 상관이 없다. 실험 결과와 맞지 않으면 추측이 틀린 것이다. 그게 전부다."

나는 이 책에서 바로 이런 분석 틀을 사용할 예정이다.

1부 '앞선 것으로부터(아 프리오리)'에서는 연역적 주사위를 활용하여 세이프 헤이븐의 근본적인 메커니즘을 직관적으로 구성·검토한다. "우선은 추측"하는 것이다. 2부 '뒤의 것으로부터(아 포스테리오리)'에서는 앞서 살펴본 메커니즘을 바탕으로 테스트할 수 있는 세이프 헤이븐 가설, 즉 메커니즘이 어떤 식으로 작용할지 예상하는 가설을 구축해나간다. 이상화한 여러 세이프 헤이븐 모델을 가지고 임상 시험 내지는 실험을 하면서 "추측의 결과를 계산"한다. 현실 세계의 다양한 세이프 헤이븐에 대해 동일한 실험을 진행해서 그 결과를 "관찰 결과와 직접적으로 비교하여 추측이 타당한지 살펴본다." 여기에서의 목표는 유의미하고 엄밀한 방식으로 총체적인 개념으로서의 세이프 헤이븐과 실제의 여러 세이프 헤이븐이 리스크를 낮추어 부를 늘릴 수 있다는 가설을 반박하는 것이다. 결론이 이미 나와 있지는 않다. 많은 이들이 이 가설을 엉터리라고 여기고 있긴 하지만.

이 방법론을 통해 리스크 완화에 어떤 것이 효과가 있거나 없는지, 그리고 왜 그런지 이해할 수 있길 바란다. 또 이렇게 알게 된 것들이 어떤 세이프 헤이븐 전략보다도 더 든든한 보호막 역할을 하고, 투자자로서 우리가 세운 목표로 안내하는 이정표가 되어줄 것이다.

생각해보면 비용 효과적인 리스크 완화, 즉 리스크를 낮추어 복리 성장률과 부를 늘리는 것이야말로 투자자가 가지고 있는 종합적인 목표다. 투자 운용의 진정한 본질이자, 그 자체로 자본 배분 시 추구하는

궁극적인 목표 또는 의미, 우리가 끈질기게 쫓는 감춰진 보물이다.

그렇다. 투자자들이 쫓는 감춰진 보물이 실제로 있다. 리스크의 커다란 딜레마, 즉 높은 수익률과 낮은 리스크 사이에 표면적으로 존재하는 트레이드오프가 실제로는 틀린 선택지라는 점을 보여주고, 우리가 맞닥뜨린 중대한 문제를 해결하는 보물이 있는 것이다. 전설 속의 해적들이 숨겨놓는 종류의 보물은 아니고, 엄밀함이라는 껍데기를 뒤집어쓴 오류투성이가 현대 금융학 시스템의 이면에 가려진 실체라고 할 수 있다. 그러다 보니 근거 없는 믿음, 또는 이상화되고 달성하기 힘든 목표로 취급되고 있다. 하지만 이는 투자자들이 너무 편협하게, 그리고 엉뚱한 곳에서 보물을 찾고 있었기 때문이다. 더 전체론적인 접근법과 어디를 파야 할지 보여주는 보물 지도가 필요하다.

그러나 감춰진 보물이 존재한다고 해서 그 보물을 찾아낼 수 있으리라는 보장은 없다. 보물 자체보다도 더 크고 중요한 가치는 보물을 찾는 과정에서 얻게 된다.

자연의 경고

스위스의 베르누이가

바젤Basel은 스위스 북쪽 끝에 라인강을 따라 자리한 도시다. 가파른 협곡 사이를 흐르며 북해로 향하는 라인강은 오늘날 프랑스와 독일의 경계를 이루고 있다. 바젤은 이런 지리적 위치로 인해 17세기 중부 유럽의 상업 중심지였다. 1648년 신성로마제국으로부터 독립을 인정받은 자유 도시 중 하나이기도 했다. 그러면서 금융과 문화의 중심지, 자유사상가가 모여드는 곳이자 유럽의 정치적 격변에도 안전한 곳, 즉 '세이프 헤이븐'으로 여겨지게 되었다.

스위스의 베르누이Bernoulli가는 바젤에서 가장 유명한 가문 중 하나였다. 주로 향신료 사업을 하다가 야코프와 요한 수학자 형제가 배출되면서 수학 가문으로 유명해졌다. 수학 분야에서 경쟁하던 둘은 사이가 좋지 않았다. 서로의 정신 건강에는 좋지 않았겠으나, 각자의 경력에는 확실히 도움이 되는 관계였다.

형제가 함께 씨름하던 문제 중 하나가 바로 최속강하곡선 문제 Brachistochrone problem, 즉 경사면에서 구슬을 굴렸을 때 가장 빠른 속도로 구슬이 내려갈 수 있는 최적의 경사면 형태를 찾는 문제였다. 요한은 아주 특이한 곡선 형태의 경사면이 해답임을 증명했다. 우회하는 경로가 있는 구조였는데, 일직선으로 쭉 뻗은 경사면보다 구슬이 더 많은 거리를 주파해야 해서 언뜻 보기에는 납득하기 어려운 형태로 되어 있다. 이 문제를 계기로 베르누이 형제는 극소 문제를 다루는 변분법calculus of variations을 내놓았고, 이는 훗날 멋모르는 옵션 트레이더들이 헤어나오지 못하는 덫이 되었다.

그러나 두 형제 중 획기적인 업적을 세운 것은 당시 바젤 대학교에서 수학 교수로 재직 중이던 야코프였다. 야코프의 저서 《추측술Ars Conjectandi》은 그의 사후인 1713년에 출판되었다(최대 적수 요한에게는 다행스런 일이었다). 《추측술》에는 지금까지도 중요한 의미가 있는 내용이 들어 있다. 야코프가 본인의 '황금 정리'라고 지칭한 '큰 수의 법칙law of large numbers'인데, 간단히 이야기하자면 임의의 표본에서 많은 데이터를 축적할수록 해당 표본의 평균이 생성원, 즉 모집단의 진짜 평균에 수렴한다는 것이다. 예를 들면, 정사각형 6개로 이루어진 '공정한' 주사위를 많이 던질수록 특정 숫자가 나올 확률이 6분의 1,

자연의 경고　　　　　　　　　　　　　　　　　　　　　　　　**59**

즉 16.66%에 수렴한다. 그러나 여기서 야코프는 역으로 추론했다. 여러 번의 시도를 통해 나온 결과의 특성을 바탕으로 생성원까지 귀납적으로 거슬러 추론한 것이다. 그 여파는 어마어마했다. 통계적 추론이 정식으로 생겨났고, 보험계리학이 전성기를 맞이했다. 그때까지는 확률이 닳고 닳은 도박사들이 실전을 통해 논증하는 분야였지만 야코프는 이를 수학적 엄밀성을 갖춘 분야로 끌어올렸다.

도박사의 논리를 살펴본 학자들을 굳이 꼽아보자면 아리스토텔레스에서부터 시작해서 갈릴레오, 파스칼, 페르마로 이어지는데, 야코프 베르누이는 여기에 좀 더 탄탄한 수학적 근거를 제시했다. 확률과 기대의 의미를 단일 사건이 아니라, 여러 번 반복 가능한 실험에서 발생하는 사건의 빈도로 본 것이다.

야코프의 사후, 요한은 수학적 대결 관계를 이어갈 새로운 상대가 필요했고, 베르누이가에서 배출한 또 다른 뛰어난 수학자이자 아들인 다니엘을 그 대상으로 삼았다. 이탈리아에서 활동하던 다니엘은 초반에는 잘 알려지지 않은 수학자였지만, 그 당시 인기 있었던 '파로faro*'라는 이탈리아 카지노 게임을 분석한 내용이 조명되면서 1725년부터 1733년까지 상트페테르부르크Saint Petersburg에 소재한 러시아 과학 아카데미에서 수학과 교수로 재직했다. 고향인 바젤로 돌아온 직후, 바젤 대학교의 해부학 및 식물학 학과장직을 맡았다.

---

* 도박용 카드 게임의 일종으로, 뱅커가 뒤집은 카드가 이미 뒤집혀 있는 카드와 맞으면 이기는 게임이다. 포커가 대중화되기 전까지 인기를 끌었던 내기 카드 게임이다.

1735년 다니엘과 요한은 행성 궤도 연구로 파리 아카데미에서 수여하는 대상을 공동 수상했다. 성격 나쁜 요한으로서는 받아들일 수 없는 일이었다. 자신이 혼자 받았어야 마땅한 상을 다니엘과 나누어 받았다는 사실에 격분한 요한은 다니엘을 집 밖으로 내쳤다(어차피 다니엘도 35살이었으니 집에서 나올 때가 되기도 했을 것이다). 요한과 다니엘은 연을 끊었고, 다니엘은 풍랑이 거센 바다에서 선체의 안정성을 유지하는 방법 등 주로 선박 개선과 관련한 업적을 인정받아 같은 상을 여러 차례 더 받았다.

그러던 중 1738년 다니엘은 1733년에 이미 완성했던 저서 《유체역학Hydrodynamica》을 출간했다. '베르누이의 원리Bernoulli principle'를 자세히 다룬 책으로, 항공기 날개가 받는 양력을 이해하는 개념인 유체 흐름의 특성을 획기적으로 설명했다. 이에 화가 난 요한은 후일 다니엘의 책과 묘하게 유사한 저서 《수력학Hydraulica》의 집필 연도를 1732년으로 소급해서 발표했다(다니엘의 책이 정당하게 정통성을 인정받았으며, 후에 다니엘은 바젤 대학교의 물리학 학과장으로 임명되었다).

상트페테르부르크 역설

같은 해인 1738년 다니엘은 또 다른 '베르누이의 원리'를 발표했다. 원래 베르누이의 원리보다는 현저히 덜 알려졌지만, 중요도는 못지않아서 이렇게 부르는 것이 맞을 듯하다. 다니엘이 상트페테르부르크에 있는 《제국 과학 아카데미 저널Journal of the Imperial Academy of Sciences》

에 새로 발표한 〈위험 측정에 관한 새 이론 해설Exposition of a New Theory on the Measurement of Risk〉에 실린 내용이다. 여기에서 다니엘은 야코프와 요한의 또 다른 형제의 아들이자 사촌인 니콜라스 베르누이가 제시한 성가신 문제의 해결책을 내놓았다(베르누이 가문 사람들은 토끼처럼 계속 튀어나온다). 이 역시 바젤 대학교에 재직 중일 때의 일로, 다니엘이 한때 일했고 저서를 출판한 도시의 이름을 따서 '상트페테르부르크 역설Saint Petersburg paradox'이라고 명명했다. 생각하는 방식 자체를 바꾸는 또 다른 간단한 주사위 게임이다. 다니엘의 해결책은 리스크의 이해와 인식, 그로 인한 효과에 기념비적인 영향을 미쳤다. 그러나 그때나 지금이나 다니엘의 업적을 제대로 이해하고 진가를 알아본 사람은 거의 없었다. 이 때문에 의도치 않게 수백 년 동안 경제학자들이 방향을 잡지 못하고 헤맸다.

바로 이 상트페테르부르크 역설에 대한 다니엘 베르누이의 해결책이 세이프 헤이븐 투자에서 중요한 내용이다.

원래의 상트페테르부르크 역설은 주사위 1개로 하는 간단한 게임이다(나중에 다니엘과 다른 이들이 니콜라스가 제안한 게임을 동전 던지기로 치환하여 설명했지만, 나는 니콜라스가 제안한 원래의 주사위 게임을 유지하겠다). 니콜라스는 주사위 1개를 반복해서 던져서 특정 숫자, 예를 들어 1이 나오면 끝나는 형태의 게임을 구상했다. 첫 번째 시도에 1이 나오면 돈을 건 사람은 1달러(원래는 1두카트)를 받게 된다. 두 번째 시도에 1이 나오면 2달러, 세 번째 시도에는 4달러, 네 번째 시도에는 8달러 등 처음으로 1이 나올 때까지 주사위를 던지는 회차마다 보상이 2배가 된다.

이 게임은 정말이지 오랫동안 끝나지 않을 수도 있다. 1은 나오지 않고, 매번 보상이 2배가 되면서 영원히 주사위를 던지는 시나리오도 상상해볼 수 있다. 이렇게 될 확률은 굉장히 낮겠지만, 보상이 계속 2배씩 늘다 보면 평균 기대 보상, 즉 최종 기대 자산이 '무한'이 된다(더 정확하게는 '한정되지 않는다'). 자, 여기에서 니콜라스는 이 게임을 하기 위해 얼마를 걸겠느냐는 중요한 문제를 던졌다. **당연히 대부분의 사람들은 무한한 기대 보상에 한참 못 미치는 금액을 게임 참가비로 내겠다고 하거나, 내더라도 아주 적게 내려고 할 것이다. 그리고 바로 여기에서 역설이 발생한다.**

그 이유는 당연하게도 베팅의 보상으로 무한대를 받을 가능성이 아주 낮기 때문일 것이다. 게임을 계속 반복한다고 해도 실제로 무한대의 보상을 받을 일은 아예 없다. 아리스토텔레스부터 갈릴레오, 베르누이에 이르기까지, 도박사들이 베팅의 가격 책정에 대해 알고 있다고 생각했던 것들은 주사위를 여러 번 반복해서 던졌을 때 베팅의 기댓값을 신뢰할 수 없게 되자 전부 사라졌다. 빈도학파는 임자를 만난 것이다. 적어도 그렇게 보였다.

그러나 무한이라는 이 말도 안 되는 기댓값이 논의의 핵심은 아니다. 오히려 실질적인 논점을 흐리는 측면이 있다. 상트페테르부르크 역설을 논할 때 대부분은 기댓값이 무한인 내기를 피하면 전부 괜찮으리라는 결론을 내린다. 하지만 속단하면 안 된다. 이 역설을 이해하는 데 무한까지 생각할 필요는 없다. 보상이 충분히 양(陽)으로 치우친 분포, 즉 아주 큰 보상이 아주 가끔 나오는 형태의 분포이기만 하면 된다. 그래서 나는 니콜라스의 주사위 게임을 모델로 만들어서 대폭 간소화하려고 한다. 모델화하는 과정에서 본질적인 의미에는 전혀 손대지 않을 것이다(이런 게 수지가 맞는 장사라고 생각한다).

새롭게 개선된 페테르부르크 게임에서는 주사위 1개를 1번만 던진다. 나온 면 각각에 대응하는 상금은 니콜라스가 고안한 원래 게임의 대략적인 규모와 빈도에 따라 설정했다. 다음은 새로운 모델의 보상 프로필을 나타낸 그림으로, 각 주사위 면에 대응하는 상금이 아래쪽에 제시되어 있다.

수정된 페테르부르크 게임 보상 프로필

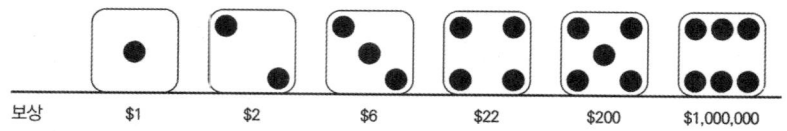

보상 $1 $2 $6 $22 $200 $1,000,000

이제 간단하고 깔끔한 형태로 치환된 게임을 통해 다니엘 베르누이가 이 역설에 어떻게 접근했는지 살펴보자(지금부터는 이 단순 버전을 페테르부르크 게임으로 지칭하여 다루기로 한다. 여기에서 알게 된 모든 내용을 나중에 무한의 사례에 직접 적용해 본다면 더 좋겠다).

이 게임의 산술평균, 즉 기댓값은 나올 수 있는 모든 결과의 산술평균이다.

$$(\$1+\$2+\$6+\$22+\$200+\$1,000,000)/6=\$166,705$$

166,705달러를 무한과 비교하면 하늘과 땅만큼 차이가 나지만, 대부분의 사람이 게임 참가비로 흔쾌히 낼 금액보다는 여전히 더 큰 액수다(주사위를 던져서 6이 나왔을 때의 금액을 100만 달러보다 훨씬, 훨씬 크게 잡을 수도 있었지만, 그럴 필요까지는 없었다). 보다시피 6개 면의 보상 금액 중 5개는 게임 참가비로 166,705달러 언저리를 내면 후회할 금액이다.

베르누이가 가장 먼저 보여준 것, 즉 제1원리는 베팅의 적정 가치는 "추정을 하는 사람이 처한 상황에 따라 달라"지므로, 플레이어의 총자산에 대한 비율로 표시해야 한다는 것이었다. 이는 잃을 것으로 예상되는 자산의 정도, 그러니까 손실로 인한 타격이 얼마나 심할 것인지에 따라 게임에서 얼마큼의 리스크를 감수할지 결정된다는 의미다. 어떤 손실은 "부자에게는 별것 아니지만 가난한 사람에게는 그렇지 않은" 법이다. 가난한 사람은 파산할 수도 있는 금액이지만, 부자에게는 반올림 오차에 불과할 수도 있다. 가난한 사람과 부자에게 이 게임은 확실히 그 의미가 아주 다르다.

예를 들어, 최초 자산이 10만 달러이고, 주사위를 1번 던지는 데 그 절반인 5만 달러를 건다고 해보자(그리고 이 사람은 도박 문제도 있다). 이 경우에 주사위를 던졌을 때 나오는 면에 대한 각각의 결과는 다음과 같다.

페테르부르크 게임 최종 자산

	⚀	⚁	⚂	⚃	⚄	⚅
최초 자산	$100,000	$100,000	$100,000	$100,000	$100,000	$100,000
베팅 금액	−$50,000	−$50,000	−$50,000	−$50,000	−$50,000	−$50,000
보상	+$1	+$2	+$6	+$22	+$200	+$1,000,000
최종 자산	$50,001	$50,002	$50,006	$50,022	$50,200	$1,050,000

딱히 새로운 내용은 없다. 최종 자산의 평균 또는 기댓값은 216,705달러로, 직전에 언급한 상금 평균인 166,705달러에 최초 자산 10만 달러를 더한 뒤 베팅한 금액 5만 달러를 뺀 값이다. 216,705달러는 최초 자산인 10만 달러보다는 큰 값이다. 그러나 6개 면 중 5개의 경우에 자산이 거의 50% 줄어들 수 있기 때문에 5만 달러를 베팅하고 싶지는 않을 것이다. 이는 체계적으로 내린 결정과는 거리가 멀다. 5만 달러를 걸지 않는다면 대체 얼마를 걸어야 할까?

에몰루멘툼 미디움

베르누이의 1738년 논문에서 핵심적인 개념은 '에몰루멘툼 미디움 emolumentum medium'이라는 특이한 수학적 판단이었다. 원래 라틴어로 쓰인 논문의 영어 번역본이 마침내 나왔을 때(믿기 힘들지만 1954년에서야 번역이 이루어졌다) '에몰루멘툼'은 '효용utility'이나 '도덕moral'으로 번역되었다. '에몰루멘툼 미디움'은 '평균 효용mean utility', 내지는 '도덕적 기댓값moral expectation'(스위스 수학자 가브리엘 크래머Gabriel Cramer의 말을 차용했다)으로도 번역되었다.

그러나 '에몰루멘툼'의 더 정확한 번역은 '우위'나 '이득', 또는 '이익'이고, '미디움'은 '보통', '평균'의 의미로, 직역하자면 '중간'에 있다는 뜻이다(에몰루멘툼 미디움을 페테르부르크 게임에서 나올 수 있는 이익 범위의 중간값을 의미하는 용어로 썼다고 본다면, 뒤에서도 살펴보겠지만 베르누이는 감이 좋은 사람이었음이 분명하다).

처음에 경제학에서는 100년이 넘도록 베르누이의 방법론을 다루지 않았지만, 결국에는 '한계효용체감diminishing marginal utility'의 형태로 서서히 스며들기 시작했다. 한계효용체감이란 무언가를 더 많이 가지고 있을수록 한 단위씩 늘어날 때마다 그 의미가 줄어든다는 개념이다. 그 반대의 경우 역시 성립한다. 즉, 무언가를 더 적게 가지고 있을수록 한 단위씩 잃을 때마다 그 의미가 더 커진다. 한계효용체감은 음식, 집, 신발, 전화기, 페라리, 염소 등 모든 것에 적용되며(염소에는 적용되지 않을 수도 있겠다), 여기에서 '무언가'를 '부'로 대체하면 일반화할 수 있다. 이 내용은 내 간접적인 투자 파트너 이안 플레밍Ian Fleming의 《문레이커Moonraker》에 가장 잘 표현되어 있다.

- 제임스 본드 시리즈로 유명한 영국의 작가.

"잠들기 전, 그는 카드 게임에서 이겼던 순간에 자주 했던 생각, 그러니까 승자가 얻은 이익은 묘하게도 패자가 입은 손해보다 항상 더 적다는 사실을 곱씹었다."

어찌 보면 베르누이는 리스크 회피 자체를 예측한 것이다. 베르누이가 알아낸 것이 사실상 리스크 회피와 일종의 동어반복이라는 점을 사람들이 놓치고 있기는 하지만 말이다. '손안에 든 새 한 마리가 숲에 있는 새 두 마리보다 나은 법'이다. 하지만 손에 든 새가 복리로 성장하거나 새끼를 낳는다고 하면, 바깥의 새 두 마리를 잡으려다가 손에 든 한 마리를 잃었을 때 두 마리 이상을 잃는 셈이다.

베르누이를 인용하지는 않았지만, 한계효용체감은 '한계혁명 Marginal Revolution'의 근간이 되는 원리였다. 한계혁명은 1870년대 초 고전 경제학에서 현대의 주관적 가치 이론 subjective value theory으로 넘어간 흐름을 일컫는다. 흔히 오스트리아의 칼 멩거 Carl Menger, 스위스의 레옹 발라 Léon Walras, 영국의 스탠리 제번스 Stanley Jevons의 업적을 따로, 또 묶어서 언급한다. 여러 획기적인 업적 중에서도 이들 경제학자 3명은 '삶에 꼭 필요한 것은 물인데, 왜 시장에서는 물보다 다이아몬드가 더 비싼 값에 팔리는가'라는 소위 '물과 다이아몬드의 역설 water-diamond paradox'을 풀어냈다. 무언가의 가치는 이미 가진 것에 따라 상대적으로 정해진다. 여러 용도에 필요한 양보다 대체로 더 많은 단위의 물을 사용할 수 있기 때문에 '한계'의 차원에서 보면 물의 시장 가치는 굉장히 낮다. 하지만 사막에서 목이 말라 죽을 지경이라고 하면 물 한 잔에 다이아몬드 하나를 바꾸고도 남는다. 단순하게 들리지만, 특정 재화의 한계효용체감이라는 개념이 없다면 경제학자들은 재고 물량 증가에 따른 시장 가격을 쉽게 설명할 수 없을 것이다.

한계혁명의 초창기 선구자들은 딱히 베르누이의 틀을 활용하지 않았다. 우연이 아닌 확실성의 맥락에서 효용과 가치에 대한 새로운 접근법을 자체적으로 발전시켰기 때문이다. 그러나 폰 노이만von Neumann과 모르겐슈테른Morgenstern이 1944년 게임이론을 다룬 유명한 논문을 발표했을 즈음에는 불확실성을 전제로 행동을 모델링하는 추세가 대세로 자리 잡았다. 베르누이와 마찬가지로, 폰 노이만과 모르겐슈테른은 합리적인 행위자가 특정한 목적함수의 기댓값을 극대화하는 방식으로 불확실성을 다룬다고 가정했다. 지금까지도 경제학계에서는 이 방식을 고안한 이들을 기리는 의미로 그런 목적함수를 '베르누이 함수Bernoulli function' 또는 '폰 노이만-모르겐슈테른 효용 함수Neumann-Morgenstern utility function'라고 부르고 있다.

베르누이가 모든 사람이 특정한 효용 함수에 따라 행동한다고 가정했다고 생각하는 사람들 때문에 베르누이는 사후에 꽤 오랫동안 부당한 비난을 많이 받았다. 베르누이의 목적함수가 누진적 소득세를 뒷받침하는 논거로 이용되기도 하는 등 베르누이는 부당하든 아니든 이런저런 비판을 받고 있다. 루드비히 폰 미제스Ludwig von Mises와 머리 로스바드Murray Rothbard와 같은 오스트리아의 유명 경제학자들은 베르누이가 제시한 구체적인 응용 사례에 대해 함수 형태를 활용해서 집중적으로 비판하기도 했다. 그러나 내가 보기에 이들은 오스트리아 학파Austrian school*와 완벽히 궤를 같이하는 베르누이의 논지 전반을 놓친 듯하다.

베르누이의 획기적인 업적은 이익과 손실을 총자산의 규모에 따라 평가해야 한다는 상식적인 생각을 간결하게 확장해서, '얼마 되지 않는다고 하더라도 자산이 늘어나면 에몰루멘툼은 항상 늘어나며, 이미 보유하고 있는 재화의 양에 반비례'한다는 점을 밝혀낸 것이었다(이렇게 생각해보자. 스크루지 영감이 100만 달러를 따면 별로 티가 나지 않겠지만, 실직한 사람은 100만 달러, 아니 10만 달러만 따도 인생이 바뀔 수도 있다. 각자가 얻는 가치는 이들이 이미 보유하고 있는 자산에 따라 상대적이다).

베르누이는 이 개념을 간단한 함수 형태로 치환했다. 이 관계에서 미세한 증가분을 적분하면, 즉 연속함수로 근사하면 바로 (자연) 로그가 나온다.

$$\text{에몰루멘툼의 변화량} = b \times \frac{\text{자산의 변화량}}{\text{자산}} \text{ 이므로}$$
$$\text{에몰루멘툼} = b \times \log(\text{자산}) + a$$

간단하게 보자면 에몰루멘툼은 **자산의 로그**다(엄밀하게는 자산의

• 자유 시장경제를 옹호하는 경제학파로, 신자유주의의 모체가 되었다.

로그에 '직접 비례'하는 것이지만, 여기에서 a와 b의 값은 중요하지 않다).

자, 베르누이는 다음의 '기본 규칙'을 활용하여 에몰루멘툼 미디움을 정의했다.

"가능한 이익에 대한 기댓값 각각의 에몰루멘툼을 각 경우의 수와 곱한 후, 그 결과의 합을 나올 수 있는 경우의 수 총합으로 나누어 에몰루멘툼 미디움을 구하며, 이 에몰루멘툼에 대응하는 이익이 여기에서 논하는 리스크의 값과 같다."

수학적으로 이야기하자면, 베르누이의 에몰루멘툼 미디움(EM)은 나올 수 있는 모든 최종 총자산 로그값의 평균이다. 총자산 10만 달러의 절반을 베팅한 우리의 페테르부르크 게임 사례에 적용해보면 다음과 같다.

$$EM = \frac{\log 50{,}001 + \log 50{,}002 + \log 50{,}006 + \log 50{,}022 + \log 50{,}200 + \log 1{,}050{,}000}{6}$$

또한, "에몰루멘툼에 대응하는 이익"은 여기에서 논하는 베르누이의 "값", 즉 이 게임에 대한 베르누이 기댓값 Bernoullian expected value, BEV이다(수학적으로 접근하자면, 로그함수를 치환해서 이익의 단위를 산출하는 데는 로그함수의 역함수인 지수함수가 필요하다).

$$BEV = e^{EM}$$
$$= e^{\frac{\log 50{,}001 + \log 50{,}002 + \log 50{,}006 + \log 50{,}022 + \log 50{,}200 + \log 1{,}050{,}000}{6}}$$
$$= \$83{,}114$$

이제 답이 나왔다. 나올 수 있는 여러 최종 총자산 로그값의 평균을 지수로 취하면, 이 게임을 했을 때 베르누이 기댓값을 구할 수 있다. 식이 조금 길기는 하지만, 실제로는 제법 간단하다.

더 간단하게 생각해보자. 총자산이 10만 달러라면 페테르부르크 게임에 5만 달러를 베팅해서는 안 된다. 게임에서 나올 수 있는 최종 자산 로그값의 평균을 이용해서 구한 금액의 베르누이 기댓값이 현재 자산보다 적기 때문이다(현재 자산인 10만 달러가 BEV인 83,114달러보다 많다). 즉, 확실하게 10만 달러를 유지할지, 아니면 평가 금액이 83,114달러인 페테르부르크 게임을 할지 선택해야 하는 상황에서는 당연히 전자가 낫다. 따라서 최초 자산이 10만 달러인 사람이 이 주사위 게임에 5만 달러를 베팅하면 자산이 줄어든다.

기하평균

표면적으로는 베르누이가 리스크 인식의 심리적 근거를 마련했고, 이후 학자들이 그 내용을 이래저래 활용했다고 생각할 수 있다. 리스크 인식은 이론과 데이터를 가지고 온갖 수학적인 고문을 만들어낼 기회가 있는 분야니까(특히 경제학자들은 베르누이가 자산의 로그 효용 함수를 가정했다고 생각했다). 그러나 베르누이의 진짜 생각은 전혀 달랐다.

베르누이는 난해한 수학적 내용으로 엄밀하다는 인상을 주려는 어설픈 심리전을 의도해서 로그함수를 쓴 게 아니었다. 오히려 현실 세계의 실체적 진실에 근거를 둔 선택이었다. 이를 함께 살펴보자.

로그함수는 4,000년 전쯤의 바빌로니아인들, 좀 더 공식적으로는 17세기 스위스 시계공(뷔르기 Bürgi)과 스코틀랜드 수학자(네이피어 Napier)에게로 거슬러 올라간다. 이들은 양수의 곱셈을 덧셈으로 단순하게 표시하는 함수를 발견했다. 당연히 덧셈이 곱셈보다 훨씬 쉽다. 두 숫자의 로그를 더하면(또는 빼면) 결괏값의 로그(또는 비율)가 나온다. 마찬가지로, 어떤 수의 로그를 n으로 나누면 그 숫자의 n제곱근의 로그가 나온다(아주 오래전부터 괴짜들은 계산자를 써서 곱셈 문제를 빠르게 덧셈 문제로 변환했는데, 지금까지도 같은 목적으로 로그가 쓰이고 있다).

자, 곱셈을 덧셈으로 변환하는 함수를 사용하면 베르누이 기댓값 공식을 훨씬 이해하기 쉽고 의미 있는 것, 즉 '기하평균'으로 환산할 수 있다.

$$BEV = e^{\frac{\log 50{,}001 + \log 50{,}002 + \log 50{,}006 + \log 50{,}022 + \log 50{,}200 + \log 1{,}050{,}000}{6}}$$

$$= (\$50{,}001 \times \$50{,}002 \times \$50{,}006 \times \$50{,}022 \times \$50{,}200 \times \$1{,}050{,}000)^{1/6}$$

보다시피 기하평균은 곱셈 개념이다. 산술평균에서는 모든 데이터값을 더하는 데 반해, 기하평균에서는 모든 값을 곱한다. 그리고 나서 작은 수로 치환해야 하는데, 산술평균의 경우에는 데이터값의 총합을 데이터 개수로 나눈다(데이터가 n개 있다고 가정하자). 기하평균을 구할 때는 결괏값의 제곱근을 취한다(즉, n제곱근을 취하거나 결괏값을 1/n 제곱한다). 확실히 기하평균은 산술평균보다 많이 쓰이지 않는다. 보통은 산술평균을 가장 많이 사용하며, '평균average'이라는 용어를 단독으로 쓸 때 우리가 떠올리는 개념이다('mean'이라고도 하는데, 'average'와 혼용한다). 그러나 투자에서만큼은 기하평균을 대수롭지 않게 취급하면 안 된다.

여기에 나오는 수학적인 개념에 너무 부담을 느낄 필요는 없다. 핵심은 베팅에 대한 베르누이 기댓값이 나올 수 있는 '모든' 최종 자산 결괏값의 기하평균이라는 수학적 개념에 해당하며, 여기에 로그 형태의 목적함수를 절묘하게 덧씌운 것일 뿐이라는 점이다.

베르누이가 원리를 자세히 설명하지는 않았지만, 이런 방식을 택했다는 사실이 중요하다. 베르누이는 에몰루멘툼이 최종 자산의 기하평균을 취한다는 원칙을 "시사"한다고 했는데, 여기에 따로 이름을 붙이거나 일반적인 경제학적 근거를 들지는 않았다. 위험한 베팅의 가치평가에서 기하평균을 사용하는 것과 관련하여, "유용하고 독창적인 내용이기도 하거니와, 전부터 해오던 일만 아니라면 기존의 분석과 마찬가지로 이에 대해서도 온전한 이론으로 상세하게 서술하고 싶다"

라고도 했다.

결국 베르누이가 "위험한 프로포지션의 가치 측정에 필수적인" 원리로 자산 결괏값의 기하평균(기댓값이나 산술평균이 아니다)을 사용하는 첫걸음을 내디딘 셈이다. 베르누이가 최초였고, 그 이후의 일은 모두가 다 알고 있다. 앞으로 살펴보겠지만, 이는 말 그대로 모든 것을, 특히 리스크 완화에 대한 사고 방식을 바꾸는 내용이다.

하지만 지금은 우리가 이전에 제기한 문제를 다시 살펴보도록 하자. 페테르부르크 게임을 하는 데 최대 얼마까지 낼 의향이 있는가? 최초 자산을 10만 달러로 가정해서 몇 가지 예시를 더 들어 보자.

10만 달러를 전부 건다고 해보자. 올인이다(이미 도박 문제가 있는 사람이라고 가정했으니 말이다). 나올 수 있는 최종 자산 결괏값의 범위와 기하평균은 다음과 같다.

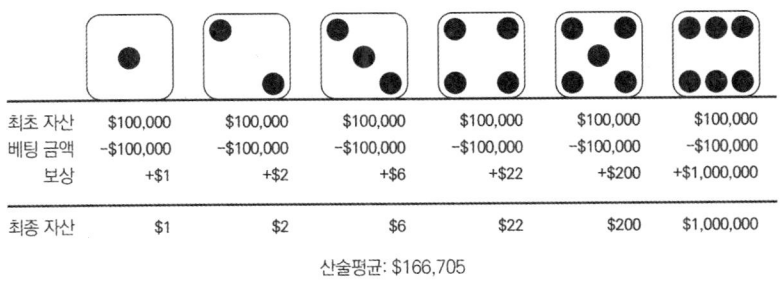

61달러밖에 되지 않는다. 좋지 않다. 자산의 10%인 1만 달러만 걸면 어떻게 될까? 다음을 살펴보자.

최초 자산	$100,000	$100,000	$100,000	$100,000	$100,000	$100,000
베팅 금액	-$10,000	-$10,000	-$10,000	-$10,000	-$10,000	-$10,000
보상	+$1	+$2	+$6	+$22	+$200	+$1,000,000
최종 자산	$90,001	$90,002	$90,006	$90,022	$90,200	$1,090,000

산술평균: $256,705
기하평균: $136,445

이제 기댓값의 기하평균이 13만 6,445달러다. 마침내 최초 자산인 10만 달러보다 높아졌으니 해볼 만하다. 최초 자산 10만 달러에 대한 비율의 형태로 베팅 금액의 규모를 다르게 해서 계속 진행한 후 결과를 그래프에 표시하면, 각각의 경우에 최종 자산의 기하평균 범위가 어떤지 살펴볼 수 있다. 최종 자산의 기댓값이 10만 달러가 넘는 지점이 바로 10만 달러에 대한 비율로 표시한 베팅의 적정 가치다.

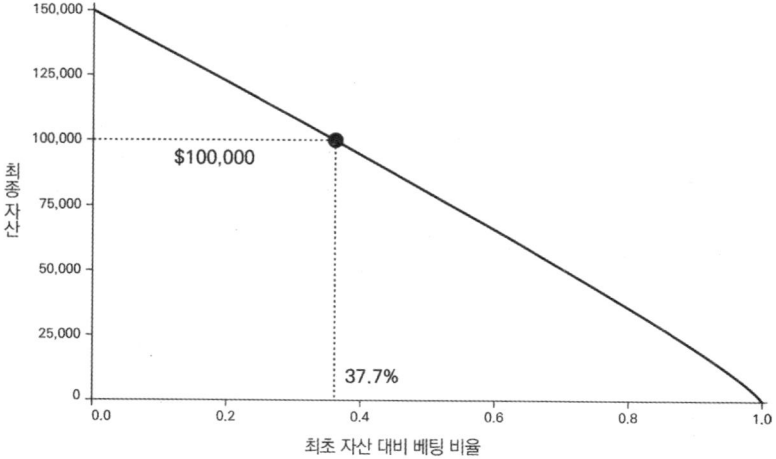

페테르부르크 게임의 적정 가치를 찾아서

최초 자산이 10만 달러인 경우, 이 책에서 다루는 페테르부르크 게임의 적정 가격은 최초 자산의 37.7%, 즉 3만 7,708달러다. 모든 결괏값의 기하평균이 손익분기점을 통과하는 지점으로, 이 베팅의 가치를 나타낸다.

또 다른 상트페테르부르크 역설

베르누이는 페테르부르크 역설에 대한 해결책을 논문 끄트머리에 대수롭지 않게 적어놓았다. 방법론에 초점을 맞추었는데, 같은 논문에서 또 다른 상트페테르부르크 역설을 간략하게 언급했다. 아는 사람은 별로 없지만, 훨씬 더 실질적이면서도 극적이고 흥미로운 사례 연구다.

여기에는 암스테르담에서 물건을 사들인 후, 고향으로 운반하여 약간의 이익을 남기고 팔고 싶어 하는 상트페테르부르크 상인이 등장한다. 그러나 발트해에서 약 1,100해리$_{海里}$를 항해하여 상품을 운송하는 데는 상당한 금전적 리스크가 따른다. 이 정도면 이렇다 할 걱정거리가 없다고 생각할 수도 있겠지만, 당시는 해적의 전성시대였다. 악명 높은 덴마크 해적 '발트해의 잭$_{Jack\ of\ the\ Baltic}$'이 불길한 이름이 붙은 해적선 '서든 데스$_{Sudden\ Death}$'호를 이끌고 상트페테르부르크 안팎에서 활개 치며 상선을 약탈하고 있었다(잭은 보기 드문 해적의 클리셰 같은 인물이었다. 잡힌 사람들을 모두 갑판 끝까지 걸어가도록 해서 수장시킨 후, 탈취한 배에 구멍을 내어 가라앉혔다). 이 상인은 어떻게 해야 이런 리스크를 '비용 효과적으로' 완화할 수 있을까?

운송비 등을 제외하고 페테르부르크 상인이 판매하려는 물건의 순가치가 1만 루블이라고 해보자. 여기에 예금 3,000루블도 있다(이 사업은 레버리지 사업이다). 따라서 상트페테르부르크에서 물건을 판매하고 난 직후 상인의 총자산은 1만 3,000루블이다. 보통 암스테르담에서 상트페테르부르크를 오가는 배 100척 중 5척은 적에게 강탈당하거나 바다에서 침몰한다. 즉, 5%의 확률로 총 1만 루블에 해당하는 운송 손실이 발생한다. 보험 같은 리스크 완화 조치가 어느 정도는 도움이 될 수 있다. 소중한 1만 루블 어치의 화물 전체를 보장하는 보험 중 가장 가격이 좋은 보험이 800루블이라고 해보자. 상인은 보험이 '터무니없이 비싸'며, 비용 대비 효과가 전혀 없다고 생각한다.

이런 생각이 맞다고 느낄 수 있다. 역사적으로 보면, 이런 계약의 계리적 기댓값은 $(-800 \times 95/100)+(9,200 \times 5/100)=-300$이다. 이는 1만 루블 어치의 화물당 기대 수익률에 실질적인 타격을 입힌다. 리스크를 완화하지 않으면 상인이 감당할 수 있는 수준을 넘어설 수도 있다. 하지만 언뜻 보면 보험업계는 고객의 두려움을 먹이로 삼는 루저 게임loser's game*이다. 위의 계산에서도 나타났듯이, 내야 하는 보험료가 계리적으로 '적정한' 금액보다 크기 때문이다. 페테르부르크 상인은 상당한 리스크의 딜레마에 맞닥뜨리게 되었다.

• 뛰어난 판단을 하기보다는 실수하지 않아야 이길 수 있는 게임. 전쟁, 카지노 도박, 아마추어 운동 경기 등이 해당한다.

그래서 상인은 리스크 분산 등 대안적인 리스크 완화 전략을 고려한다. 베르누이도 본인의 방법론에서 논리적으로 파생될 수 있는 결과라고 언급한 바 있다(이 때문에 베르누이를 공식적인 분산투자 개념의 창시자라고 부르는 사람들도 있는데, 맞는 말이다. 시카고 대학교에는 유감스러운 일이겠으나, 바젤 대학교가 200년 이상 앞섰다). 베르누이는 "어느 정도의 위험에 노출된 상품은 한꺼번에 리스크를 감당하기보다는 여러 단위로 나누는 편이 바람직하다"라는 현명한 조언도 남겼다.

하지만 말은 쉬운 법이다. 우리의 상인도 마찬가지라, 수년간 이용한 해운사와 좋은 조건에 계약을 한다. 이렇게 하지 않고 화물을 여러 묶음으로 나눈 후 복수의 해운사를 통해 운송하려고 하면, 갑자기 운송비가 엄청나게 늘어나게 된다. 더군다나 대서양과는 달리 발트해는 오가는 선박과 분산 경로가 더 적다. 며칠의 간격을 두고 출항한다고 해도, 그 유명한 발트해의 잭이 몇 안 되는 선박 중 하나만 골라서 탈취하고, 나머지는 그냥 지나가도록 내버려두리라는 생각은 순진하기 짝이 없는 믿음이다. 어떤 식이든 화물 분산의 가치를 과대평가했을 가능성이 크다(오늘날 금융 시장에서 분산투자의 단점이라고 하는 내용과 묘하게 유사한데, 이 문제는 나중에 다루도록 하자). 해적과 날씨를 고려한 화물 분산 이야기는 이쯤 하겠다.

결국 배 한 척을 용선한 상인은 잭 선장과 발트해가 자비롭기를 기원하며 출항한다. 그 배가 항구를 나선 이후의 일은 발생 가능한 모든 상황 중 단 하나의 결과에 해당한다. 즉, 상인은 어마어마한 가능성의 표본 공간에서 표본을 하나만 뽑게 되는 셈이다(상인의 N은 1이다). 물론 상인은 앞으로도 계속 직전 회차에서 발생한 수익을 재투자하여 시간 측면에서 분산투자를 할 것이라 예상하겠지만, 1만 루블의 손실을 한 번이라도 입게 되면 타격이 심대하다. 리스크를 줄일 수 있는 유일한 방법은 화물의 양과 가치를 줄여서 더 작은 배에 싣거나, 수익 일부를 파트너에게 떼어주는 식으로 애초에 감수하는 리스크 자체를 줄이는 것이다. 이런 방법이 효과적일 때도 있다. 아니면 배를 항구에 정박해두고 아예 출항하지 않기로 할 수도 있다. 하지만 상인은 분명 더 좋은 방법이 있으리라 생각한다. 꼬리를 말고 도망치고 싶지는 않으니, 성공하려면 거친 바다와 그곳에 도사린 해적이라는 리스크에 맞서는 수밖에 없다. 상트페테르부르크 사무실 벽에는 '항구에 있는 배는 안전하다….'라는 문구를 액자에 넣어 붙여놓기까지 했다.

(뒤에 나올 말은 한참 더 시간이 지난 뒤 존 아우구스투스 셰드John Augustus Shedd가 했던 "… 하지만 배의 원래 목적은 그게 아니다"일 것이다.)

운명을 건 도박을 해야 하는 처지가 된 상인은 며칠 밤낮을 잠도 못 자고 고민하며 발트해 항로를 그려보고, 서든 데스호의 행방과 항해 패턴 보고서를 비롯하여 수많은 기상 보고와 예보를 분석한다. 소중한 화물을 실은 배가 무시무시한 해적과 태풍에 파괴되는 위험을 지나, 먼바다를 건너 안전한 항구에 정박할 때까지 항해하는 데 필요한 보물 지도라고 여기면서 말이다. 그러나 유용성을 따지자면, 결국 이 모든 노력은 손가락으로 바람을 가늠하는 정도밖에 되지 않는다.

　해적과 날씨를 그럴듯하게 분석한 보고서보다는 다니엘 베르누이의 글을 읽었더라면 참 좋았을 텐데 말이다.

　베르누이의 분석 틀은 직관적으로는 파악하기 어려운 문제를 해결할 수 있는 혜안을 제시해준다. 상인이 가지고 있던 예금액 3,000루블과 상트페테르부르크에서 물건을 판매하고 받을 대금 1만 루블에서 시작해보자. 아래의 차트에서 이 지점을 A로 표시한다. 그다음, 보험료 800루블을 차감하면 A 지점에서 B 지점으로 이동하게 되는데, B 지점과 C 지점 사이의 세로선이 바로 '로그 비용logarithmic cost'이다(오른쪽 차트에 이 부분을 확대 표시했다). 이 비용이 보험 비용, 즉 A 지점에서 D 지점으로 옮겨가면서 총 1만 루블 어치의 화물을 바다에서 잃을 수도 있는 손실을 제거하는 비용이다. 그리고 안타깝게도 해적에게 강탈된 상선이 바다의 심연으로 가라앉으면서 발생하는 로그 비용은 D 지점과 E 지점 사이의 세로선이다.

　A 지점과 B 지점 간의 가로축 손실 100회의 총합(100회 운송에 대한 보험 비용)은 A 지점과 D 지점 간의 가로축 손실 5회의 총합(보험료를 낸 100회 운송 중 보험급여 청구가 있을 것이라 예상되는 5회)보다 크다. 이 둘의 차액 평균은 -300으로, 보험 구매로 인해 상인에게 예상되는 손실액이다(그리고 보험사에는 그만큼의 계리적 이익이 발생한다). 그러나 B 지점과 C 지점 간의 세로축 손실 100회의 총합

은 D 지점과 E 지점 간의 세로축 손실 5회의 총합을 넘지 않는다. 사실상 비교도 되지 않는다. 이는 1만 루블의 손실을 예방할 목적으로 이 가격에 보험을 보유하는 상황이 상인에게 발생할 수 있는 모든 결괏값의 기하평균에 미치는 영향을 보여준다.

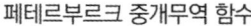

페테르부르크 중개무역 함수

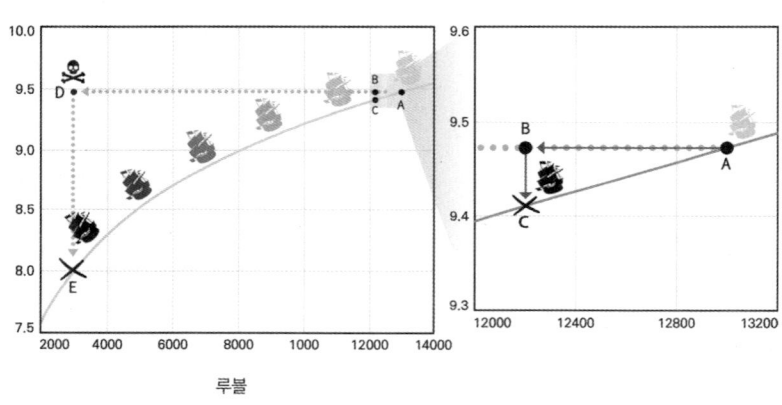

지금부터 이를 '페테르부르크 중개무역'으로 지칭하겠다(불쌍한 우리의 상인은 여전히 무슨 내용인지 모르고 있다). 포트폴리오에서 적절한 리스크를 완화하여 로그 곡선이 급락하지 않도록 해주는 리스크 완화 전략이다. 적정 가격일 경우, 자체적으로 돈이 계속 나가기는 하지만(이 경우에는 1회 운송당 평균 −300루블) 포트폴리오의 복리수익률과 최종 자산을 끌어올린다.

페테르부르크 중개무역에서 아주 명확하게 확인할 수 있는 내용이 있다. 바로 리스크 완화의 산술적 '비용'이 '기하 효과'로 상쇄되고도

남아서 '순 포트폴리오 효과'가 플러스가 된다는 점이다. 이를 천천히 곱씹어 보기 바란다.

로그로 간단하게 기하평균을 설명할 수 없었다면, 이런 순 포트폴리오 효과의 인지는커녕 시각화도 정말 어려웠을 것이다. 너무 어려워서 우리의 페테르부르크 상인은 위험한 항로를 표시하느라 바빴을 뿐, 여기에 이렇다 할 관심을 전혀 기울이지 않았다.

100%의 손실을 한 번이라도 보면, 그래서 로그함수 그래프에서 x축이 0이 되어 곡선에서 추락하면 그대로 게임 끝이라는 점을 눈여겨 보자. 재산을 전부 날리면 미래의 이익이 얼마가 되든 벌충할 방법이 없다. 복리 성장하는 총수익을 곱해나가다 보면 0이 한 번만 나와도 전체가 0이 된다. 그래서 x가 0에 가까워질수록 x의 로그는 음의 무한대로 수렴한다. 더 간단하게 이야기하자면, 올인했다가 전부를 날리면 돌이킬 수 없다.

반대로 산술평균을 계산한다고 하면, 총수익 0을 더한다고 해도 파국은 아니다. 단지 평균이 낮아질 따름이다.

가로선으로 표시되는 산술적 손실은 영원한 세계에서만 존재하는 환상에 불과하다. 복리로 계산하면 가로축의 손실액이 균일하지 않아서 상인의 회계 장부에 단순 합산되지 않기 때문이다. 바로 이러한 이유로 상인은 정확한 회계에 어두웠다.

실질적으로 상인의 최종 자산에 합산되는 금액은 세로축의 상대적 손실액이다. 가로축의 이익과 손실만을 가지고 합산하거나 평균을 냈기 때문에 상인은 리스크 완화를 순 비용이라고 판단했다. 그래서 보험의 '계리적 가치'보다 더 많은 돈을 내리라고 생각한 것이다.

상인은 세로축의 이익과 손실을 합산하거나 평균을 내야 자산 상황이 어떤지, 그리고 언뜻 보기에 '너무 비싼' 보험 구매가 그만한 가치가 있는지 실질적으로 알 수 있다는 점을 미처 파악하지 못했다.

나올 수 있는 결괏값의 기하평균이라는 베르누이의 관점에서 이 문제를 살펴보려면, 상인이 물건을 판매하고 받거나 보험사에서 받는 1만 루블의 수익금과 자기자본 3,000루블에서 보험료인 800루블을 빼서 3,000+9,200=12,200루블을 보장받는 경우와 보험을 구매하지 않은 경우를 비교해볼 수 있다. 보험이 없을 때 상인이 보유하게 되는 자산의 기하평균을 구해보자. 95번의 교역에서는 3,000루블에 회당 1만 루블의 수익금을 확보하지만, 5번의 출항에서는 1만 루블 어치의 물건을 잭 선장에게 빼앗기므로 원래 가지고 있던 3,000루블만 챙길 수 있다. 따라서 페테르부르크 게임에서와 마찬가지로 베르누이의 기하평균 기댓값은 다음과 같다.

$$BEV = ((3000+10{,}000)^{95} \times (3{,}000)^5)^{1/100} = 12{,}081 \text{루블}$$

이상하게도 보험 계약은 제로섬 게임이 아니다. 상인의 기하평균 기댓값은 플러스다(12,081루블에서 12,200루블로, 출항 회차당 +119루블). 보험사도 회계상 산술평균 기댓값이 플러스다(출항 회차당

300루블). 따라서 보험 계약을 체결하면 각자의 관점에서 계산했을 때 상인과 보험사 모두에게 이익이 발생한다. 이는 윈윈, 즉 서로에게 이익이 되는 합의다.

상인은 모르고 있지만, 보험료는 아주 비싼 동시에 아주 저렴하다. 바로 이 지점에서 두 번째 상트페테르부르크의 역설이 발생한다.

기하평균이 여기에서 어떤 의미인지 경제적인 관점에서 생각해보자. 얼마가 됐든 출항에 필요한 자금에 대한 총수익의 측면에서 출항 회차마다 상인에게 발생하는 이익이 얼마인지 생각해보는 것이다. 총수익 비율은 최종 자산을 최초 자산으로 나눈 값, 즉 1에 최초 자산의 수익률을 더하여 최종 자산이 얼마인지 구한 값이다.

상인이 물건을 판매한 대금으로 1만 루블을 확보하려면 8,000루블을 투자해야 한다고 해보자. 이는 상인이 3,000+8,000=11,000루블로 시작했다는 뜻이다. 운송이 잘 이루어지면 3,000+10,000=13,000루블을 얻게 되므로 총수익 비율이 13/11=1.18(이익률 18%)이다. 하지만 운송 중에 물품을 잃어버리면 3,000루블만 남고, 총수익 비율은 3,000/11,000=0.27(73% 손실!)이 된다.

상인이 상트페테르부르크에 가서 물건을 내린다고 일이 끝나지는 않는다. 이건 사업이고, 상인은 출항해서 번 돈을 재투자해서 할 수 있는 한 계속해서 사업을 운영할 계획이다. 상인의 목표는 직전 거래의 이익(또는 손실)을 다음 출항에 필요한 자금에 더해서(또는 빼서) 자본금을 복리로 늘리고, 결과적으로는 자본의 기하적 성장을 추구하는 것이다. '복리'와 '기하'는 상인의 자산과 같은 대상 자체에 비례하여 규모가 변화하거나 증가한다는 뜻이다. 복리 또는 기하적 성장은 곱셈적 성장이므로 수익의 등비수열로 나타낼 수 있다. 이전 회차의 결괏값에 다음 회차의 총수익률을 곱해서 해당 회차의 결괏값을 구한다(총수익 비율을 따질 때의 장점이 바로 이것이다). 산출된 값이 다음 회차 곱셈의 입력값이 되는 재귀함수인 셈이다.

상인이 73%의 손실을 내서 총수익 비율이 0.27이 되면, 그 지점에서 이익률 270%를 달성해야 본래의 자금을 겨우 회복할 수 있다. 은밀한 부유세가 아닐 수 없다(그러니 해적과 날씨에 대한 상인의 예상이 들어맞아야 한다!). 다음의 차트에서 보듯, 손실액이 커질수록 상황은 더 나빠진다.

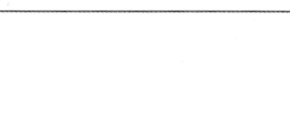

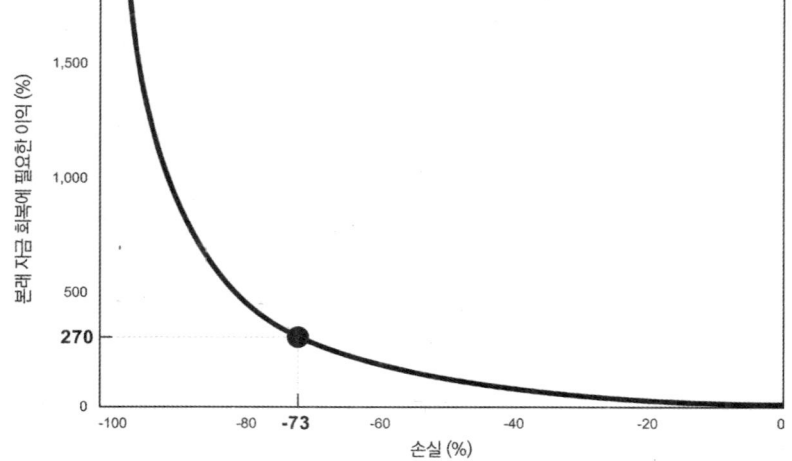

이는 앞에서 제시한 로그함수 그래프의 의미를 생각해보는 또 다른 방식일 뿐이다(가로축을 기준으로 위의 그래프를 뒤집으면 로그 그래프와 비슷한 모양이 된다).

상인의 다음 출항 100번 중 예상되는 확률과 정확히 동일한 5번이 완전 손실이라고 해보자. 그러면 100회 출항에 대한 회차당 총수익의 기하평균, 또는 좀 더 익숙한 표현으로 '복합성장률compound growth rate' 은 다음과 같다.

$$((1.18)^{95} \times (0.27)^5)^{1/100} = 1.098$$

상인의 시작 자본인 1만 1,000루블에 1.098을 곱하면 당연히 12,081루블이 된다. 불과 1회 출항 이후 기하적으로 기대되는 상인의 자산이 이만큼인 것이다(해당 총수익 계산식에서는 상인이 출항 회차마다 총자산의 일정 비율을 동일하게 재투자한다고 가정하므로, 그 부분에 대해서는 걱정할 필요가 없다).

보험이 없으니 리스크는 크지만, 상인은 출항 회차당 9.8%의 비율로 자산을 재투자할 것이라 '기대'할 수 있다. 보험이 있으면 12,200/11,000=1.11, 즉 출항 회차당 11%의 비율로 자산을 '확실히' 재투자하여, '리스크 없이' 이렇게 더 높은 수익률을 달성하게 된다.

이는 보험업계에 종사하는 사람들 대다수도 십중팔구 제대로 이해하지 못할 이상한 개념이다(현대 투자업계는 확실히 이해를 못 하고 있다). 충격적이라고까지 할 수도 있다. 이 사례는 그 자체로 예상 손실을 발생시키는 자산(보험)에 투자하는 행위로 인해 포트폴리오에서 모든 리스크를 제거함과 동시에, 포트폴리오의 기대수익률을 끌어올리는 일이 가능하다는 점을 보여주고 있다. 금융학계의 일반적인 원칙과 비교해보면 엄청난 간극이 있다.

기하평균이 경제적으로 실질적인 의미를 발휘하는 부분이 바로 여기다. 운송하는 화물에 대한 베팅 금액만으로 가치가 정해지는 게 아니다. 이전 결괏값이 다음 베팅, 그리고 또 다음 베팅에 미치는 반복적인 곱셈 효과에 따라 가치가 결정된다! 대규모 손실이 발생하면 상인이 다음번 출항에 재투자하여 복리로 불릴 수 있는 판돈, 즉 자본금이 훨씬 줄어들어서 기하평균 수익률이 현저히 떨어진다. 로그 손실을 보면 상인이 보험을 구매했을 때 실제로 발생하는 더 높은 부가가치를 알 수 있다.

하지만 안타깝게도 페테르부르크 상인은 이런 식으로 생각하지 않기 때문에 이를 절대 알 수 없을 것이다.

그렇다면 여기에 숨은 함의는 베팅을 한 번만 한다면 실제 실행 여부와는 관계없이 여러 번 복리로 계산했을 때(영원을 가정해도 좋겠다) 해당 베팅을 반복적으로 해도 된다는 결론이 나와야 한다는 것이다. 베팅을 한 번 하든 100만 번 하든, 중요한 것은 기하평균 수익률이다.

곡선의 오목성

자, 분명 베르누이는 '기하평균'이라고 이야기하고 마무리를 지을 수도 있었다(그랬다면 경제학자들이 효용이론 때문에 오랫동안 헤매지 않아도 되었을 것이다). 베르누이의 로그 목적함수는 똑똑한 사람의 소소한 유희일 뿐이다. 그러니까 수학적 요령이나 계산자 같은 건 딱히 필요가 없고, 우리는 숫자만 집어넣은 후 넘어가면 된다.

베르누이가 로그함수를 그렇게 활용한 덕분에 우리라면 자연스럽게 떠올리지 못했을 문제를 고민해볼 수 있게 되었다. 산술 수익률에서 기하 수익률로 전환하는 페테르부르크 중개무역 로그함수에서 살펴보았듯이, 로그함수를 활용하면 재귀적으로 계속해서 축적되는 기하 수익률을 머릿속으로 더 잘 처리하여 복리 계산을 직관적으로 할 수 있게 된다. 또한, 시간의 흐름에 따라 단순수익률raw returns이 자산에 실질적으로 어떤 영향을 미치는지 적절하게 살펴보고 생각할 수 있게 된다. 로그함수가 아니라면 이렇게 할 수 있는 방법이 달리 있을지 잘 모르겠다.

베르누이는 로그함수가 이런 식으로 쓰이기를 바랐다. 우리는 수익률이나 이익, 손실을 선형적이고 산술적인 단순한 형태로 경험한다. 즉, 서로 다른 사건을 한 번에 하나씩 '그 자체로 분리해서' 겪게 되는데, 그런 관점으로 보려는 게 아니다. 상황을 파악하려면 수익률을 로그함수의 관점으로, 그러니까 기하적으로 경험해야 한다.

하지만 여기에서 문제가 생긴다. 산술평균의 계산은 직관적이지만,

복리 계산은 그렇지 않다. **우리는 이익과 손실, 그리고 모든 회계 장부를 산술적으로 경험한다. 하나씩 순차적으로 겪어나가며 인생을 산술적으로 경험한다. 선형적 사고와 기하적 사고가 대립하는 것이다. 두 사고방식 사이에는 큰 차이가 있고, 이는 손실이 자산에 미치는 재앙과도 같은 영향과 리스크를 이해하는 데 아주 중요하다. 그렇지만 우리의 직관과는 굉장히 상충하는 내용이다.** 여기에서 곤란하고 불편하지만 중대한 사실에 직면하게 된다.

"선형적인 단순수익률은 거짓이다. 진정한 수익률은 구부러진 곡선이다."

따라서 수익률을 로그함수로 표시해야 한다는 베르누이의 판단은 실증적이라기보다는 규범적이다. 기대 자산이나 수익률의 산술평균이 아니라 기하평균을 판단 기준으로 제시한 베르누이는 우리가 리스크를 실제로 어떻게 생각하고 있는지보다는, 리스크를 어떻게 바라보아야 하는지를 보여주었다. 그리고 경제학자들의 생각이 심각하게 잘못된 부분이 바로 이 지점이다.

1979년 행동경제학자 대니얼 카너먼Daniel Kahneman과 아모스 트버스키Amos Tversky는 불확실성이 있는 상태에서의 의사결정을 이론화한 '전망 이론prospect theory'을 제시했다. 로그함수에서처럼 이익이 늘면서 한계효용이 줄어든다는 내용인데, 손실이 느는 경우도 마찬가지다. 로그함수에서는 손실이 늘어날수록 한계효용이 '증가'하므로 후자의 경우는 이와 정면으로 배치된다. **만약 전망 이론이 사실이라면, 이를 통해 최소한 투자에서 사람들이 왜 베르누이의 처방대로 하지 않는지**(베르누이가 제시한 목적함수를 모르기 때문이겠지만), **그리고 중요한 리스크를 왜 고집스러울 정도로 무시하는지 알 수 있을 것이다**(거창한 음모론까지 필요하지는 않고, 약간의 인간미만 있으면 된다).

우리가 투자를 할 때, 사실 실제로 하는 일은 기하 수익률을 최대화하도록 이 로그 목적함수의 수학적 최적화를 달성하는 것이다. 이 수학적 최적화는 단순수익률과 그로 인해 포트폴리오의 복리수익률에 초래되는 비용을 대응시키는 손실 또는 비용 함수다. 그러므로 목표는 이 손실 함수의 최대화, 즉 비용의 최소화다.

복리 계산을 수학적으로 표현한 것이 바로 이 목적함수다. 리스크와 손실의 결과를 수학적으로 표현하는 방식을 기준으로 삼아 리스크를 가늠하는 방법으로, **복리에서 무엇이 중요한지 알려준다. 리스크 집행 요인인 이 목적함수는 뚜렷하게 상황을 바꾸는 리스크와 그렇지 않은 리스크 판별에 초점을 맞춘다.**

베르누이의 핵심 아이디어를 '로그 효용 최대화 기준(경제학자와 대부분의 금융 수학자도 이렇게 부르는 데 동의할 것이다)'으로 해석하든, '기하평균 최대화 기준'으로 보든, 아니면 시간이 지나면서 이익과 손실이 복리로 증가한다는 점을 근거로 자산을 보호하려는 방법으로 단순하게 해석하든, 그건 중요하지 않다. 이 부분에서 딱히 얻어갈 내용이 없다거나 수학 이야기에 따분해졌다면, 이 내용을 기억하기 바란다. **베르누이는 로그함수를 목적함수로, 즉 위험한 도박에서 가치를 평가할 수 있는 가장 효과적인 방법으로 제시했고, 이를 통해 위험한 도박의 가치를 평가하는 최적의 기준이 기하평균이라는 점을 은연중에 보여주었다. 산술 수익률은 헛된 희망이고, 진실은 기하 수익률에 있다.**

이 기준이 바로 또 다른 베르누이의 원리이다. 첫 번째 베르누이의 원리를 제대로 지킨다면 비행기 추락을 막을 수 있다. 마찬가지로, 이 또 다른 원리를 제대로 지킨다면 포트폴리오 추락을 막을 수 있다(내가 직접 비행기 조종을 하던 시절에는 두 원리 사이의 이런 연관성이 특히나 더 매력적이었다).

라인 '로그' 폭포

베르누이가 난류亂流의 속성 연구에 빠져 있었다는 점을 생각하면, 그가 바젤에서 라인강 상류를 거슬러 올라가 유럽 전역에서 가장 거센 폭포라는 샤프하우젠Schaffhausen의 라인 폭포로 당일치기 여행을 가는 모습을 어렵지 않게 그려볼 수 있다. 물줄기가 쏟아지는 라인 폭포의 절벽을 보면 베르누이가 이야기한 '곡선의 오목성concavity of curve'도 쉽게 떠올릴 수 있다. 기만적일 정도로 잔잔하던 물결이 점차 급류가 되어 소용돌이치다가, 벼랑 너머로 빠지면 두 번 다시 돌아오지 못할 심연으로 가라앉는다. 그런 위험을 알아챌 때쯤이면 이미 너무 늦는다. 아래로 더 내려갈수록, 더 깊이 빠져들수록 밖으로 나오기가 더 힘들어진다(결국에는 마이너스 복리 효과를 발휘하는 은밀한 부유세에 빠져 죽게 될 것이다). 부디 이런 무서운 이미지가 마음속에 각인되어 투자에서 로그함수가 어떤 의미인지 쉽게 이해할 수 있기를 바란다.

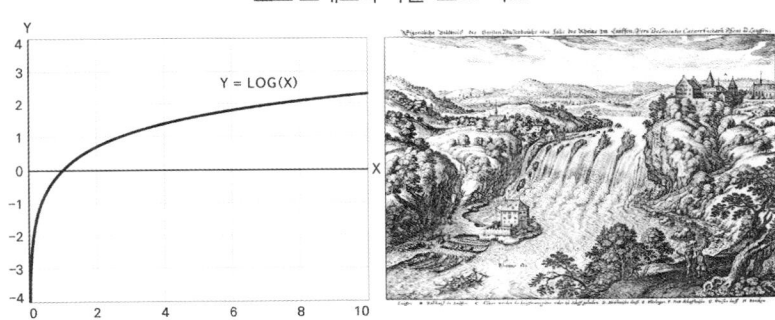

로그 그래프와 라인 '로그' 폭포

베르누이는 이 로그 곡선의 오목성을 "주사위를 아예 피하라는 자연의 경고"라고 했다. 앞으로도 계속해서 살펴보겠지만, '절대적으로 공정'하다는 주사위 게임도(그리고 많은 경우 투자라는 게임도) 대단히 불공정할 수 있다. 피하는 게 상책이다.

로그는 아래쪽으로 구부러지는 오목 함수이므로 마이너스 단순수익률이 커질수록 손해가 더 커진다. 손실의 정도가 급격할수록 같은 규모의 이익으로 상쇄할 수 있는 정도보다 훨씬 심한 손해가 발생한다. 그래프상에서 페테르부르크 상인의 배가 거꾸러져 폭포 아래로 떨어지는 모습에서 보듯, 손실액이 클수록 기하평균 수익률이 점차적으로, 그리고 손실 정도 대비 더 가파르게 깎인다.

우리는 곡선의 오목성을 뼈저리게, 말 그대로 뼛속 깊이 알고 있다. 투자자 집단 전반에 스며들어 있는 개념으로, 그레이엄의 '원금 안전성' 경고에서 가장 잘 드러난다고 할 수 있겠다. 그러다가 그레이엄의 수제자인 워런 버핏이 등장해서 자본을 복리로 늘리려면 **"돈을 잃지 말라"**는 가장 중요한 원칙을 지켜야 한다고 한결같이 강조했다. 이제 우리는 그 이유를 정말 잘 알고 있다.

여기에서 도출되는 결론은 분명하다. **이익은 한정적이고, 리스크는 무한하다. 베르누이의 로그 폭포에 뛰어들지 말아야 한다! 이것이야말로 세이프 헤이븐 투자, 아니 모든 투자에서 가장 중요한 개념이다.**

결국 페테르부르크 역설을 해결하는 것은 시간이다. 다음번 베팅 금액의 평균 로그 수익률을 지수로 취하면, 해당 베팅 금액을 영원히 재투자했을 때 기대할 수 있는 기하 수익률을 얻게 된다. 이런 결론을 얻겠다고 굳이 처음부터 끝까지 계산해볼 필요는 없다. 다만, 다음번 베팅 금액의 평균 로그 수익률의 지수에 유념해야 한다.

로그는 지적이기만 한 관념이나 심리적 이론, 난해한 퀀트 모델 같은 게 아니다. 수익률 분포를 놓고 가정이나 예측을 할 필요가 없다. 더 정확히 이야기하자면, 로그는 현실에서 복리와 투자가 작동하는 방식을 정확히 보여주는 실체적 진실이다. 앞에서 살펴보았듯, 페테르부르크 중개무역에서 산술적 비용이 기하 효과로 상쇄되고도 남는 이유가 바로 이것이다. 책을 읽어나가다 보면 점점 더 분명히 이해할 수 있을 테니, 지금은 이 내용을 천천히 곱씹어 보기 바란다.

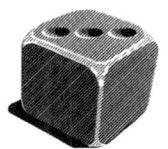

영겁 회귀

실존적 원칙

　프리드리히 니체는 1879년 불과 35세의 나이에 스위스 바젤 대학교의 고전 문헌학 학과장직을 맡았다. 바젤 대학교는 서로 사이가 좋지 않았던 베르누이 형제가 그보다 몇백 년 더 앞서 몸담았던 바로 그 학교다(그라운드 제로 같은 역사적인 곳이다). 니체처럼 그렇게 젊은 나이에 이 유서 깊은 직책을 10년간 수행한 경우는 확실히 드물었다.
　하지만 니체는 도시 생활보다는 전원생활을 훨씬 좋아했고, 기회가 날 때마다 바젤을 떠나 스위스의 시골에 머물곤 했다. 다니엘 베르누이의 라인 '로그' 폭포 주변을 비롯한 라인강 상류 인근의 숲을 좋아한 니체는 '무한으로 곤두박질'치는 라인 폭포가 우르릉대는 소리에서 영감을 얻었다. 니체가 쓴 글을 보면 이 지역과 항상 특별한 관련성이 있다.

안타깝게도 니체는 건강이 점차 나빠지고 있었고, 바젤을 떠나 갑작스럽게 방랑작가의 삶을 살기로 마음을 먹었다. 프로이센 국적을 포기한 이후 어설픈 청혼 시도를 몇 번 했으나 실패로 돌아갔고, 20년을 더 살다가(생의 마지막 10년은 매독으로 인한 광기 때문에 비극적으로 소진했지만) 요절할 때까지 은둔 생활을 하는 무국적 방랑 철학자가 되었다.

니체는 니스, 제노바, 토리노에서 겨울을 보냈고, 스위스 엥가딘 계곡Engadine Valley 생모리츠 근처의 실스마리아Sils-Maria에서 여름을 보냈다. 여름에는 "걸으면서 떠올린 생각만이 가치가 있다"는 신념에 따라 산양과 양 떼를 헤치며 엥가딘 산지를 하이킹했다. 그중에서도 기억할 만한 건 실바플라나Silvaplana에서 호수를 따라 걷는 길이었다(겨울에 터보건 썰매를 타고 구불구불한 길을 달리면 더 좋아서 강력히 추천한다). 니체는 1881년 그 호숫가에서 불현듯 영감을 얻었다. 거대한 암반층의 옆면에서 떨어져나온 조약돌이 만들어내는 물보라가 엄청나서 커다란 바위가 프랙털 모양의 절벽 너머에 떨어지는 것 아닌가 하는 착각을 불러일으키는 곳이다. 여기에서 니체가 근본 원칙이라고 주장한 '영겁 회귀eternal recurrence', 내지는 '동일자의 영겁 회귀eternal return of the same' 개념이 탄생했다.

니체는 영겁 회귀 개념을 확장해서 결국에는 1885년에 성경을 패러디한 우화 성격의 대표작 《차라투스트라는 이렇게 말했다》를 출간했다. 출간 전에 사람들의 반응을 먼저 살펴보았는데, 1882년 작인 《즐거운 학문》(정말로 '형편없는 학문'인 경제학과 혼동하지 않기를 바란다)의 말미에 '최대의 중량'이라는 제목을 달아 다음과 같은 사고 실험을 제안했다.

"어느 낮, 아니면 밤, 지독하게 외로운 순간에 악마가 슬그머니 들어와 이렇게 말한다면 그대는 어떻게 하겠는가?

'그대가 지금 살고 있고, 또 살아온 이번 삶을 한 번 더, 그리고 무수히 많이 살아야 하지. 다시 사는 삶에서는 아무것도 새롭지 않을 테고, 그대가 살면서 겪은 모든 고통, 모든 기쁨, 모든 생각과 한숨, 말로 할 수 없을 만큼 사소하거나 엄청난 모든 일이 순서 하나 바뀌지 않고 그대로 다시 일어날 거야. 이 거미, 나무 사이로 비치는 이 달빛, 지금 이 순간과 나까지도 고스란히. 존재의 영원한 모래시계는 몇 번이고 뒤집히지. 한 점 티끌 같은 그대도 함께 말이야!'

그대는 바닥에 몸을 던지고 이를 갈며 이렇게 말한 악마를 저주하겠는가? 아니면 대단한 순간을 경험한 적이 있어서 '당신은 신이시군요. 저는 이보다 더 신성한 이야기를 들어 본 적이 없습니다.'라고 대답하겠는가? 이런 생각이 그대를 지배한다면 지금의 그대를 바꾸거나 부숴버릴지도 모른다. '이걸 한 번 더, 그리고 무수히 많이 더 원하나?'라는 질문이 그대의 행동 하나하나를 최대의 중량으로 짓

누르게 되리라. 그러지 않으려면 그대 자신과 삶을 얼마나 좋아해야 하겠는가?"

사실 이 글을 처음 보았을 때는 당황스러웠지만, 이후에는 삶을 다른 관점으로 바라보게 되었음을 인정하지 않을 수 없다. 모든 순간이 느려지고, 완벽하지 않아도 왠지 완벽해 보였다. 그러지 않을 도리가 없었다. 니체는 이를 "가장 고차원적인 긍정", 즉 삶의 긍정이라고 했다. 그리고 이 글에 전에는 분명하게 꼬집어 이야기하지 못했지만, 투자에도 딱 들어맞는 지점이 있다는 것도 깨달았다.

투자업계에는 혼란스럽고 피상적인 이야기가 차고 넘친다. 움직임은 너무 많지만, 행동은 거의 없다시피 하다. 언제 위험을 감수하고 언제 긴축해야 하는지 거창한 예측은 있지만, 결과는 생각하지 않는다. 현명하다는 이들은 분산투자를 통한 리스크 회피를 가리켜 '금융에 존재하는 유일한 공짜 점심'이라고 한다. 굳이 이해하려는 사람도 거의 없는 금융공학 용어를 쓰고, 좀 더 안전하게 그저 그런 평균 실적을 내기를 바라며 여러 자산에 리스크를 분산한다. 비용이 얼마가 들었든 의도는 좋았고, 적어도 파국은 면했다. 리스크 조정 수익률은 높아졌다. 다만 더 가난해졌을 따름이다.

리스크 완화에 대한 투자업계의 기존 접근 방식은 기만적이고 패배주의에 젖어 있다. 실속과 의미는 거의 없고, 교묘한 속임수가 너무 많다. '경제적' 의미는 무시하고 '정량적' 의미를 좇는 데다가, 나쁜 결과를 피해 안전을 추구한다는 명목으로 나쁜 결과를 받아들인다. 운명은 아이러니를 좋아한다.

이건 허무주의적 금융을 보여주는 연극이다.

똑똑하게 예측한 내용을 믿고 과감하게 베팅한 후 그 결과는 대수롭지 않게 여기는 행동이 투자일 수는 없다. 행동에 따른 결과의 부산물은 버리고 '나는 옳았지만, 운이 없었다'라며 넘어갈 수는 없다. 결과만 보고 잘한 결정인지 판단할 수도 없는 노릇이다. 좋은 결정도 나쁜 결과로 이어지는 경우가 많으니까. 하지만 우리에게 주어지는 결과는 하나뿐이다. 니체의 악마가 한 말이 맞고, 우리가 그 결과를 떠안고 "한 번 더, 그리고 무수히 많이" 살아야 한다면, 정말로 매번 나쁜 결과를 영원히 몇 번이고 무시하고 싶은가? 니체의 관점을 받아들이든 아니든 더 나은 투자자가 되려면 더 나은 관점이 필요하며, 나는 니체의 관점이 바로 그런 관점이라고 생각한다.

니체의 "즐거운 지혜"는 오래전부터 우리 주위에 있었다. 순환적으로 반복되는 시간이라는 개념은 고대부터 존재했다. 숲에 사는 난쟁이가 거대한 바위에 걸터앉아 있다가 차라투스트라에게 외쳤듯, "똑바른 것은 모두 거짓말이고, 모든 진실은 구부러져 있다. 시간 자체도 원형이다." 이런 생각은 인간 역사에서 고대 마야, 아즈텍, 이집트, 유대, 그리스 문명에 걸쳐 일관되게 나타난다(그리스 전통에서는 특히 피타고라스 학파와 스토아 학파가 그랬다). 서양에서는 기독교로 인해 이러한 생각이 대체로 사라졌지만, 동양에서는 인도의 힌두교와

불교 등의 문명에서 중심을 이루는 개념이었다(니체는 영겁 회귀를 "불교의 유럽적 형태"라고도 했다).

"다시 살고 싶은 마음이 드는 인생을 살아야 한다"라는 니체의 말이 소망을 가져야 한다는 의미로 들릴 수도 있지만, 그 뒤에는 "결국에는 그렇게 [다시 살게] 될 것이다!"라는 구절이 뒤따라 나온다. 니체는 영겁 회귀를 우주론적 사실로 받아들인 듯하며, 물질계의 현실로서 영겁 회귀를 분석하면서 물리적인 증거를 연구한 흔적이 미발간 노트에 남아 있다. 그리고 8년 후, 이 개념을 이어받은 프랑스의 박식한 수학자 앙리 푸앵카레Henri Poincaré는 '재귀 정리recurrence theorem'에서 특정 물리적 시스템은 필연적으로, 그리고 영구적으로 원래의 상태로 돌아갈 것이라고 단언했다. 푸앵카레는 "존재의 위대한 주사위 게임에서 [세계는] 계산 가능한 수의 조합을 통과해야 한다. 가능한 모든 조합은 무한한 시간 속에서 언젠가 실현될 것이다. 그것도 무한 번에 걸쳐 실현될 것이다"라고 했다. 이는 니체의 주장보다 더 엄밀한 형태로, 우리가 '하나'의 경로가 아니라 '모든 경로'를 반복한다는 의미를 함축하기 때문에 니체가 제시하는 증거는 여기에서 조금 설득력을 잃는다. 다만 노력은 인정할 만하다.

그러나 니체에게 전통과 과학의 증거는 영겁 회귀를 믿고 내재화하도록 설득하거나 그런 생각을 심는 데 필요한 정신적 장치였을 뿐이었다. 그래서 영겁 회귀를 '소망'할 수 있도록 말이다. 니체가 어떤 편지에서 이야기했듯, "영겁 회귀가 사실이라면, 아니 그보다는 사람들이 사실이라고 믿는다면, 모든 것이 바뀌어 소용돌이치고 이전의 모든 가치관은 빛을 잃게 된다." '믿는' 행위가 믿음의 유효성보다 훨씬 더 중요하다. 니체는 영겁 회귀를 규범적이고 실존적인 원칙으로 생각했다. 베르누이의 에몰루멘툼 미디움과 마찬가지로, 처방의 성격을 가진 내적 가치평가 기준이자 행동에 대한 실용적인 지침이나 관점으로 제시한 것이지, 실증주의적인 주장은 아니었다. 본질적으로는 심리학적 가설로 볼 수도 있다. **"이걸 한 번 더, 그리고 무수히 많이 더 원하는가?"** 악마를 저주할 것인가, 아니면 악마에게 키스할 것인가?

이 질문은 성공적인 투자 전반, 특히 세이프 헤이븐 투자의 본질을 관통한다. 똑같은 투자 수익률을 '영원한 수익률'로 경험하게 되리라는 전망에 '예'라고 답할 수 있다는 것은 정말 강력한 힘으로, 정신을 집중하게 해준다. **투자자의 내적 가치평가 기준을 바꾸어 투자 방식을 바꿔 놓을 힘이다. '예상되는' 길을 제대로 가기보다는 '현재'의 길을 제대로 가는 일이 더 중요해지는 것이다.**

단 하나의 길, 즉 '실질적인 길'의 무게를 온전히 견뎌야 한다고 생각하면 약간 심란해진다. 그리고 이 틀림없는 사실을 제대로 이해하면 영겁 회귀의 사고 실험이 얼마나 강력한 관점인지 알 수 있다. 실제로 현재의 경로를 몇 번이고 다시 영원히 반복하는지와 관계없이 영원을 가정하기만 해도 '현재'의 길을 제대로 갈 확률이 올라간다. 그러면 이 사고 실험은 제 몫을 다 한 셈이다. 영겁 회귀를 가정했을 때 할 것 같은 행동을 하면 된다. 니체의 생각을 진지하게 받아들이면 엄청난 영향력, 즉 '최대의 중량'을 발휘하여 우리의 기질과 성향을 깨부수고 바꿀 수 있다. 이론의 여지가 있을 수 있지만, 투자자는 반드시 이 두 가지를 제대로 갖춰야 한다.

삶은 하나뿐이지만, 운명의 결과는 다양하다. 고대인들은 동의하지 않았겠지만, 실현된 하나의 결과는 당연히 운명으로 정해진 것이 아니다. 니체의 악마는 여기에 심리적 도전장을 내민다. 운명의 범위 내에서 별생각 없이 도박에 임하기보다는, 제대로 해내는 것에 더 마음을 써야 한다는 것이다. 니체의 사고 실험에서 표본 크기는 1이다. 즉, 니체의 N은 1이고, 악마는 이 사실을 깨닫게 해줄 뿐이다.

페테르부르크 게임에서 살펴보았듯, 복리에는 곱셈 효과가 있어서 매 순간이 단순 합산되지는 않는다. 게임을 여러 번 해서 합을 내는 것 같지만, 실제로는 그렇지 않다. 무한의 표본 공간에서 우리는 단 하나의 결과만 선택하게 된다. 그렇기에 발생 가능한 범주의 결과에 대해 심각한 표본 추출 오류를 감당할 여력이 없고, 기댓값이 얼마가 될지 딱 집어서 이야기할 수도 없다. 현실 세계에서는 정확하고 일관된 기댓값도 없다. 하지만 이건 논점에서 벗어난 이야기다. N이 1이면 확률 이론은 제대로 작동하지 않는다.

분명하게 이해가 잘 되는 내용이 아니기도 하지만, 이에 부합하는 행동을 하기는 훨씬 어렵다. 니체는 '현재의 길', 즉 우리가 택한 경로에 집중하고 나머지는 전부 무시해야 함을 강조하려 했다. 솔직하게 인정하자. 우리는 이 한 가지 길을 영원히 걷게 될 것이다. 그럼 나머지 경로는 어찌 되든 알 바 아니다. 확률, 기댓값, 리스크 추정치도 다 마찬가지다. '아, 운이 없었을 뿐, 내 예상이 맞았어!'라는 말도 소용이 없다. 예상이나 이론에 따라 제대로 된 선택을 한다는 호사를 누릴 여유 따위는 없다. 반드시 올바른 선택을 해야 한다. 기회는 한 번뿐이고, 그게 전부다.

그렇다고 기댓값이 중요하지 않다는 말은 당연히 아니다. 영겁 회귀에는 양면성이 있다. 현재의 경로에 집중한다는 것은 발생 확률이 극히 낮더라도 기댓값이 형편없는 다른 선택지에 굴하지 않는다는 뜻이다. 그리고 기댓값은 높지만, 실현 가능성이 거의 없다시피 한 선택지도 갖지 못한다는 뜻이다. 물론, 투자를 하면서 반복해서 시도해볼 수도 있다. 우리에게 주어진 한 가지 길을 가면서 여러 번의 기회가 올 수도 있지만, 당연한 일은 아니다. 그리고 시도할 기회는 생각보다 훨씬 적기 마련이다. 높은 확률로 기회는 보통 한 번뿐이다.

펜스를 넘기는 스윙 전략을 쓴 베이브 루스는 미키 맨틀이 이어받기 전까지 30년간 깨지지 않는 커리어 통산 삼진아웃 기록을 세웠다. 그래도 전략 자체는 효과적이었다. 그런데 베이브 루스가 커리어를 통틀어 타석에 단 한 번만 설 수 있었다고 해보자. 그러면 어땠을까?

현재의 경로에 모든 중량을 집중한다는 것은 기본적으로 거의 모든 선택지를 제대로 이해했다는 뜻이다. 모든 것을 감안한 후 현재 실현된 선택지를 확고하게 밀고 나가야 한다. 어떤 일이 일어나든지 간에, 니체가 역설한 대로 "내가 그렇게 의도했다!"라고 분명히 말할 수 있게끔 투자해서 리스크를 최적화해야 한다는 의미다. 투자 포트폴리오에서 리스크 완화의 기능을 이보다 더 잘 표현한 말이 달리 있겠는가?

다중 우주 속으로

로버트 프로스트의 시 〈가지 않은 길〉(지금까지도 아버지가 내게 항상 읊어주신다)의 도입 부분을 살펴보자.

"노란 숲 속에 둘로 갈라진 길
안타깝게도 나는 두 길을 한 번에 갈 수 없는
일개 여행자라 오랫동안 서 있었네"

두 길을 한 번에 갈 수 없는 것이 확실한가? 만약 그런 일이 가능하다면 영겁 회귀의 반대 개념일 것이다. 두 길을 한 번에 갈 수 있다는 전제하에 행동하면 어떻게 될까?

직전의 사고 실험을 조금 변경해서 생각해보자. 그다음 날 낮, 아니면 밤에, 아주 유감스럽게도 지독하게 외로운 순간에 또 다른 악마가 슬그머니 들어왔다고 해보자. 이번 악마는 지금의 삶을 한 번 더, 그리고 무수히 많이 사는 대신, '평행으로 교차하는' 무수한 삶을 전부 한 번에, 그리고 동시에 살게 되리라고 이야기한다. 그러면서 "지난밤의 악마가 했던 말은 믿지 말게. 하나의 삶을 반복해서 무한히 사는 게 아니라, 각각의 삶에서 가지가 뻗어 나와 정말로 무한한 평행의 삶을 살게 될 거야"라며 으르렁댄다.

본인이 직접 '슈뢰딩거의 고양이Schrödinger's cat'가 되는 것이다. 슈뢰딩거의 고양이는 1935년 오스트리아의 물리학자 에르빈 슈뢰딩거Erwin Schrödinger가 고안한 사고 실험이다. 섬뜩한 이야기일 수도 있겠으나, 상자 안에 갇힌 고양이를 임의로 독에 노출했을 때 고양이가 죽어있으면서도 살아있는 상태로 존재한다는 내용이다. 좀 더 정확하게 이야기하자면, 슈뢰딩거의 고양이는 양자역학적 상태에 있다. 학대를 당한 이 불쌍한 고양이(다행스럽게도 가상의 고양이다)가 죽어있는 상태와 살아있는 상태를 모두 계산하려고 하면 조금 복잡해진다. 하지만 수학적으로는 논리에 전혀 문제가 없다.

이 새로운 악마('슈뢰딩거의 악마'라고 하겠다)는 기쁨과 고통, 삶과 죽음(그럴 일이 없기를 바란다)을 모두 한꺼번에 겪게 되리라고 이야기한다. 물리학자들이 '다중 우주multiverse'라고 부르는 세상에 살게 되리라고 말이다. 영겁 회귀와 마찬가지로 다중 우주 역시 현실과 시간에 대한 또 다른 가상의 개념인데, 무한한 다수의 우주가 공존한다는 설정이다. 다중 우주의 세계에서는 주어진 운이 무작위로 방향을 틀든, 차후의 결정이 바뀌든, 지금부터 벌어지는 모든 일, 즉 "말로 할 수 없이 사소하거나 엄청난 모든 일"에서 새로운 우주가 생겨난다. 새로운 길에서 마주치는 새로운 갈림길마다 자신의 복제판, 즉 도플갱어가 나타난다. 여기에서 시간은 니체가 생각한 원형이 아니라, 무수히 많은 나뭇가지가 서로 얽혀 있는 나무의 모습이다. 다중 우주는 모든 나뭇가지를, 그리고 일어났을 수도 있는 모든 일을 한데 모아 놓은 표본 공간이다.

다중 우주는 과학적으로 뒷받침되는 개념이며, 간접적이기는 하지만 실험을 통한 테스트도 가능하다. 아이러니하게도 니체가 "존재의 위대한 주사위 게임"을 통해 영겁 회귀의 증거를 보인 방식과 아주 비슷하다. 여기에서는 주사위를 던졌을 때 6면이 동시에 나오는 양자역학적 상태를 상정한다. 주사위를 던졌는데 6조각으로 쪼개져 한 번에 6면이 모두 나오는 기적을 다룬 북유럽 설화의 내용과 똑같다. 우리가 사는 우주에서 보는 좁은 관점으로는 주사위의 한 면밖에 볼 수 없지만, 다중 우주의 세계에서는 각기 다른 결과가 나오는 우주가 5개 더 있다. 이 양자역학 주사위를 던질 때마다 새로운 분기점에서 가지가 무한히 뻗어나가 평행으로 교차하는 무수한 우주가 생겨나고, 무한한 다중 우주가 된다. 이게 바로 슈뢰딩거의 악마가 이야기하는 세계의 모습이다.

말도 안 되는 소리 같은가? 자, 이렇게 생각해보자. 이 관점을 택하면 카지노가 되는 기분을 느낄 수 있다. 인생의 주사위를 몇 번이고 던져서 나오는 모든 결과를 영원토록 받아보는 것이다. 운이 좋을 일도, 나쁠 일도 없고, 표본 추출의 오류도 없다. 각각의 우주에서 실현된 기댓값을 하나씩 보게 될 뿐이다. 가능한 모든 경로를 경험하게 되므로, 각 기댓값을 근거로 제대로 된 결정을 내릴 수 있다.

이 두 악마가 제시하는 두 가지 관점은 확률에 대한 상반된 관점과 비슷하다. 한 번의 개별적 시도와 빈도주의에 입각한 여러 번의 시도로 정리할 수 있겠다. 어떤 악마의 말을 믿을 것인가? 그 선택이 삶과 투자를 대하는 방식에 어떤 영향을 미치는가? 어느 관점을 채택하는지에 따라 투자 방식, 그리고 가장 중요하게는 투자 결과가 결정적으로 달라지는가? 니체는 영겁 회귀 개념이 우리가 삶을 대하는 방식에 영향을 미치는 가상의 실험으로 쓰이기를 의도했기 때문에 그런 차원에서 두 가지 관점을 모두 이해해야 한다.

슈뢰딩거의 악마와 함께 하는 주사위 게임(N=∞)

두 악마와의 만남 이후, 엄청난 돈다발이 놓인 탁자에 앉게 되었다고 해보자. 평생에 걸쳐 모은 돈을 눈앞에 가져다 놓은 것이다. 슈뢰딩거의 악마가 맞은편에 앉아 그 돈을 건 게임을 제안한다. 마침 악마가 가지고 있는 공정한 6면 주사위를 한 번 던져서 1이 나오면 슈뢰딩거의 악마에게 가진 돈의 50%를 주고, 6이 나오면 악마가 판돈의 50%에 해당하는 금액을 준다. 그 외에 2, 3, 4, 5가 나오면 악마가 판돈의 5%에 해당하는 돈을 주는 게임이다. 다음은 이 게임의 보상 프로필을 나타낸 그림이다.

이 게임은 이전 장에서 다루었던 상트페테르부르크 주사위 게임을 간소화한 버전을 한층 더 완화한 것으로, 전 재산을 건다는 점이 다르다(주사위를 던져서 좋지 못한 결과가 나와도 전부 잃는 것이 아니라 50%만 잃는다).

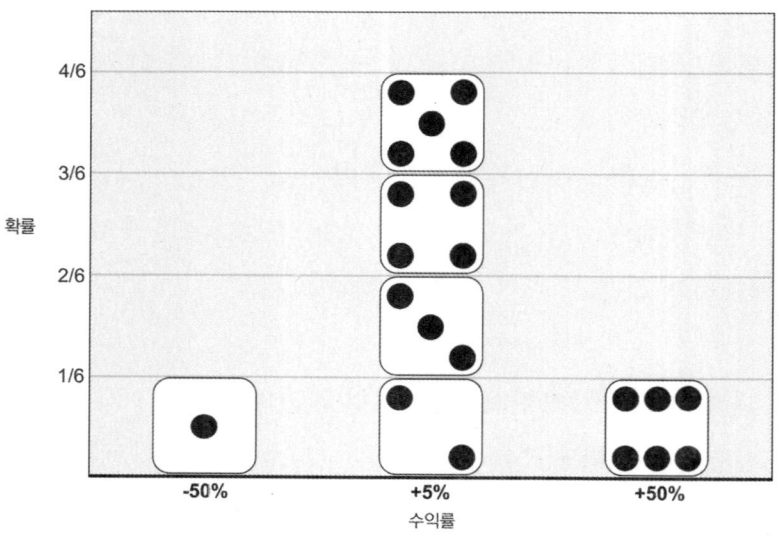

그림에서 주사위를 쌓아놓은 것은 특정 수익률에 해당하는 주사위 면의 수가 하나 이상임을 나타내기 위해서다. 주사위를 쌓아놓은 이 보상 프로필은 게임에서 회차당 이산 확률 분포도 잘 보여준다. 각 주사위 면은 동일하게 1/6의 확률을 나타내며, 수익률 결과에 따라 쌓아놓은 주사위의 높이는 개별 수익률의 확률을 깔끔하게 보여준다. 예를 들어, 주사위를 던져 나올 수 있는 6개의 결과 중 4개에서 5%의 이익을 얻는 구조인데, 그림의 주사위 탑을 보면 그런 결과가 나올 확률이 4/6임을 알 수 있다.

이 내기가 어때 보이는가? 2/3의 확률로 5%의 수익률을 낼 수 있으니 분명한 우위가 있고, 균형이 잘 잡힌 퍽 좋은 내기다. 하지만 정확히 얼마큼의 우위가 있는지, 즉 주사위를 던졌을 때의 기댓값이 얼마인지 계산해보자.

우선, 당연히 주사위가 조작되지 않았다는 점을 확실히 해야 한다. 어쨌든 상대는 악마니까. 제대로 된 주사위라면 던진 횟수가 많을수록 전체적으로 1/6의 확률로 각 면이 나와야 한다. 이는 야코프 베르누이의 황금 정리 덕분에 우리가 알고 있는 사실이다. 주사위를 1만 번 던져서 이 점을 확인하자. 악마는 기다려줄 테니 그렇게 해도 된다. 그러면 10,000/6의 0.01% 이내로 각 숫자가 나올 것이다. 여기까지는 괜찮다.

이제 동일한 확률의 6개 수익률 결괏값으로 이루어진 표본 공간의 산술평균을 계산하면 이 게임의 수학적 기대 수익률을 구할 수 있다.

$$(-0.5+0.05+0.05+0.05+0.05+0.5)/6=0.033$$

주사위를 한 번 던져서 순식간에 3.3%의 수익을 올릴 것으로 예상할 수 있는데, 3.3%면 엄청나게 좋은 기대 수익률이다. 시장과 관련성이 전혀 없는 이 정도의 수학적 우위라면 헤지펀드 업계의 거물 전부가 부러워할 만한 정도다. 게다가 게임 상대가 슈뢰딩거의 악마이므로, 다중 우주에서 양자 주사위의 6개 면이 나오는 결과를 동시에 전부 경험한다는 규칙이 적용된다. 주사위를 한 번 던지면 단순 산술평균인 이 3.3%의 수익률이 말 그대로 '보장'된다.

중요한 내용이니 원리를 찬찬히 살펴보자. 주사위를 던질 때마다 슈뢰딩거의 악마 게임에서는 나올 수 있는 6개의 우주 모두에서 결괏값을 받아본다. 그리고 나서 6개 결괏값의 산술평균을 계산하여 합산치를 도출한다. 한 번 던지면 쪼개지면서 6면이 모두 나오는 주사위, 그리고 살아있으면서 죽어있는 슈뢰딩거의 고양이처럼 좋은 결과와 나쁜 결과를 전부 한꺼번에 겪는 것이다. 그래서 주사위를 던질 때마다 3.3%의 수익률을 말 그대로 '보장'받을 수 있게 된다. 자신의 무수한 복제판이 주사위를 던져서 나올 수 있는 모든 결과를 경험하면, 슈뢰딩거의 악마가 결괏값의 단순 평균치에 따라 보상을 지급하므로 N은 ∞이다.

이런 설정의 게임을 하지 않을 이유가 있을까? 불쌍한 바보 악마와 이 수지맞는 게임을 몇 번이고 하면 된다. 공교롭게도 슈뢰딩거의 악마는 간단한 수학을 잘하지 못해서 이 내기를 받아들인다. 300번을 하되, 주사위를 던질 때마다 정산하고 나서 다음으로 넘어가기로 한다. 곱셈 효과를 통해 자금을 복리로 늘리는 것이 목표다. 아인슈타인은 복리를 "세계 8대 불가사의"이자 "우주에서 가장 강력한 힘"이라고 했다(아인슈타인이 실제로 이렇게 말했다는 증거는 없지만, 증거가 없다는 증거도 없다).

논의의 편의를 위해 최초 자산이 1단위라고 가정하겠다(수백, 수천, 수백만 달러, 프랑, 두카트 등으로 생각할 수 있다). 주사위를 한 번 던지고 나면 수익률 3.3%를 보장받으니 자산이 1.033이 된다. 이 1.033이 총수익이 된다(1+0.033=1.033).

페테르부르크 상인의 경우와 마찬가지로, 주사위를 던질 때마다 자산이 어떻게 변하는지 재귀 등비수열로 계산하는데, 총수익 비율을 한 번에 하나씩 각각 다음 항과 순차적으로 곱한다(기본 확률 이론을 통해 알고 있듯이, 임의의 독립 변수 합산 값의 기댓값은 해당 변수 기댓값의 합산 값과 동일하다).

따라서 슈뢰딩거의 악마를 상대로 주사위를 300번 던졌을 때의 자산은 다음과 같다.

$$1.033 \times 1.033 \times 1.033 \times \ldots = 1.033^{300} = 18{,}713$$

이걸 보라. 산술적 기대 수익률 3.3%를 300번 복리로 늘리면 평균적으로 최초 자산의 거의 1만 9,000배가 된다(최초 자산이 1,000달러였다면, 이 게임을 300번 했을 때 최종 자산의 수학적 기대치는 거의 1,900만 달러라는 뜻이다). 6개 면이 쪼개지면서 모두 나오는 양자 주사위가 다중 우주에 걸쳐 만들어낼 수 있는 모든 결괏값을 따져 보면 이런 엄청난 수치를 기대할 수 있고, 이 사례에서는 반드시 그렇게 된다. 아인슈타인은 천재였던 듯하다.

니체의 악마와 함께 하는 주사위 게임(N=1)

놀랄 것도 없겠지만, 니체는 주사위 비유를 좋아했다. 놀이의 '디오니소스적' 이상이라며 추켜세우기도 했다. 삶을 "존재의 위대한 주사위 게임"이라고 생각한 니체는 차라투스트라가 "신성한 탁자에서 신들과 주사위 게임을 하는" 모습, 그리고 영겁 회귀를 통해 주사위를 몇 번이고 다시 던지는 모습을 묘사했다. 이 장면들을 니체는 가장 중요한 통찰이라고 생각했다. 그러니 니체의 악마가 다시 나타나 게임을 하고 싶어 하는 게 이상하지 않다. 슈뢰딩거의 악마가 앉았던 곳에 니체의 악마가 자리를 잡고, 똑같은 주사위 게임을 제안한다. 판돈은 예의 그 돈다발이다. 하지만 이번에는 니체의 악마가 정한 규칙이 적용된다. 주사위를 던질 때마다 다중 우주에서 6면이 모두 나오는 게 아니라, 300번을 던질 때 한 번에 하나의 면만, 즉 하나의 결과만 주어진다(그리고 잊어버렸을까 봐 다시 이야기하자면, 그 똑같은 300번의 결과를 영원히 다시 겪어야 한다).

이제는 정말로 찬찬히 생각을 해봐야 한다. 다중 우주의 세계에서는 주사위 게임이 훨씬 간단했다. 여기에서는 단 하나의 우주에 존재하는 혼란스러운 세계로, 그러니까 주사위를 던질 때 3.3%라는 평균 수익률이 보장되지 않는 세계로 돌아와야 한다. 실제로 이런 세계에서는 평균 수익률 3.3%를 절대 달성하지 못할 것이다. 3.3%는 전적으로 이론적인 수치이기 때문이다. 50%, 5%, -50% 중 하나의 결과만 나올 뿐이며, 그 사이에 존재하는 다른 값은 없다. 페테르부르크 게임보다는 낫지만, 표본 추출 오차, 즉 리스크는 여전히 크다. 1/6의 확률로 순자산이 절반으로 줄어드는데, 이런 종류의 리스크를 감수하기가 어렵다고 느껴질 수 있다.

그러나 이 지점에서 친애하는 야코프 베르누이를 다시 한 번 떠올려보자. 이 게임을 반복하면서 주사위 던지기를 매번 독립적으로 실시하면, 임의성을 잠재우고 큰 기대 수익률을 올릴 수 있으리라고 생각하는 것이다. 황금 정리에서 베르누이가 주사위는 공정하다고 했으니, 주사위를 충분히 여러 번 던지면 각 면이 대략 6분의 1의 확률로 나오리라고 기대할 수 있겠다는 확신이 생긴다. 휴, 잠깐 무서운 생각이 들었을 뿐이다(악마와 주사위 게임을 한다는 것만으로도 이미 무시무시하지만). 이제 주사위를 던지면 평균 수익률이 3.3%에 수렴하리라는 자신감을 회복했다. 다중 우주의 세계에서 다시 평온하게 살아가고 있는 듯한 기분이 든다. 위안이 되는 생각이기는 하지만, 자세히 들여다보면 무언가가 어긋나 있다. 예를 들어, 주사위를 처음 6번 던졌을 때의 결과가 다음과 같다고 해보자.

여기에서 주사위를 한 번 던졌을 때의 자산(또는 총수익)은 1.05다. 두 번 던지면 $1 \times 1.05 \times 1.5 = 1.575$다. 6번을 던졌을 때의 자산은 다음과 같다.

$$1 \times 1.05 \times 1.5 \times 0.5 \times 1.05 \times 1.05 \times 1.05 = 0.912$$

지금 살펴본 경우에서는 주사위의 각 면이 무작위로 딱 한 번씩만 나왔다. 이게 평균인 것 같은데, 손실이 나고 있다. 300번을 다 던지면서 이런 식으로 계속 곱해나가다 보면, 최종 자산이 나올 것이다(이를 '기하 랜덤워크geometric random walk'라고 한다).

이 곱셈의 복리 사례에서 눈여겨봐야 할 점이 있다. 각 항은 이전 수익을 곱한 값이고, 곱셈에는 가환성commutative property이 있기 때문에 언제 50% 손실이 발생하든 최종 결괏값에는 영향이 없다. 주사위의 1이 3번째 시도에 나오든 마지막에 나오든, 최종 자산에 미치는 영향은 동일하다. 니체의 악마와 하는 게임은 확실히 다르다. 다중 우주에서처럼 주사위를 300번 던졌을 때 나온 결과를 전부 받아보는 것이 아니라, 무작위로 단 하나의 경로만 선택하게 된다. 표본 크기가 무한에서 1로 확 줄어든 것 같아(N=1) 모골이 송연해진다.

다음은 두 게임을 각각 1만 번 진행한 결과다. 여러 갈래로 갈라지는 개별 경로가 모여 음영을 이룬다. 이 음영 부분은 다중 우주에서 나온 결괏값의 표본 공간을 나타낸다고 보면 된다. 최종 자산 산출값의 빈도분포는 오른쪽에 표시했으며, 각 경로의 최종값에 대응한다.

여러 경로 중 단 하나만 취할 수 있으니, 좋은 선택을 해야 한다!

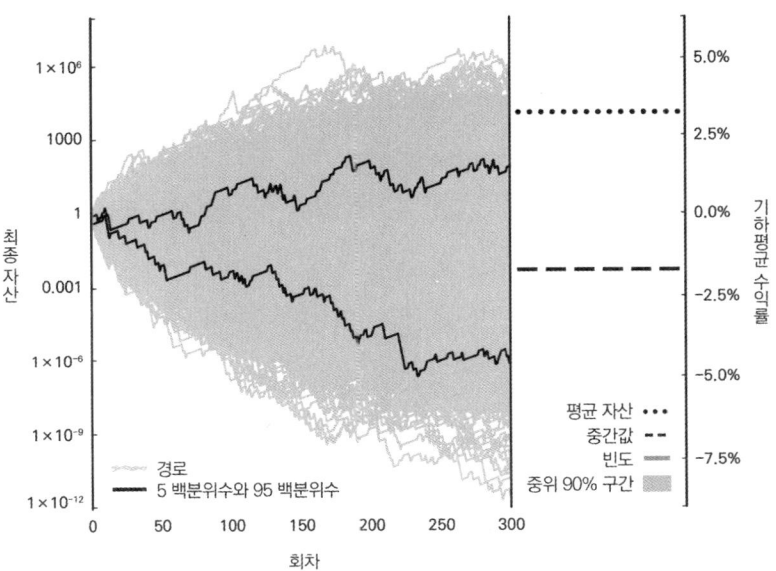

y축은 로그 스케일을 적용하여 압축 데이터가 더 잘 보이도록 했다. 슈뢰딩거의 악마와 게임을 했을 때 보장되는 수익률, 즉 최종 자산이 최초 자산의 거의 1만 9,000배가 되는 퍽 괜찮은 기댓값은 니체의 악마를 상대할 때는 엄청나게 드문 경우임을 알 수 있다. 그런 수익률은 5 백분위수~95 백분위수 값의 범위에서 산출될 수 있는 결괏값을 표시한 중위 90% 신뢰 구간(음영 처리 부분)에 들어가 있지도 않다. **사실 최초 자산의 1만 9,000배 또는 그 이상의 수익률을 올릴 확률은 0.5%밖에 되지 않는다.**

자, 어떻게 된 일일까? 범인은 시간과 복리의 곱셈 작용이다. 주사위를 300번 던지는 게임을 여러 번 수행했을 때 나올 수 있는 최종 자산값의 분포는 심한 정적 편포positively skewed의 양상을 보인다. 즉, 결괏값이 아주 작은 경우는 대단히 많지만, 결괏값이 아주 큰 경우는 거의 없다는 뜻이다. 후자의 결괏값이 너무 커서 분포 전체의 평균을 많이 끌어올리고 있다(로그 스케일을 적용한 그래프라 이런 정적 편포의 양상이 눈에 잘 띄지 않아서 분포가 종 모양으로 대칭을 이루고 있는 것처럼 보이지만, y축의 값을 보면 알 수 있다). **요점은, 한 가지 경로만 실현되는 상황에서 최종 자산의 기댓값이 어마어마한 경우는 너무나도 희소하기에 그다지 기대할 수 있는 사건이 아니라는 점이다.**

비에르고딕성이라는 꼼수

슈뢰딩거와 니체의 악마를 빼고 보면, 이건 현실적인 문제다. 주사위를 300번 던지면 각 면이 50번쯤 나오리라고 기대하는 건 당연하다. 이런 기대치가 최초 자산의 1만 9,000배라는 이론적 기대치로 확실하게 전환되지는 않는다는 점이 문제다. 기대한 대로 주사위의 각 면이 50번씩 나왔다고 했을 때의 기하 산출식은 다음과 같다.

$$0.5^{50} \times 1.05^{50} \times 1.05^{50} \times 1.05^{50} \times 1.05^{50} \times 1.5^{50} = 0.010$$

이런 논리라면 최종 자산이 사실상 0에 가까워질 것이다. 그렇다. 주사위의 각 면이 동일하게 나오는 결과를 기대할 경우, 복리 계산한 자산의 99%가 니체의 악마에게 옮겨갈 것이다. 평생 모은 자산인 그 돈다발을 잃는다는 말이다. 주사위를 300번 던지면 최초 자산의 1만 9,000배가 돌아오는 다중 우주의 세계는 어디로 갔단 말인가? **현실 세계에서 벌어지는 일과 너무 비슷해서 짜증스러운 니체의 악마를 상대하면, 좋은 운명이 영원토록 반복될 일이 별로 없다.** 복리의 곱셈 작용은 '우주에서 가장 파괴적인 힘'에 더 가까워 보인다(아인슈타인은 지나치게 과대 평가된 것 아닐까! 황금 정리는 그다지 황금도 아니고 말이다!).

이전 장에서 언급했듯이, 주사위를 300번 던졌을 때 이 기하 산출식에 나타난 수익의 기하평균은 산출값의 300제곱근인 $0.010^{1/300}=0.985$, 즉 복합성장률 −1.5%에 해당한다.

그리고 우리는 회차당 총수익 기하평균 0.985가 이 게임의 베르누이 기댓값, 즉 주사위를 한 번 던졌을 때 나올 수 있는 6가지 수익의 기하평균이라는 것을 알고 있다.

$$BEV = e^{\frac{\log(0.5)+\log(1.05)+\log(1.05)+\log(1.05)+\log(1.05)+\log(1.5)}{6}}$$

$$=0.985, \text{ 또는 복합성장률 } -1.5\%$$

이는 주사위를 한 번 던졌을 때 기대되는 기하평균 수익률이 베팅 금액을 영원히 복리로 계산할 때 기대되는 기하평균 수익률과 동일함을 뒷받침하는 또 다른 증거이며(플레이어가 어떤 계획을 세웠는지와는 아무런 관계가 없다), 베르누이의 로그 목적함수를 손쉽게 직관적

으로 이해할 수 있는 좋은 방법이다.

그러나 더 직접적이고 직관적으로 이 문제를 생각해보는 방법이 있다. 회차당 복합성장률 −1.5%를 계산해낼 수 있는 세 번째 방법이다. 상당히 강력한 통계적 수렴 조건에서 −1.5%를 300번 복리 계산한 최종 자산(즉, $0.985^{300}=0.01$)은 최종 자산 결괏값의 중간값이기도 하다. 이 게임을 했을 때 다중 우주 세계에서 산출 가능한 모든 최종 자산 결괏값의 '정중앙'에 있는 값(베르누이의 말을 빌리자면 "중앙에 있는 이익")이다. 주사위의 각 면이 50번씩 나오리라고 기대하는 경우를 생각해보면 이해하기 쉽다. 그게 주사위 던지기 결과의 중간값이다(나올 수 있는 결과 중 절반은 주사위의 특정 면이 더 많이 나오고, 절반은 더 적게 나온다). 그렇다면 자산 결괏값 중 절반은 더 높고, 절반은 더 낮아서 최종 자산 결괏값의 중간값이 나와야 한다.

이런 수학적 뉘앙스를 너무 깊이 파고들 필요는 없다. 하지만 아래의 차트에 표시된 내용은 확실하게 기억해야 한다. 우리의 주사위 게임처럼 **곱셈 성질의 증가세가 있을 때 기대 수익률의 기하평균, 즉 최종 자산 결괏값의 기하평균이 뜻하는 바를 가장 직관적으로 파악하려면, 최종 자산 결괏값의 기대 중간값을 따지면 된다.**

우리의 주사위 게임에서는 중간값을 초과할 확률(당연히 50%)이 산술평균을 초과할 확률보다 훨씬 크다. 그러므로 산출될 수 있는 모든 최종 결괏값에서 무작위로 표본을 하나 뽑았을 때 기대할 수 있는 값은 산술평균 수익률이 아니라 기하평균 수익률에 더 가깝다.

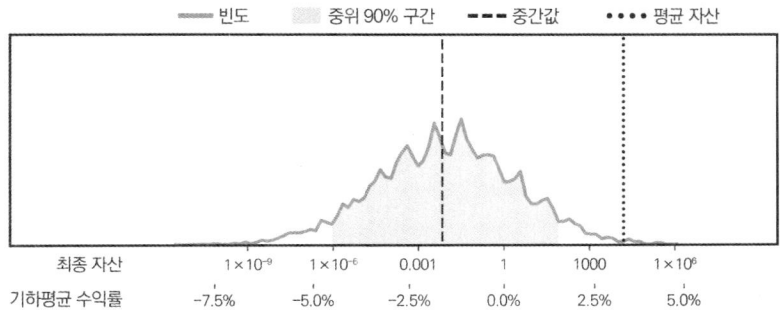

최종 자산의 중간값, 최종 자산의 로그 기댓값,
기대 성장률의 중간값은 모두 동일한 것을 의미한다.

실현될 가능성이 전혀 없는 자산의 기대치를 최대화하는 것, 그리고 최종 자산의 중간값에 부합하게 실제로 달성 가능한 자산의 '성장률' 기대치를 최대화하는 것 중 어느 것이 더 나은가?

슈뢰딩거의 악마와 주사위 게임을 하면, 즉 다중 우주에서 N이 ∞일 때는 다중 우주 전체의 평균에 신경 쓰게 된다. 그러나 니체의 악마를 상대로 주사위를 한 번 던지면, 즉 N이 1일 때는 단 하나의 경로에만 신경 쓰게 된다. 좀 더 정확하게는 우리가 걷게 될 단 하나의 경로에 정말로 마음을 쓰는 것이다. 운에 휘둘리지 않으려면 백분위수가 더 낮은 경로, 예를 들면 중간값 경로에 더 신경을 써야 한다.

니체의 악마를 상대로 게임을 하면 꼼수 같은 것이 있지 않나 하는 생각을 할 수도 있겠다. 포커나 백개먼에서 나타나는 기만적인 편차와 마찬가지로(1990년대의 메이페어 클럽Mayfair Club*이 정말 그립다),

* 2000년 문을 닫은 뉴욕의 카드룸으로, 판돈이 크고 고수들이 경쟁하기로 이름이 높았다고 한다.

본인에게 우위가 있다는 생각은 착각일 뿐이다. 그런 착각을 해야 호구들이 계속 게임을 하지 않겠는가. 아니, 우위가 있기는 한데, 대단히 희소하게끔 설정되어 있다. 기만적인 성격의 수수료, 또는 이 현실의 악마가 자산의 중간값(또는 기하평균)에 부과하는 세금이라고 생각할 수 있겠다. 복리의 곱셈 효과로 인해 뜯기는 이 세금을 나는 '변동성 세금volatility tax'이라고 부르는데, 이 세금이야말로 가장 은밀한 부유세다. 자산이 베르누이의 로그 폭포에 휩쓸려 가라앉을 때 치르는 기하 비용이다. 더 멀리 휩쓸려 갈수록 빠져나오기가 더 어렵다. 하지만 산술적 공간에서만 사는 사람은 전혀 볼 수 없는 세금이다.

확률 이론에서는 어떤 무작위 과정의 표본 공간에서 일정 기간에 나올 수 있는 모든 결괏값의 산술평균(앙상블 평균ensemble average)이 같은 기간의 기하평균 결괏값(시간 평균time average)과 동일할 경우, '에르고딕성ergodicity'이 있다고 한다.

너무 깊이는 말고, 간단하게 생각해보자. 비非에르고딕성은 사실상 평균 결괏값이 중간값보다 훨씬 높아서, 분포 형태가 심한 정적 편포의 양상을 보인다는 뜻이다. 중간값이 아니라 평균에 집중한다는 건 초과 예상 확률이 절반에 못 미치는(때에 따라서는 훨씬, 훨씬 못 미치는) 기준에 집중한다는 것이다. 그뿐이다.

그렇게 보면 다중 우주에는 에르고딕성이 있다. 시간이 지나면서 실제로 산술평균 수익률을 복리 계산하기 때문이다(그래서 평균 결괏값이 중간값과 동일한 것이다). 하지만 그런 에르고딕적인 다중 우주에

사는 사람은 아무도 없다. 슈뢰딩거의 악마와 게임을 해야만 주사위 300번 던지기 게임을 여러 번 했을 때 그런 평균 수익률을 낼 수 있다. 안타깝게도 우리는 카지노가 아니다. 그보다는 복권 1장에 더 가깝다(이 경우에는 플러스 우위가 꽤 있기는 하다). 단 하나의 우주에서 주사위 300번 던지기 게임을 딱 한 번만 할 수 있으니 말이다.

영겁 회귀는 확실히 아주 비에르고딕적이다. 주사위를 300번 던져서 여러 번 복리로 계산할 수 있다고 해도, 비에르고딕성 때문에 N은 여전히 1이다. 여기에서 오는 '최대의 중량'을 느낄 수밖에 없다.

간단하게 정리하자면 이 두 악마의 관점은 상호 배타적·전체 포괄적mutually exclusive and collectively exhaustive이다. 즉, 둘 중 하나의 관점만 택할 수 있다. 다중 우주 수익률을 바탕으로 설정한 기대치는 영겁 회귀에서 기대할 수 있는 수익률과는 별 관련이 없다. 그리고 당연히 후자가 현실을 더 잘 반영한다. 다중 우주의 빈도주의적 관점은 착각이다. 여기에 기대면 처참한 실망을 맛보고, 잘못된 선택을 하게 된다.

밥 딜런Bob Dylan의 노래처럼 "내일은 절대 생각대로 흘러가지 않는다. 비에르고딕성 때문에." 밥 딜런이 비에르고딕성이라고는 안 했지만, 아무튼 그렇다.

마술인가 수학인가?

기하평균 수익률을 계산할 때의 큰 장점은 비에르고딕성 문제를 비켜 간다는 것이다. 기하평균으로는 시간의 흐름에 따른 자본금의 변화를 대응·추적할 수 있는데, 산술평균은 그렇지 않다. 기하 수익률이 곧 자본금이며, 수익률을 자산으로 직접 전환한다. 산술 수익률을 자산으로 전환하려면 어떤 경로로 그렇게 되는지도 알아야 하기에 경로 의존적이다. 자본금은 곧 판돈이고, 여기에 수익률이 축적된다. 현대 금융학에서 수익률을 강조하면서도 수익률이 자본금에 미치는 영향을 간과하는 것은 황당하기 짝이 없는 일이다. 근시안적이고 안일한 시각이다. 시간을 전혀 고려하지 않고, '모든 일은 한꺼번에 일어난다'고 생각하는 것이다.

농부가 토양 악화는 생각하지 않고 작물의 수확량만 중시하는 상황과 다를 게 없다. 이런, 생각해보니 단일 작물 재배, 화학 비료, 살충제에 의존하는 현대의 기업형 농업에서는 대부분이 그러고 있다. 물론 순환 방목 등 재생 농업을 하는 예외적인 경우가 있기는 하지만 말이다.

그러나 수익률의 기하평균과 자본금에 집중하면 마법 같은 일들이 펼쳐지기 시작한다.

그렇다면 악마의 주사위 게임에서도 선견지명을 가지고 토양을 보전하는 농부처럼 좀 더 '재생적'인 일을 할 수 있을까? 주사위를 던질 때마다 판돈을 모두 걸지 않고, 가지고 있는 현금의 40%만 베팅한다고 해보자. 게임에 투입하지 않은 나머지 60%는 수익을 내지 않는 상태로 두는데, 이는 이전의 회차당 평균 기대 수익률인 3.3%에서 60%가 줄어든다는 뜻이다. 뒤에 나오는 그림은 새로운 '리스크 완화' 보상 프로필을 나타낸 그림이다.

'×○ 프로필' 그림은 이 책 전체에 걸쳐 중요한 부분이다. 여러 사례 연구를 검토하면서 계속해서 다시 살펴볼 것이므로 잘 이해해야 한다. 리스크 완화 전략에서 변화하는 요소가 있을 때 어떤 상호작용이 일어나는지를 간단하게 보여주는 그림이다. 또한, 각 요소를 정확하고 일관성 있게 통합하여 순 포트폴리오 효과를 한눈에 살펴볼 수 있다는 점이 최대 장점이다. '리스크 완화 점수표'라고 볼 수 있는데, 말 그대로 리스크 완화의 ×와 ○를 나타낸다.

그림을 잘 살펴보자. 그림의 기본이 되는 주사위 게임 보상 프로필(×)을 현금 보상 프로필(○)과 합쳐서 통합 보상 프로필(⊗)을 도출했다. 베르누이의 BEV, 즉 평균 로그 수익률의 지수를 이 통합 프로필에 적용하면, 이 게임을 300번 실시한 결괏값을 복리 계산하여 해당 경로를 1만 번 반복했을 때의 기하 성장률 중간값에 해당하는 기하평균 수익률을 얻을 수 있다.

매 회차에서 가진 돈보다 적은 금액을 베팅하면 산술평균 수익률은 당연히 3.3%에서 1.3%로 떨어진다. 이를 산술 비용으로 생각하자. 하지만 실망하기는 이르다. 조금 전에 다룬 비에르고딕성을 생각해보자. 산술평균이 아니라, 복리 효과를 반영하는 기하평균 수익률에 집중해야 한다.

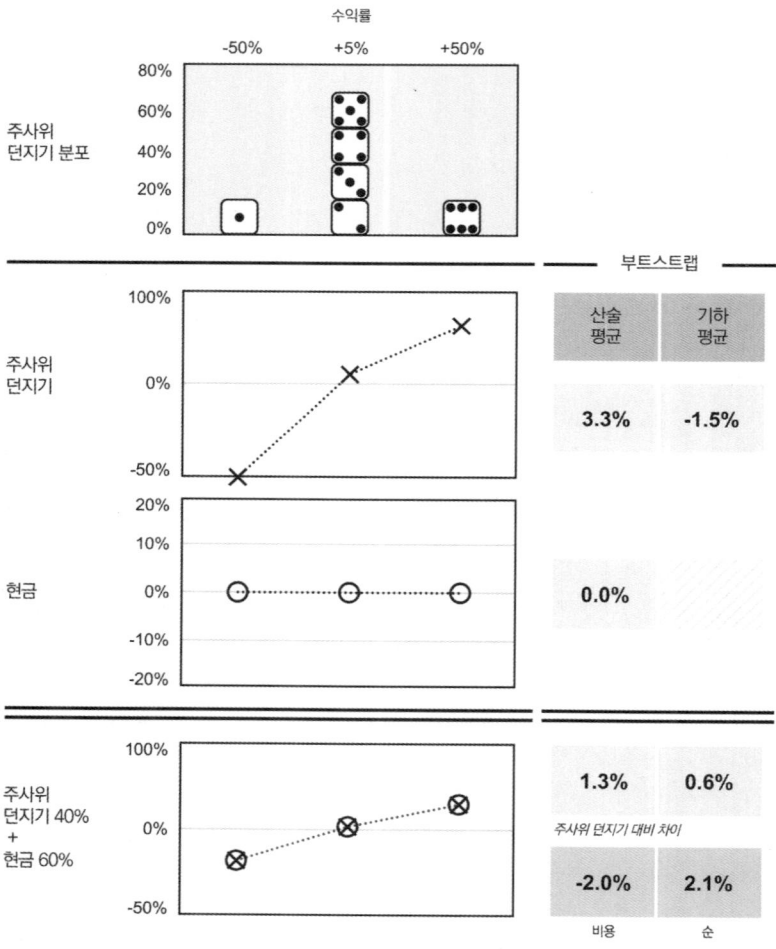

놀랍게도 기하평균 수익률은 −1.5%에서 +0.6%로 껑충 뛴다. 이게 바로 통합 전략에서 거둘 수 있는 순 포트폴리오 효과로, 적잖이 당황스러운 수학적 특이 현상이다. 이전의 경험에 비추어 보면, 적어도 니체의 악마가 제시하는 규칙에 따른 주사위 게임은 좋은 생각이 아닌 듯했는데, 이제는 매 회차 일정 비율의 자산으로만 베팅한다면 퍽 괜찮은 게임인 것 같다. 이게 어떻게 된 일일까?

슈뢰딩거의 악마를 상대로 다중 우주라는 환상의 나라에서 주사위 게임을 하면서 이런 리스크 완화 베팅 전략을 사용하면, 300회차 후 최종 자산은 최초 자산의 1만 9,000배가 아니라 53배로 줄어든다. 그만큼의 산술 비용을 치르는 것이다. 하지만 니체의 악마를 상대로 게임을 하면, '최종 자산 기댓값의 중간값(또는 기하평균)'이 최초 자산의 대략 0배에서 7배 정도로 늘어나 그만큼의 순 포트폴리오 효과가 발생한다. 두 악마의 점수표는 확실히 상이하며, 현실 세계에서는 니체의 악마가 제시하는 점수표가 적용된다.

우리가 제안한 베팅 전략은 1956년 벨연구소Bell Labs 연구원 존 켈리John Kelly의 이름을 따서 만든 '켈리 기준Kelly criterion'의 한 사례다. 켈리는 동료였던 클로드 섀넌Claude Shannon이 고안한 정보 엔트로피 개념(불완전하게 전달된 메시지에서 얻을 수 있는 정보, 또는 '예상치 못한 내용'의 정도)의 연장선상에서 이 기준을 제안했다. 켈리가 제시한 간단한 공식에서 베팅 규모를 정하는 기준은 하나다. 산술평균을 낮추는 희생을 감수하더라도 최종 자산의 기하평균 기댓값을 최대화하는 것이다. 다니엘 베르누이가 1738년에 처음으로 증명한 내용을 켈리가 공식화했다고 볼 수도 있겠다. 투자 분야에서는 처참하게 비웃음을 샀지만, 헨리 라타네Henry Latané가 1959년 공식적으로 최초 적용했다(두 사람 중 라타네만 그 당시 번역된 지 얼마 안 된 베르누이의 글에 큰 영향을 받았다). 내가 이 장에서 예로 든 주사위 게임은 특히 라타네의 주요 업적에 편승하는 부분이 많다. 선구자였던 라타네가 투자업계에 공헌한 점은 지금보다 훨씬 더 인정받아야 마땅하다.

베르누이, 켈리, 라타네의 뒤를 이어 다른 사람들도 총대를 멨다. 존 버 윌리엄스John Burr Williams는 1936년 기하평균의 최대화를 강조했다(베르누이 이후 처음이었을 것이다). 레오 브레이만Leo Breiman은 1960년 기하평균을 최대화하는 전략을 채택하면 목표로 하는 자산 수준에 도달하는 시간을 최소화하면서도 일정 시간이 지난 후 자산 수준의 최대치를 달성할 수 있음을 보여주었다. 이런 전략을 마다할 사람이 있을까? 아이러니하게도 1952년 현대 포트폴리오 이론을 창시한 해리 마코위츠Harry Markowitz조차도 1959년 즈음에는 기하평균 기준의 지지자가 되었다(그리고 1976년 즈음에는 열렬한 지지자가 되었다). 하지만 때는 이미 늦었고, 마코위츠의 현대 포트폴리오 이론이 진작에 자리를 잡아버렸다. 나머지는 모두가 다 아는 일이니, 굳이 언급할 필요가 없겠다.

가장 권위 있는 인물로는 1960년대부터 이 내용을 다룬 글도 쓰고, 실제 투자에도 적용한 에드 소프Ed Thorp를 들 수 있겠다. 더 최근에는 올레 피터스Ole Peters가 경제 이론에 대한 비에르고딕성의 함의를 꼼꼼하고 심도 있게 고찰하는 논문을 발표했다. 그리고 2018년 《스킨 인 더 게임》에서 단일 기간의 앙상블 평균과 다중 기간의 시간 평균에 나타나는 비에르고딕성을 다룬 나심 탈레브도 빼놓을 수 없다(나심이 썼듯, "20년도 더 전에 마크 스피츠나겔과 나 같은 현역 투자자들은 … 앙상블과 시간의 차이가 미치는 영향을 바탕으로 커리어를 쌓았다." 이 정도면 요점이 잘 정리된 듯하다). 이 내용을 지나치게 깊이 다루지는 않으면서 잘 살펴볼 수 있는 책으로는 윌리엄 파운드스톤William Poundstone의 2005년 저서 《머니 사이언스Fortune's Formula》를 참고하면 좋다. 2005년 즈음 이미 이 개념에 사로잡혀 있던 나는 이 책을 보고 그 개념의 간단하지만 중요한 함의를 한층 더 깊이 깨닫게 되었다.

베르누이, 켈리, 라타네 3인방과 이들의 업적을 이어간 사람들은 각자 나름의 견해가 있었다. 하지만 페테르부르크 중개무역에 대해서는 모두 한목소리로 기하평균을 최대화하는 기준을 언급했다.

켈리가 제시한 공식이 정확히 무엇이었는지는 여기에서 그다지 중요하지 않다. 훨씬 섬세하게 움직이는 현실의 금융 시장 분포에 그리 잘 적용되지도 않을 테니까. 이 주사위 게임에서는 '켈리 최적' 베팅 규모를 자산의 대략 40%로 잡았다. 이전의 그림에서 가중치를 옮겨 보고, 각 가중치에 대한 기하평균 수익률 또는 최종 자산 중간값을 다시 계산해보면 어떤 개념인지 이해할 수 있다(페테르부르크 게임의

적정 가치를 알아내고자 우리가 반복적으로 계산했던 방식과 비슷하다). 최종 자산의 중간값이 가장 높아지는 가중치가 켈리 최적 베팅 규모다.

다음의 그래프를 보며 간단하게 생각해보자.

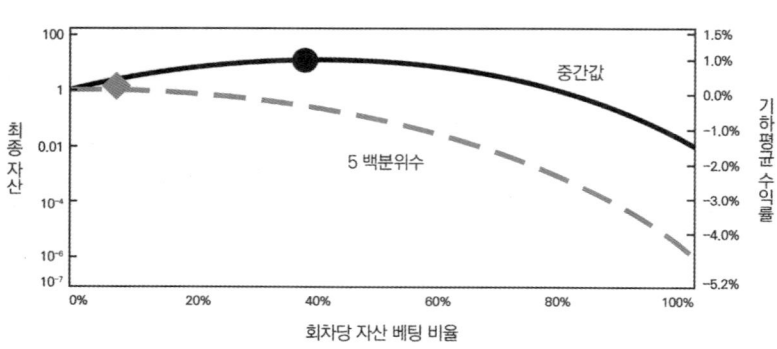

켈리 기준을 '골디락스 기준'이라고 하면 좀 더 설명하기가 쉬울지도 모르겠다. '딱' 적당해야 하니 말이다. 현금을 너무 많이 빼두면 베팅을 충분히 하지 못하므로 좋지 않다. 지나치게 보수적이다. 현금을 충분히 빼두지 않으면 베팅을 너무 많이 하기에 이 역시도 좋지 않다. 지나치게 공격적이다. 그 중간의 어디쯤, 여기에서는 40%가 조금 안 되는 정도가 딱 적당하다(이 개념이 리스크로 인한 커다란 딜레마에서의 부적절한 타협점과 상충한다고 생각하면 안 된다. 뒤에서 살펴보겠지만, 그렇지 않다).

매 회차에 자산의 1/300씩만 걸어서 주사위를 300번 던지는 동안 쥐꼬리만 한 베팅의 산술평균치만 취하는 전략에 혹한 사람이 있을 수도 있겠으나, 켈리 기준은 그런 전략이 좋지 않은 이유도 보여준다. 그렇게 할 수도 있겠지만, 결국에는 시간을 낭비하는 셈이다. 다니엘 베르누이식으로 리스크를 분산하여 기간별로 베팅을 잘게 쪼개는 일은 카지노만 할 수 있는 일이다. 카지노는 주사위를 동시에, 그러면서도 독립적으로 던질 기회가 기간별로 많기 때문에 시간의 측면에서도 베팅을 쪼갤 수 있다. 하지만 우리가 방 하나를 니체의 악마들로 가득 채워 이들과 독립적인 주사위 게임을 동시에 진행할 수는 없는 노릇이다(카지노가 아니니 말이다).

50 백분위수를 선택해서 최대화하는 전략에는 어느 정도 자의성이 개입하지 않느냐고 이야기할 수도 있겠다. 다른 백분위수를 다소 배제하는 것으로 비칠 수도 있다. 그래프에서 아래쪽에 표시된 곡선(이전 그래프에서는 음영 처리된 중위 90% 신뢰 구간의 아랫부분)을 보면 최종 자산 결괏값이 5 백분위수일 때 어떤지 알 수 있다. 5 백분위수는 자산이 해당 수준을 달성 또는 초과할 확률이 95%라는 뜻이다. 5 백분위수 곡선은 베팅 규모가 자산의 10%를 조금 밑돌 때 최고치에 도달한 후 급격히 떨어지는데, 중간값 곡선이 회차당 자산 베팅 규모가 거의 40%일 때 최고치에 도달하는 것과 비교하면 훨씬 낮은 수치다. 반면, 최종 자산 중간값 곡선은 베팅 규모가 커지면서 상승 여력이 더 생긴다. 정말 좋지 않은 결괏값은 어쩔 수 없지만, 켈리 기준 가중치는 결괏값의 중간값을 최대화한다. **전문 도박사들은 켈리 베팅 규모**

를 '잘게 쪼개는' 경우가 많은데, 그렇게 하면 결괏값의 중간값을 희생해서 켈리 곡선 대비 약 1/4 지점에서 최고치에 도달하는 5 백분위수 곡선과 같은 더 낮은 임의의 백분위수 결괏값을 실질적으로 최대화할 수 있다.

투자업계에서는 이 5 백분위수의 결괏값을 '최대 예상 손실액value at risk', 또는 '5% VaR'이라고 한다. 표본 공간이 분명한 우리의 사례에서 5% VaR은 게임의 리스크 수준을 가늠할 수 있는 아주 좋은 방법이다. 리스크는 결국 좋지 않은 사태, 즉 발생 가능한 최악의 경로에 대한 노출을 의미한다. 이 최악의 경로를 그레이엄의 안전 마진으로 생각해보면, 5 백분위수의 결괏값이 클수록 안전 마진이 더 크고, 베팅도 더 안전하다.

물론 현실 세계에서는 이런 좋지 않은 결괏값을 정확하게 파악하기가 어렵다. 포트폴리오의 VaR 측정은 겉보기에는 그럴싸하지만, 판단 근거가 순진하다 싶을 정도로 빈약한 경우가 많다. 그래서 실제로 VaR을 활용했을 때 도움이 되기보다는 피해가 훨씬 커지는 상황이 되기도 한다. 이 점은 뒷부분에서 아주 중요하게 다룰 예정이다. 우리의 주사위 게임에서는 5% VaR이 이상적인 리스크 대리 지표다.

앞서 살펴보았듯이, 켈리 최적 베팅 규모를 넘어서면 리스크가 급격히 커진다. 좋은 것이 지나치면 그다지 좋지 않은 것이 되는 법이다. 본인의 역량을 과신하다가 부지불식간에 베르누이 폭포 근처에 너무 가까워질 수도 있다. 하지만 신기하게도 현대 금융학에서는 산술 수익률 기댓값이 이처럼 플러스면, 기본적으로 레버리지는 항상 좋은 것이라고 주장한다. 따져 보면 레버리지는 산술평균, 즉 기대 수익률을 올려줄 뿐, 평균 수익률과 수익률 표준편차 사이의 비율에는 영향을 미치지 않는다(샤프 지수 그림을 이전 차트에 겹쳐놓고 보면 그냥 수평선이다. 레버리지가 늘면서 수중의 현금은 늘지만, 최종 자산은 급락한다).

그러면서 리스크가 낮으면 수익률은 항상 낮아질 뿐이라고 한다. 이렇게 피상적이고 사이비 과학 같은 툴이라니! 레버리지는 황금알을 낳는 거위를 죽여버릴 수도 있다(롱텀 캐피털 매니지먼트 헤지펀드에 투자한 사람들에게 물어보라).

잠시 생각해보자. 현금의 60%를 베팅하지 않고 주사위를 300번 던졌을 때 최종 자산을 최초 자산의 0배에서 7배로 끌어올릴 수 있다면, 외부의 영향이 없는 상황에서 그 돈에 대한 수익률은 고정 연금처럼 회차당 고정 수익률 0.8%로 복리 계산된다고 생각할 수도 있겠다. 하지만 우리가 빼둔 현금은 게임이 진행되는 동안 아무런 이자 수익도 내지 않았다.

모자에서 토끼를 꺼내는 마술사도 아니고, 켈리는 어떻게 산술 수익률이 더 낮은 상황에서 더 높은 기하 수익률을 올릴 수 있었을까? 이건 마술일까, 아니면 평범하고 정직한 복리의 수학일까? 이는 비선형적이고 곱셈적인 게임의 역학을 바꾸었기 때문에 나온 결과다. 달리 이야기하자면, 좋지 않은 상황의 고통(곡선의 오목성에서 기인하는 고통)을 줄여서 중간값을 끌어올린 것이다. 곱셈의 역학이 작용하는 상황에서는 큰 손실을 보면 회복이 정말 어렵다.

이전 그래프에서 5 백분위수의 결괏값이 얼마나 나아졌는지를 보면, 베팅 규모를 줄여서 켈리 최적 가중치로 전환했을 때의 개선 정도를 잘 알 수 있다. 다음의 새로운 리스크 완화 분포를 보면 새로운 켈리 베팅 전략을 썼을 때 얼마나 나아지는지를 더 확실하게 볼 수 있다.

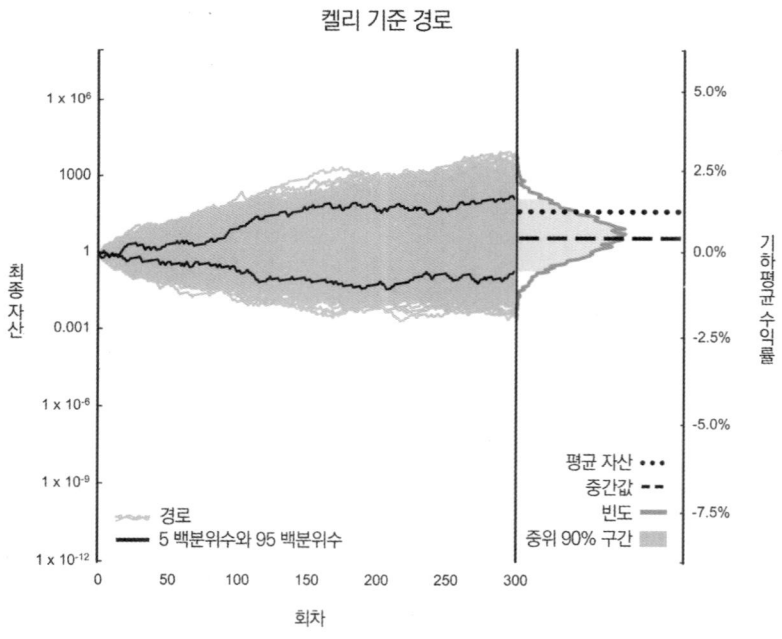

그리고 다음은 올인 베팅과 가진 돈의 40%를 거는 켈리 베팅의 빈도분포를 나란히 붙여놓은 것으로, 이 내용을 더 잘 보여준다.

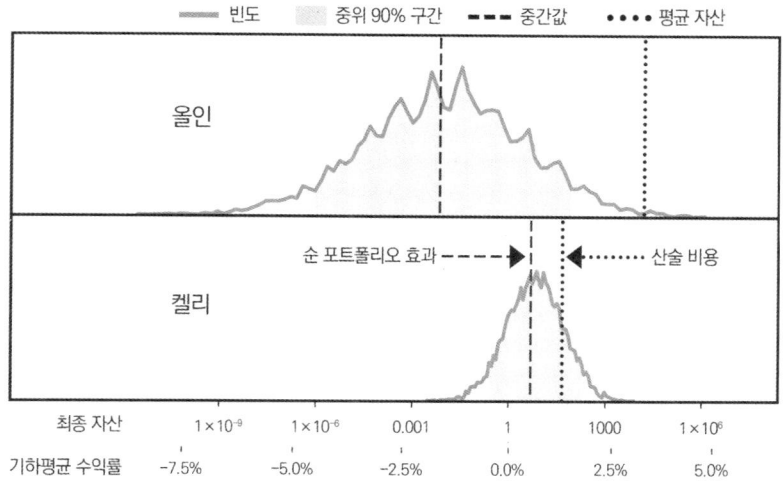

산술평균 수익률이 낮아진 것이 눈에 띄는데(왼쪽으로 뻗은 화살표), 다른 요인이 전부 동일하다면 그로 인해 기하평균 수익률도 낮아진다. 그러나 기하평균 수익률 또는 중간값은 오히려 높아졌다(오른쪽으로 뻗은 화살표). 이를 '순 포트폴리오 효과'라고 부르겠다. **이 결괏값의 분포에는 상반된 두 가지 요인이 작용하고 있다. 하나는 결괏값을 떨어뜨리는 가시적인 요인(산술 비용)이고, 다른 하나는 결괏값을 끌어올리는 비가시적인 요인(기하 효과)이다. 이 경우에서처럼 후자가 전자보다 크면 '플러스 순 포트폴리오 효과'와 '비용 효과적인 리스크 완화'라는 결과가 나온다. 이 두 가지 요인은 보통 잘 드러나지 않는데, 둘 사이의 긴장이 바로 세이프 헤이븐 투자의 핵심이다.**

켈리 베팅 전략에서는 자산의 중간값이 확실히 개선된다. 최대화하려는 대상이 바로 이 자산의 중간값이기는 하지만, 분포 자체가 개선된 것을 볼 수 있다. 예를 들면, 결괏값의 중위 90% 구간에서 더 낮은 쪽에 위치한 5 백분위수의 결괏값은 사실상 0에서 0.3으로 증가했다.

과녁을 겨냥해 화살을 메기는 사수의 관점에서 이 내용을 다시 생각해보자. 켈리는 중간값이라는 화살을 더 많은 자산이라는 과녁의 정중앙에 가까운 곳에 맞히려 한다. 이건 '정확성'을 올리는 문제다. 그 과정에서 탄착군을 좁히는데, 이는 범위를 더 줄여서 '정밀성'을 끌어올린다는 뜻이다. 그러면 도박성 시도(빗맞은 화살)가 예전보다 줄어든다. 엔트로피가 줄어들고, 운의 필요성도 줄어든다. 하지만 완전히 없어지지는 않는다. 켈리가 최적화하는 것은 도박성 시도가 아니다. 오스트리아의 압제에 맞서 스위스 동맹을 이끈 14세기 스위스의 민중 영웅 명사수 윌리엄 텔William Tell이 아들의 머리 위에 놓인 사과를 쏘아 맞혀야 하는 상황을 상상해보자. 명중하지 못한다고 해도 화살이 잘못 날아갈 수 있는 방향은 하나뿐이다. 그리고 중앙을 가로지르는 화살만큼, 아니 그 이상으로 빗맞은 화살도 중요하다. 불운에 대한 노출을 최소화하려는 **윌리엄 텔에게는 정밀성과 정확성이 모두 필요하다. 조준 범위를 좁히고, 빗맞더라도 크게 벗어나지 않아야 한다**(정확성을 희생시켜 정밀성을 높이고, 그렇게 샤프 지수를 최대화하는 상황과는 대조적이다.)

나머지 빗맞은 화살들은 공격적인 켈리 베팅 전략을 비판하는 정당한 근거가 된다. 여전히 감수하는 리스크가 크니까. 5 백분위수의 결곳값인 0.3은 70% 손실을 본다는 뜻이다. 따라서 5~50 백분위수라는 새로운 탄착군 범위에서 일어날 수 있는 좋지 못한 상황도 얼마든지 많다. 이 때문에 켈리 베팅 전략을 '가미카제 기준'이라고 냉소적으로 부르는 이들도 있다. 켈리 기준에 특히나 비판적이었던 경제학자 폴 새뮤얼슨Paul Samuelson은 그를 비판하는 이들이 간단한 단어밖에는 이해할 수 없으리라는 가정하에 그런 단어들만 사용한 조롱 조의 비평을 쓰기도 했다. 문제의 글은 이런 식이다. "자산의 로그 평균을 크게 하면 안 된다. … 돈을 날릴 때(그리고 날릴 가능성이 분명히 있지만) N이 크면 진짜 큰돈을 날릴 수 있다. 이상 증명 끝."

여기에서 중요하게 인지해야 하는 점이 있다. 분명하게 드러나지는 않을 수 있겠지만, 이 사례에서 전체 자산의 60%를 빼두는 켈리식 전략은 전체 자산의 60%를 '세이프 헤이븐'에 배분하는 것과 같은 행위다. 주사위를 던질 때마다 그렇게 빼둔 돈에서 이자 수익이 나지는 않는다(그렇다고 인플레이션 때문에 실질 가치를 상실하지도 않는다). 하지만 원한다면 다음 회차에서 쓸 수 있다. **그 돈의 역할은 게임에서 발생하는 손실의 충격을 완화할 수 있도록 가치를 보유하는 것이 전부다.** 이를 앞으로 '가치 보관store-of-value' 세이프 헤이븐이라고 하겠다.

사이드 베팅

이전 장에서 다룬 베르누이의 페테르부르크 상인으로 잠시 돌아가 보자. 악마의 주사위 게임 맥락에서 보면 그의 상황을 더 잘 알 수 있다. 몇 가지 요소를 바꿔보자. 이 게임의 플레이어를 불운한 상인으로, 주사위 던지기를 변덕스러운 날씨와 해적으로, 보상은 화물을 가득 실은 배가 발트해를 건너갔을 때의 경제적인 결과로, 그리고 슈뢰딩거의 악마를 보험사라고 하자. 함의를 충분히 파악할 수 있으리라 생각한다(여기에서는 확률과 보상이 약간 다르지만, 요점은 완전히 동일하다).

예를 들어, 주택 보험을 구매하는 이유는 보험을 통해 주택의 손상이나 소실 비용을 충당하기 위함이다. 다중 우주에서 발생하는 여러 경우에 비용을 분산하는 것이다. **이런 의미에서 보험이 있으면 카지노처럼 운명에 맞서 동시에 많은 게임 회차를 진행할 수 있다. 정말로 좋지 않은 운명이 있더라도 다른 좋은 운명이 비용을 나누어 부담하기 때문에 별다른 영향이 없다.**

하지만 수익이 발생하지 않는 안전한 자산에 자본의 일정 부분을 빼두었을 때 전체의 복합성장률이 실질적으로 높아진다면, 자체적인 자본가치 상승 이외에도 그 안전 자산이 전체 성장률에 공헌하는 바가 분명히 있기 때문이다. 눈에 보이지는 않지만, 기회비용을 극복할 정도의 기여분이 있는 것이다.

손실이 발생했을 때 피해를 완화할 목적으로 현금을 따로 빼두는 것이기 때문에, 이 게임에 대한 보험 계약 사례를 살펴보면 좋을 듯하다. 보험 계약은 기본적으로 메인 이벤트가 아니라, 메인 이벤트를 놓고 하는 사이드 베팅이다. 다른 주요 베팅의 결과에 베팅하는 것이다.

크랩스craps*나 스포츠에서의 사이드 베팅처럼 본 게임 자체와는 별개다. 파생상품, 또는 다른 대상에서 가치가 유래하는 조건부 청구권이다(보험사에서는 피보험자의 사망에 영향을 받지 않는 사람이 보험을 드는 생명보험의 사례에서처럼, 보험의 보상은 실제 베팅과 다르다는 점을 분명히 하려 애를 많이 쓰고 있다).

다음 페이지에서 보험 사이드 베팅을 통해 리스크를 완화한 보상 프로필과 확률 분포를 나타낸 그림을 살펴보자. 이 보험 계약에서는 주사위를 던져서 1이 나오면 보험료의 500%가 지급되고, 1 이외의 다른 숫자가 나오면 보험료의 100%를 잃는다.

통합 ⊗ 보상 프로필의 기하평균 수익률만 계산하면 이 게임을 1만 번 진행했을 때의 기하평균 수익률 기댓값과 기하 수익률 중간값을 알 수 있다는 점을 다시 한 번 밝혀둔다.

이전의 ×○ 프로필 그림과 위의 그림을 비교해보면, 기존의 더 간단한 현금 보관 버전을 새로운 보험 보상으로 대체했다는 점을 알 수 있다. 여기에서는 주사위를 던져 1이 나오기만 하면 보험 사이드 베팅에서 500%라는 두둑한 이익을 얻고, 이외의 경우에는 사이드 베팅 금액 전체를 잃는다. 이 보험 보상의 산술평균을 따져보면 딱 0이다(예상했겠지만, 이 보상의 기하평균 수익률은 중간값과 마찬가지로 −100%다(1~100% 중 어떤 수를 0과 곱하면 항상 0이 나온다).

수익률이 썩 높지 않다고 생각할 수도 있겠지만, 단독으로 진행하는

---

* 주사위 2개를 던져 나오는 결과에 베팅하는 게임.

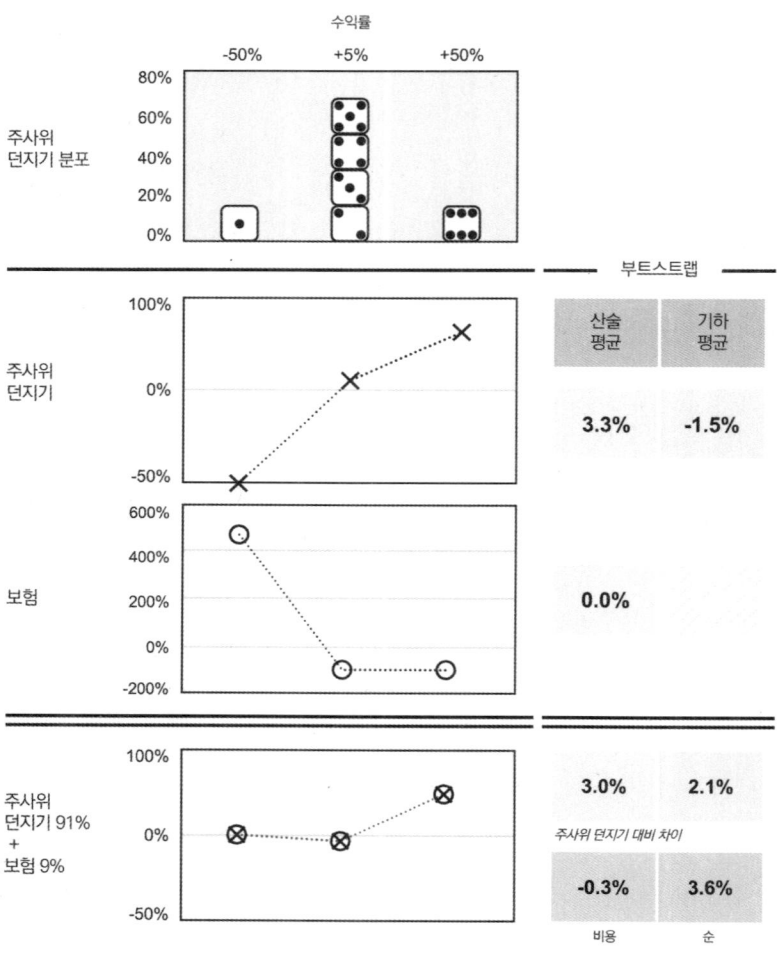

올인 베팅이 전혀 아니라는 점을 상기해보면 그렇지도 않다. 여기에서 사이드 베팅은 원래 베팅에 대한 보험 계약과 같은 역할을 한다).

예를 들어, 니체의 악마를 상대로 우리가 마지막으로 사용했던 켈리 베팅 전략을 보면, 매 회차에 남아 있는 전체 현금의 40%만 베팅하고 나머지 60%는 가치 보관 세이프 헤이븐에 빼두었다. 이번에는 매 회차에 남아 있는 전체 현금의 91%를 베팅하고, 9%는 보험 사이드 베팅에 배분한다. 니체의 악마가 다시 한 번 원래의 주사위 게임에서 상대가 되어주는 동안 슈뢰딩거의 악마가 보험 베팅을 받아주는 정도의 호의는 베풀어줄 것이다.

여기에서 세이프 헤이븐의 또 다른 사례가 등장한다. **이 세이프 헤이븐은 가치를 유지할 뿐만 아니라, 게임의 결과에 따라 높은 조건부 수익을 제공하여 게임에서의 손실을 완화한다. 앞으로 이를 '보험 세이프 헤이븐**insurance safe haven**'이라고 하겠다.**

이번에는 주사위를 300번 던졌을 때의 복합 기대 수익률이 −1.5%(최종 자산이 거의 0이나 다름없다)에서 +2.1%(최종 자산이 최초 자산의 대략 495배에 달한다)로 급격히 늘어난다. 그러나 산술 수익률은 +3.3%에서 +3.0%로 줄어든다. 켈리 베팅 전략과 비교해보면, 평균 수익률이 0%인 사이드 베팅에 배분하는 자산을 줄였기 때문에 산술평균이 줄어드는 폭이 더 작다. 그러나 리스크 완화 효과 덕에 기하평균 수익률은 훨씬 많이 늘어난다. 그리고 지금쯤이면 모두 알고 있겠지만, 실질적으로 중요한 건 기하평균 수익률이다.

켈리 전략에서 매 회차 현금을 따로 빼두는 배분을 했을 때 수익률이 정확히 0이었던 것처럼, 보험 사이드 베팅에 자산을 배분해도 평균적으로는 수익률이 비슷하다는 점을 눈여겨보자(결국에는 보험일 뿐이니 말이다). 보험에 9%를 배분하여 주사위를 300번 던졌을 때 최종 자산을 0에서 495로 끌어올리려면, 보험에 베팅한 현금의 수익률이 회차당 2.9%의 고정 비율로 복리 계산되어 고정 연금과 같은 작용을 했으리라고 생각할 수도 있겠지만, 실제로는 평균 수익률이 0%다.

산술 수익률은 더 낮아졌지만, 기하 수익률은 엄청나게 끌어올린 것이다.

켈리 최적 가중치와 마찬가지로, 이전의 그림에서 가중치를 옮기고 주사위를 한 번 던졌을 때의 기하평균 수익률을 계산하면 보험에 배분하는 최적의 가중치가 얼마인지 파악할 수 있다. 다음 그래프를 살펴보자.

너무 뜨겁지도, 너무 차갑지도 않은 골디락스 가중치를 다시 한 번 볼 수 있다. 본인의 역량을 과신할 수도 있고, 좋은 것이 지나치면 그다지 좋지 않은 것이 되는 법이다. 하지만 보험의 경우, 배분 규모가 훨씬 적은 지점(즉, 메인 베팅 규모가 훨씬 큰 지점)에서 그런 '지나친' 일이 발생한다. 보험에는 그렇게 많은 돈을 따로 뺄 필요가 없다. **소금 한 '꼬집' 같은 것이다. 한 꼬집보다 많이 넣으면 요리를 망치지만, 딱 그만큼이 가장 중요한 재료가 된다.**

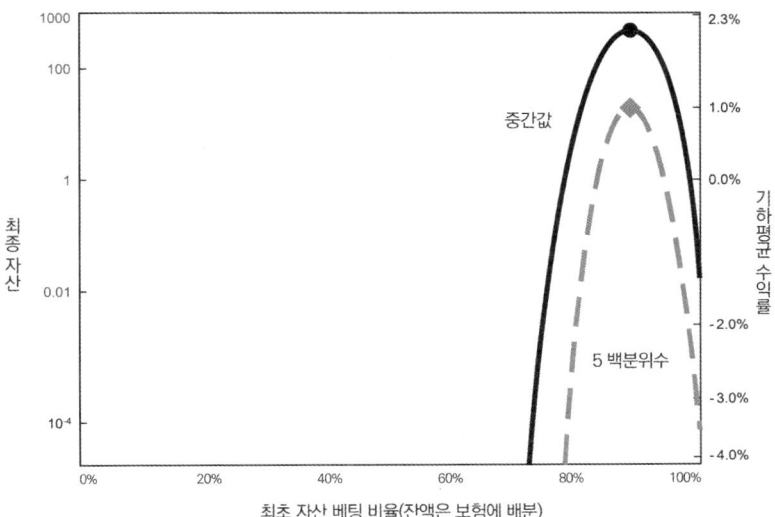

하지만 그래프에서 보듯, 켈리 최적 가중치와는 달리 보험 가중치는 대체로 최종 결괏값의 중간값과 5 백분위수를 둘 다 최대화한다. 또한, 이 범위의 백분위수 결괏값을 최대화하면 이 모든 최종 자산 결괏값을 초과할 확률을 최대화하면서도 이에 예상되는 시간은 줄일 수 있다(브레이만이 1960년에 이를 밝혀냈다). 더는 "진짜 큰돈을 날릴" 일이 없으니 새뮤얼슨이 가장 기뻐하지 않을까.

보험에 자산을 배분하는 경우, 원래의 게임이나 켈리 베팅 전략과 비교해서 표본 공간의 경로들이 나타내는 최종 자산 결괏값의 빈도분포가 아주 다른 양상을 띤다. 직관적인 생각과는 다를 수 있겠지만, 수익을 창출하지 않는 적정 가격의 보험은 최종 자산의 중간값을 끌어올린다. 그런데 원래의 게임에서는 사실상 0이었던 5 백분위수가 이제는 보험으로 인해 20이라는 괜찮은 수준까지 증가한다는 점이 훨씬 중요하다.

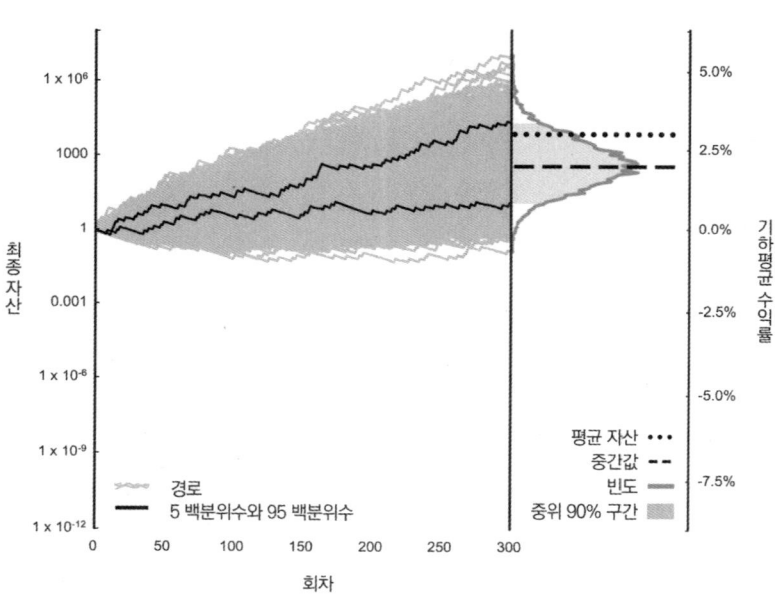

임의의 '점 추정치'가 아니라, 백분위수 값 전반에 걸친 '구간 추정치'가 높아지고 전반적으로 최대화되었다. 켈리 전략과 마찬가지로, 탄착군을 좁혀 '정밀성'을 개선함과 동시에 탄착군 자체를 표적에 훨씬 가깝게 옮겨서 '정확성'도 엄청나게 개선했다. 조준 범위를 좁혀야 빗맞더라도 크게 벗어나지 않는다. 이것이 정밀성과 정확성을 모두 갖춘 윌리엄 텔의 화살이다. 운에 휘둘리지 않도록 표본 공간 전체를 좁히고, 명중 확률을 끌어올리는 것이다.

아래에서 보험 베팅의 빈도분포를 올인 베팅, 그리고 40% 켈리 베팅과 나란히 놓고, 보험 베팅의 장점을 시각적으로 살펴보자.

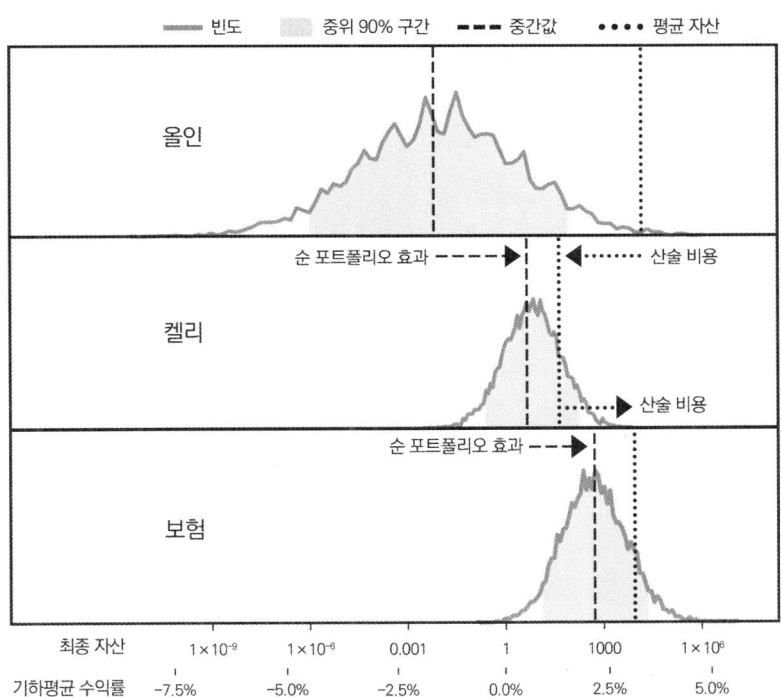

이번에는 켈리 베팅에서 보험 베팅으로 옮겨가면서 산술 비용이 실질적으로 떨어짐(오른쪽으로 뻗은 산술 비용 화살표)과 동시에 순 포

트폴리오 효과 또한 한층 더 증가한다(마찬가지로 오른쪽으로 뻗은 화살표). **산술 비용 절감과 강화된 포트폴리오 효과가 함께 작용하여 '경제적으로 우월'한 전략이 된다. 비용 절감이 실질적인 순 효과로 이어지는 것이다.**

주사위를 던져서 1이 나오지 않는 모든 경우에 대해 9%의 비용을 치르면, 1이 나올 때 발생하는 50% 손실 전액에 대한 리스크가 완화된다. 평균적으로 이런 보험 베팅은 본전치기다. 하지만 1이 나왔을 때의 보험 보상을 500%에서 더 낮추면 어떻게 될까? 즉, 1이 나올 때 단독으로 보험에 배분하는 사이드 베팅의 산술 수익률을 0% 아래로 낮추어서 보험사가 이익을 보도록 하고, 동시에 보험 가중치를 끌어올려서(9%보다 높게) 1이 나왔을 때의 베팅 총액을 완전히 보호(손실 0%)하면 어떨까? 이런 보험의 가치는 얼마일까? 도박 문제가 있어도 보호받을 수 있게끔 슈뢰딩거의 악마에게 얼마나 더 많은 '바가지 요금'을 낼 의향이 있는가?

다음은 가중치를 조정해서 최악의 결과를 완화하는 종합 전략의 기하 수익률 기댓값 또는 중간값을 단독 보험 사이드 베팅의 여러 산술 수익률에 대응시킨 차트다.

이 보험의 회차당 산술 수익률은 기하 수익률이 켈리 가중치 전략 수준으로 낮아지기 전까지 무려 −13%까지 떨어질 수 있다. 보험의 수익률 평균이 −10%여도(그래서 보험사 역할을 하는 슈뢰딩거의 악마에게 커다란 이익을 안겨줘도) 회차당 기하 수익률은 대략 1%나 된다. 이는 페테르부르크 상인이 해적과 바다의 상황에 대비해 보험을 들지 고민할 때는 전혀 알지 못했던 내용이다. **보험은 확실히 제로섬 게임이 아니다.**

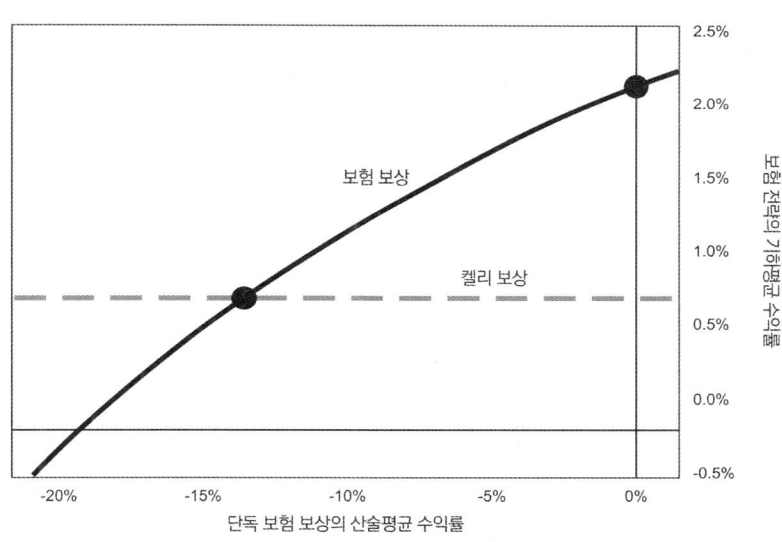

베르누이가 목적함수에 나타나는 로그 '곡선의 오목성'을 자연의 경고로 설명할 때 주사위 게임을 피하거나 '보험을 들라'라는 언급했어야 하는 게 아닌가 싶다.

보물의 일면

지금까지 연역적 주사위 게임을 통해 살펴본 내용을 정리해보자(수학적 내용을 건너뛰었다면 여기에서 따라잡을 수 있다. 나를 꼭 믿어주기 바란다. 물론 안타깝게도 흥미진진한 내용은 전부 놓쳤겠지만 말이다).

우선, 리스크 완화에서 복리가 어떻게 작용하는지 알아보았다. 좀 더 구체적으로는, 이익과 손실이 발생했을 때 복리의 곱셈 작용을 통해 어떤 식으로 하나씩 즉각적으로 자산에 영향을 미치는지, 그리고 리스크 완화로 인한 그런 작용의 변화가 해당 복리 효과의 기대 성장률에 어떤 영향을 미치는지를 살펴보았다. 손실액이 클수록 점증적으로, 그리고 더 심하게 기대 성장률이 낮아지는데, 눈에 보이는 손실액의 규모보다 더 많이 낮아진다. **모든 손실과 리스크가 똑같지는 않으므로 리스크 완화도 전부 똑같지는 않다.**

투자자로서 우리의 목표는 현실에서 실현된 단 하나의 결괏값에 대해 시간이 지나면서 자산을 복리로 늘리는 비율을 최대화하는 것이다. 이것이 다니엘 베르누이의 투자 원칙이자, 우리의 투자 제1원칙이다. 최종 자산 결괏값 전반에 걸친 기하평균의 기댓값 또는 중간값을 끌어올리거나 최대화하는 작업이며, 나올 수 있는 다른 모든 백분위수에 대해 그럴 수 있으면 더 좋다. 그러려면 오목한 로그함수를 목적함수로 삼아야 한다. 베르누이 폭포에 휩쓸리면 안 되니까!

요컨대, 피 튀기는 "운과의 전쟁"에서 이기려면 수익률을 더 '정확'하고 '정밀'하게 끌어올리는 리스크 완화 전략이 필요하다.

특히 페테르부르크 중개무역, 그리고 모든 비용 효과적인 리스크 완화 전략의 기저에서 그렇게 작용하는 근본적인 메커니즘을 알아보았다. 가치 보관 세이프 헤이븐(또는 켈리 최적 전략)과 보험 세이프 헤이븐에서 이를 살펴보았는데, 이 두 가지 기본적인 세이프 헤이븐 전략은 다양한 세이프 헤이븐 메커니즘 스펙트럼의 양 끝단에 해당한다. 2부에서 살펴보겠지만, **현실 세계에서도 이런 비용 효과적인 세이프 헤이븐이 실제로 존재한다면 이 스펙트럼의 어딘가에 위치할 것이다.** 그리고 어느 지점에 위치하는지에 따라 비용 효과의 측면에서 아주 다른 양상을 보일 수 있다.

자, 이제 세이프 헤이븐 가설 정립에 가장 중요한 연역적 요소를 갖추었다.

진북眞北, 즉 복합성장률 최대화의 방향을 가리키는 나침반을 들고 보물찾기에 나선 셈이다. 닿을 듯 닿지 않는 곳에 묻힌 이 보물이 어디에 있는지 표시한 지도는 아직 찾는 중이지만, 확실히 점점 가까워지고 있다.

2부
뒤의 것으로부터

분류 체계

본질주의

세이프 헤이븐을 세이프 헤이븐답게 만드는 요소는 무엇인가? 세이프 헤이븐과 세이프 헤이븐이 아닌 것, 특히 좋은 세이프 헤이븐과 별로 좋지 않은 세이프 헤이븐을 어떻게 구분하는가?

투자 목표의 핵심을 찌르는 질문들이다. 즉, 리스크를 완화해서 자산을 늘리려면 어떻게 해야 하느냐의 문제다. 투자업계 종사자들 대부분은 불가능한 목표라고 단언할 것이기 때문에 우리가 스스로 생각해야 한다. 투자업계에서는 리스크 완화를 필요악으로, 그러니까 '신중'이라는 이름으로 '살 1파운드'를 뜯어가는 개념으로 본다. 하지만 이들은 나쁜 결과의 영향을 차단한다는 명분을 내세우면서 나쁜 결과를 받아들이고 있다. 우리는 리스크를 완화하면서 자산을 늘리는 일이 가능하다고 생각하기 때문에 그 목적에 가장 적합한 세이프 헤이븐을 선택해야 한다. 현대 포트폴리오 이론의 추종자들이 문제를 인정하더라도 이들이 사용하는 피상적인 도구로는 답을 낼 수 없기에 그 무리의 말에 휘둘릴 수는 없다. 누군가 세이프 헤이븐을 상자에 깔끔하게 포장해서 '저를 믿으세요. 효과가 있으니까요'라는 확실한 약속을 담아 건네리라는 순진한 기대를 한다면, 악마의 주사위 게임을 살펴보면서 지킨 과학적 엄밀성을 포기하고 뒷골목에서 크랩스 게임이나 하는 편이 더 나을 것이다.

  그럴 수는 없다. 힘든 일이지만, 세이프 헤이븐이 무엇이고 어떻게 작동하는지, 세이프 헤이븐끼리 어떻게 비교가 되는지의 문제를 살펴보아야 한다(그렇게 어렵지는 않으니 용기를 내자). 동식물 연구자들의 방식대로 할 예정인데, 이 분야에서도 최초였던 아리스토텔레스 역시 이렇게 했다. 이 작업을 진행하려면 적절한 분류 체계를 갖추어 세이프 헤이븐이라는 '생물'의 이름을 붙여 기술•구분해야 한다. 구체적인 언어가 있어야 하고, 그런 언어가 중요하다는 점을 인식해야 한다. 정말 솔직하게 이야기하자면, 전문 투자자를 포함해 투자자의 대다수가 거의 생각하지 않는 일을 하려는 것이기에 언어는 중요하다.

  사람들은 세이프 헤이븐의 분류를 일상적 의미에 입각해서 받아들이는 경향이 있다. 앞에서 정의한 세이프 헤이븐을 리스크 또는 포트폴리오에서 발생할 수 있는 부정적인 사태를 완화하는 데 따르는 보상으로 생각해보자. 이렇게 보면, 비용 효과적인 세이프 헤이븐은 시간이 지나면서 자산을 늘리는 역할도 하게 된다. 하지만 어떻게 해야 이런 역량을 갖춘 세이프 헤이븐을 '미리' 알아볼 수 있을까?(일이 다 끝나고 알게 되면 무슨 소용이란 말인가?) 세이프 헤이븐 고유의 성질, 즉 세이프 헤이븐을 정의하는 본질이나 경계가 있는가?

좀 더 포괄적으로 보자면, '세이프 헤이븐다움'을 '종류'나 일련의 특징을 공유하는 집단으로 분류하는 것이 가능한 일이기는 한가? 만약 가능하다면, 그 집단은 기본적으로 동질적인 하나의 덩어리로 볼 수 있는가? 그렇지 않다면 **여러 형태의 세이프 헤이븐을 어떻게 체계화하여 이해도를 높이고, 궁극적으로는 활용할 수 있는가?**

생물학자들은 생물 종을 분류하면서 이와 비슷한 문제, 즉 '종 분류의 문제'로 고심했다. 각종 생물을 종의 집단, 즉 '종의 개념'으로 나누는 방법이 너무 많고 일관성이 없어서 분류의 문제가 해결되지 않는다면 종이 무엇인지, 아니, 종이라는 개념이 있기는 한지 어떻게 알 수 있는가?

이런 본질의 개념은 플라톤과 아리스토텔레스까지 거슬러 올라가는 본질주의적 사고에서 나온 것으로, 고정된 본질 또는 '본질적' 속성에 따른 집단으로 종을 정의했다. 플라톤의 이데아 이론 혹은 형태론은 이데아가 현실 세계에서는 혼란스러운 형태로 드러나지만, 이데아 세계에서는 완벽하게 이상적이고 단순화된 형태로 존재한다고 본다. 현실에서의 혼란스러움은 '우연적'인 속성일 뿐이고, 우리가 이해해야 하는 본질은 순수하고 단순화된 형태라는 것이다. 플라톤은 현실 세계란 이데아의 불완전한 복제가 존재하는 환상일 뿐이며, 이데아를 유일한 진리라고 생각했다. 동굴의 비유에서 우리는 동굴에 갇혀 벽에 비친 그림자만 볼 수 있을 뿐, 바깥에서 그림자를 만들어내는 진정한 형태는 볼 수 없다. 플라톤의 이야기가 맞는다고 하면, 사물의 본질이 무엇인지 파헤쳐봄 직하다.

우연적인 건 걸러내고, 깔끔하고 순수하게 단순화된 버전을 제시하는 좋은 이론이다. 단순화된 모델의 본질을 이해하면 대상을 이해할 수 있다는 관점이다.

'자연종natural kinds'으로 구분하려는 이유는 각 대상에 모두 공통으로 존재하면서 특정 종류로 구분될 수 있는 '필요충분적' 속성에 따라 일반화하기 위함이다. 플라톤이 다소 엽기적으로 표현했듯, 사물을 이해하기 위해 가장 자연스럽고 본질적인 방식으로 "자연을 관절에서 토막 내는" 것이다.

생물을 분류하려는 체계적 시도를 최초로 한 사람은 플라톤의 제자 중 가장 유명한 아리스토텔레스였다(세계 최초의 진정한 과학자였던 아리스토텔레스는 뭐니 뭐니 해도 생물학자였다). 이렇게 본질주의적으로 생물을 구분·분류하는 방식은 아리스토텔레스 이후 동식물 연구자와 과학자들이 생각과 발견을 이루어내는 기초가 되었다. 비슷한 대상이나 개념을 묶어 이해할 수 있도록 지식의 발판 역할을 하는 '분류학taxonomy'이라는 학문이 발전하는 동기가 되기도 했다.

아리스토텔레스의 기본적인 분류 체계는 오늘날에도 쓰이고 있다. 하지만 아리스토텔레스가 구체적으로 분류를 어떻게 해야 하는지 명시적으로 언급한 적은 없는데, 그런 체계가 굉장히 빈약함을 알았기 때문이 아닌가 한다. "정확한 경계선을 그을 수 없을뿐더러, 중간 형태가 어느 쪽에 있어야 하는지도 정할 수 없다."(아리스토텔레스는 인간을 제외하고는 '종'을 정의하려는 시도는 아예 하지 않았다.)

아리스토텔레스의 본질주의적 사고는 본질적 '속성'보다는 본질적 '기능'에 치중했다(이는 투자를 포함한 모든 영역에서의 제1원칙이다). 아리스토텔레스는 독특한 본질적 속성 자체보다는 각 속성과 요소가 서로서로, 그리고 환경과 상호작용하는 방식에 주목했다. 그렇다면 결국 본질은 환경에서 생물체가 기능·발달의 측면에서 얼마만큼의 성공을 이루는가의 문제다. 이를 '기능주의적 본질주의functional essentialism'라고 한다.

이렇게 보면 아리스토텔레스와 19세기의 동식물 연구자이자 생물학자였던 찰스 다윈Charles Darwin은 흔히 생각하는 것보다 공통점이 더 많았다(아리스토텔레스도 주사위에 대한 고찰을 남겼고, 다윈도 밤마다 백개먼 게임을 해댔다는 점 이외의 공통점 말이다). 애초에 다윈은 종의 존재를 확신하지 못하고 있었다. 특히 '다양성'과 '변화'의 정도가 너무 심해서 고정된 종이라고 생각하기 어려운 경우도 있었다. 물론 이런 생각을 바탕으로 다윈은 자연선택 이론을 제안했고,《종의 기원On the Origin of Species》도 썼다.

아리스토텔레스와 다윈이 자연계를 보며 관찰한 내용은 우리의 세이프 헤이븐 연구에도 지침이 될 수 있다. 세이프 헤이븐도 종 내부에 존재하는 '다양성'과 '변화'가 굉장히 심해서 새로운 종이 나올 수 있을 정도다. 각 세이프 헤이븐은 표현형phenotypes*이 서로 다른데, 우위가 훨씬 크거나 비용 대비 훨씬 효과적인, 즉 적합성이 더 큰 것들이 있다. 그래서 세이프 헤이븐 나름의 종 분류 문제가 생긴다. 세이프 헤이븐의 '본질'을 밝혀서 이를 분류에 활용할 수 있는가? 아니면 각 세이프 헤이븐은 고유한 종류, 즉 모두 개별적인 존재인가?

설상가상으로 우리의 분류 대상은 움직이는 목표물이다. 시간이 지나면서 생물학적 특질이 변할 수 있는 것처럼, 세이프 헤이븐의 본질적인 특징도 어느 순간 나타났다가 나중에 사라질 수 있다. 플라톤을 비롯하여 다윈 이전에 종의 개념을 다룬 많은 이들은 불변의 본질을 상정했지만, 종의 특징을 고정적인 것으로 취급하면 아무 생각 없이 회고적 세이프 헤이븐 오류에 빠지게 된다.

그러나 본질적인 속성을 기준으로 종을 분류할 수 없다고 하면, 지금까지 주사위 게임이 작동하는 방식에 대해 우리가 '추측'한 내용이 실제 세이프 헤이븐에 적용되는지 확인할 방법이 없다. 이걸 확인하지 못하면 기존의 금융 연극과 별반 다를 게 없어진다. 오히려 더 모호한 리스크 완화 내러티브가 되거나, 더 심각하게는 학문적인 활동으

---

* 키, 눈 색깔, 혈액형 등 관찰할 수 있는 개인의 특징으로 유전적 구성과 환경적 요인에 의해 결정된다. '발현 형질'이라고도 한다.

로 끝날 수도 있다. 대놓고 이야기해서, 세이프 헤이븐의 비용 효과성을 밝혀낼 수 없다면 세이프 헤이븐은 항구에 있는 배처럼 빈껍데기에 불과할 뿐이다('항구에 있는 배는 안전하다…').

공통점보다는 차이점이 더 많다

1장에서 우리 집 버니즈 마운틴 도그 나나를 소개하면서, 나나가 그라운드호그 사냥을 잘할 수도 있고 아닐 수도 있다는 이야기를 했다. 나나 말고도 조조와 지지까지 개를 세 마리 키우고 있는데(실제로는 개들이 나를 키우고 있는지도 모르겠다), 나는 이 셋을 각각 모, 래리, 컬리, 그리고 합쳐서 '스투지스Stooges*'로 부르는 편이다. 모는 슬랩스틱을 담당하는 껄렁한 퍼그, 래리는 소극적인 대걸레 머리 시추, 컬리는 사랑스럽고 통통한 버니즈다(그렇다고 그라운드호그를 많이 잡지 않는 건 또 아닌 듯하다). 스투지스의 보드빌 루틴과도 묘하게 닮은 점이 있다는 것이 모, 래리, 컬리에게 딱 하나 있는 공통점이다. 잘 모르는 사람이 보면, 세 마리가 품종은 달라도 전부 카니스 파밀리아리스 canis familiaris 종에 속한다는 점을 생각하기 힘들 수 있다.

원숭이와 개구리 얼굴을 닮은 퍼그, 고양이 같은 시추, 베른시의 문장紋章에 그려진 곰 같은 버니즈 마운틴 도그까지 전부 개다. 각기 다

• '스리 스투지스The Three Stooges'는 20세기 초반부터 중반까지 활동한 미국의 보드빌vaudeville 코미디 그룹으로, 슬랩스틱으로 유명하다. 보드빌은 1890년대 중반부터 1930년대 초반까지 미국에서 유행한 공연으로, 음악을 곁들인 소극笑劇이다. 마술, 곡예, 코미디, 저글링, 노래, 춤 등 연관성이 없는 여러 요소를 한데 모은 가벼운 오락이었다.

양하고 뚜렷한 우연적 특성이 있지만, 이들이 모두 개라는 점에는 변함이 없다. 전형적인 개의 특징이 별로 없다고 해도 이 셋의 본질적 속성은 결국 '개다움'이며, 개로 분류할 수 있는 필요충분조건이다. 다만, 우리 집 스투지스는 그게 명확하지 않을 뿐이다. 하지만 누군가는 본질적 특성과 우연적 특성을 구분해야 한다. 어떤 특징을 어떤 이유로 감안하는지 정해야 한다. 스투지스의 경우, 공통점보다는 차이점이 더 많아서 종 분류의 문제가 더 심하기는 하다(이종교배의 생물학적 종 개념•으로 종을 정의할 수도 있겠지만, '버니즈 퍼그'는 생각만으로도 인지 부조화가 일어난다).

투자 전략에서 이 분류의 문제를 가장 잘 보여주는 사례가 바로 가치 투자다. 벤자민 그레이엄이 창시한 개념으로, 내재 가치 대비 저렴한 가격에 주식을 산다는 내용이 골자다. 내재 가치가 무엇인지 합의할 수 있을지가 미지수라는 점이 문제이긴 하지만, 그레이엄은 내재 가치를 대체로 장부 가치, 또는 회사의 유형 자산 가치로 보았다. 그레이엄에게 장부 대비 저렴한 가격에 매입한다는 것은 워런 버핏의 말마따나 마지막 한 모금만 남은 "담배꽁초" 같은 회사를 헐값에 매입한다는 뜻이었다. 이런 회사는 보통 이익 마진과 투자자본 수익률이 아주 낮다. 기본적인 가치평가를 해보더라도 투자 자본 수익률이 낮게 나오는 경우가 대부분이다. 하지만 역사상 가장 대단한 가치 투자자

• 생물학적 종 개념에서는 교배를 통해 생존력과 번식력이 있는 후손을 생산할 수 있는 개체를 같은 종으로 본다.

라고 하는 워런 버핏은 '높은' 투자 자본 수익률을 기준으로 주식을 평가한다. 투자 자본 수익률을 더 높게 인지하면 회사의 내재 가치가 올라가고, 주가 대비 밸류가 만들어질 수 있다. '가치주'라는 종의 본질을 찾기란 어려운 일이다. 가치주끼리도 너무 다르고, 그런 차이점도 항상 변하기 때문이다. '우연적 특성'이 너무 많아서 '가치'라는 이름이 별로 적절하지 않을 수 있다.

세이프 헤이븐의 본질적 속성을 찾는 일은 훨씬 어려울 수 있다. 그렇지만 사람들은 아무렇지도 않게 이런 분류법을 쓰고 있다.

세이프 헤이븐은 동질적이라기보다는 이질적인 집단이다. 나중에 살펴보겠지만, **세이프 헤이븐이라고 해서 다 똑같은 게 아니다. 세이프 헤이븐이라고 볼 수 없는 것들도 있고, 비용 효과적인 세이프 헤이븐은 확실히 거의 없다시피 하다.**

하지만 우리는 세이프 헤이븐을 찾아내기로, 적어도 비교 기준은 마련하기로 했으니 시작해보자.

표현형

우선, '세이프 헤이븐 개념', 즉 세이프 헤이븐 카테고리에 들어갈 수 있는지를 구분하는 정의가 필요하다. 본질적이고 단순한 세이프 헤이븐의 형태를 설명할 수 있어야 한다. 표현형, 즉 생물체가 주변 환경과 상호작용하면서 보이는 특성이나 반응이 나타나는 형태에서부터 시작해보자. 세이프 헤이븐의 단순한 본질을 파악하는 데 가장 좋은 방법이기도 하다. 기능주의적 본질주의의 관점에서 세이프 헤이븐이 주변 환경과 어떤 상호작용을 하는지 살펴보면, 전반적인 거시경제 환경의 작용과 관련하여 어떤 보상을 만들어내는지 알 수 있다. 앞의 주사위 게임에서는 주사위 던지기와 같은 다른 사건에 대한 조건부 수익률로 보상을 정의했다. 결괏값의 범위에 따른 '모양'이 곧 보상의 특징을 보여준다. 세이프 헤이븐의 보상도 다르지 않다. 폭락 시 수익률과 비非폭락 시 수익률의 2가지 요소로 구성된 모델의 보상에서 시작해보자.

1부에서 세이프 헤이븐 보상 스펙트럼의 양극단인 가치 보관과 보험의 보상을 살펴보았다. 그 스펙트럼의 중간 지점에 '알파' 세이프 헤이븐 보상이라는 새로운 데이터 포인트를 추가하겠다. 다음의 표에서 우리의 세이프 헤이븐 개념을 살펴보자.

3가지 세이프 헤이븐 프로토타입 분류 체계

	폭락 수익률	비폭락 수익률	보상 유형
가치 보관 세이프 헤이븐	+ 또는 0	+ 또는 −	'상관관계 낮음'
알파 세이프 헤이븐	+	+ 또는 −	'음의 상관관계'
보험 세이프 헤이븐	+++...	−	'볼록성' (폭락가성비)

이렇게 분류하면 훨씬 혼란스러운 현실 세계에서 발생할 수 있는 세이프 헤이븐 보상을 전체적으로 아우를 수 있다. 현실에서는 보통 서

로 다른 종류가 합쳐진 하이브리드 형태로 나타난다. 표를 보면 이 3가지 세이프 헤이븐 프로토타입의 본질적 속성은 폭락 시 보상(또는 폭락에 대한 익스포저)임을 알 수 있다. 따라서 보상의 모양이 더 비선형적이고 곡선의 모습을 띤다.

　가치 보관 보상은 연금이나 생산성 없는 실물 자산 등 기본적으로 시간과 공간이 고정된 개념이다. 흔히 쓰는 표현으로 체계적 익스포저systematic exposure와 상관관계가 낮거나 없다는 점이 핵심이다(나는 '민감도sensitivity'라는 용어를 선호한다). 그래서 폭락 시 완충 자본이나 '드라이파우더dry powder*'로 쓸 수 있다. 기본적으로 리스크 희석의 문제다.

　알파 보상은 가치 보관과 비슷한데, 음의 상관관계가 예상된다는 점이 다르다. 특히 폭락 시 얼마간의 플러스 수익을 창출하리라는 기대가 있다는 뜻이다. 우리가 세이프 헤이븐과 흔히 연관 짓는 고등급 선호 현상flight to quality으로 생각하면 되는데, 이로 인해 폭락이 발생하면 가치가 올라간다.

　세이프 헤이븐 스펙트럼의 마지막은 보험 보상으로, 알파 보상보다 훨씬 극단적인 경우다. 보험 세이프 헤이븐은 폭락이 없는 시기에는 약간의 손실이 예상되지만, 폭락 시에는 큰 이익을 창출해야 한다. 단위 비용당 폭락 시 보상이 높은데, 달리 이야기하자면 폭락에 대한 볼

---

* 　기업이나 사모펀드가 보유한 투자금 중 아직 투자 집행이 이루어지지 않았으나, 리스크가 낮고 유동성이 커서 현금으로 전환될 수 있는 자금.

록성convexity이 크다. 볼록성 개념을 설명하는 가장 좋은 방법은 막대한 보험금이 지급되는 사례다. 보험으로 대비한 사건(폭락)이 발생하면 보험료의 형태로 납부한 금액의 대가로 보험금을 받는다. 그리고 두 금액의 비대칭 정도(하나는 크고, 하나는 작음)가 해당 보험금의 볼록성 수준을 직접적으로 나타내는 지표가 된다.

볼록성은 스포츠 기량, 건강 전반, 매력적인 저녁 식사 등등에 꼭 필요한 폭발력과 비슷하다. 파벨 차졸린Pavel Tsatsouline*의 말을 빌리자면, 힘은 "강도와 속도가 정밀하게 혼합된 결과"다. 힘을 기르는 훈련을 하면 '미친 효과'가 나타나는데, 나중에 살펴볼 이 보험 보상의 폭발력도 크게 다르지 않다.

우리 집 스투지스와 마찬가지로, 이 3가지 세이프 헤이븐 프로토타입 모델도 여러 가지 측면에서 공통점보다는 차이점이 더 많다. 뒤에서 다시 언급하겠지만, 같은 종류끼리도 이런 경우가 흔하다(조조를 데려오기 전에 파파게노와 파파게나라는 퍼그 두 마리를 키웠는데, 같은 퍼그였지만 달라도 너무 달랐다. 둘은 신경질적인 뉴요커였지만, 조조는 슬랩스틱을 하는 시골 퍼그다).

이 3가지 세이프 헤이븐 보상 프로토타입의 모델을 만들어서 이 분류 체계, 즉 세이프 헤이븐 스펙트럼을 좀 더 구체화해보자. 세이프 헤이븐 보상은 SPX 인덱스의 동일 시점 수익률에 따라 정해진다. 기초 자산이 되는 S&P 500과 마찬가지로, SPX는 미국에 상장된 500대 기

---

* 러시아의 케틀벨kettlebell을 미국과 서구 사회에 소개해 열풍을 일으킨 벨라루스 출신 피트니스 강사.

업의 주식시장 인덱스이며, 시가 총액을 기준으로 가중치를 부여한다. 확실히 SPX는 가장 흔히 사용되는 인덱스이자 미국에서 규모가 가장 큰 기업들의 주식 실적을 보여주는 지표로, 거시경제 전반을 적절하게 반영한다고 볼 수 있다.

다음은 각 세이프 헤이븐 보상 프로필을 '조립식'으로 구성한 모델이다. 플라톤의 본질적 형태 개념처럼 이 모델도 현실을 단순화한 버전이지만, 중요한 내용은 전부 담고 있다.

3가지 세이프 헤이븐 프로토타입 보상 프로필 모델

구획점을 3개로 설정했던 주사위 게임처럼, SPX의 연간 총수익률을 네 구간으로 구획한 3가지 세이프 헤이븐 프로토타입은 각기 단순한 양상을 보인다(노이즈나 거래 상대방 리스크counterparty risk*가 없는 계약 조건부 보험금 지급이라고 생각하자).

위의 프로토타입에서는 SPX 수익률 범위를 기초 시나리오로 선택해서 각 세이프 헤이븐 보상 프로필의 상이한 수익률을 정의했다.

• 거래 상대방이 계약에 명시된 의무를 이행하지 않을 확률.

SPX 수익률이 자연스럽게 포트폴리오의 체계적 익스포저를 나타내는 대리 지표 역할을 하기 때문이다. 즉, SPX는 포트폴리오에서 우리가 완화하려는 리스크를 나타낸다. SPX는 전반적인 거시경제의 성장과 수축을 비롯하여 광범위한 주식 익스포저에 따른 이익과 손실을 폭넓게 잘 잡아낸다.

왼쪽의 가치 보관 프로토타입은 SPX 수익률과 관계없이 연금처럼 매년 7%의 고정 수익률을 올린다. SPX와의 상관관계가 0이라 폭락 상황에서 꾸준한 수익률을 낸다고 할 수도 있겠다. 가운데의 알파 프로토타입은 당해 SPX가 15% 이상 빠지는 폭락 지점에서의 연간 명목 수익률이 20%, SPX가 15% 미만 하락하는 두 번째 지점에서 7.5%, 그리고 나머지 두 지점에서의 수익률이 5%다. 폭락 상황에서 상당한 음의 상관관계가 나타나며, 항상 포지티브 캐리positive-carry가 있다(확실히 이 버전은 알파 세이프 헤이븐을 심하게 이상화한 것으로, 좋은 쪽으로든 아니든 투자자라면 누구라도 고를 법하다). 체계적인 추세 추종 CTAcommodity trading advisor 전략, 글로벌 매크로 및 변동성 매수 전략, 심지어는 금 투자의 실적을 어느 정도 의도한 것처럼 보이기도 한다. 실제로 돈을 받고 보유하는 SPX '등가격 풋at-the-money put' 같기도 하다.

오른쪽의 보험 프로토타입은 폭락 지점에서는 1,000%라는 폭발적인 이익을 내지만, SPX가 15% 이상 빠지지 않는 다른 모든 지점에서는 100% 손실을 낸다. 굉장히 비선형적이고, 폭락에 대한 볼록성이 크다. '성공 대 실패 확률이 1 대 10인 도박', 내지는 '하나를 잃어 열을 얻는' 개념이다. '텐배거tenbagger', 즉 '10루타'라고 하는데, 피터 린치Peter Lynch가 "10루타 종목을 찾아라Those Wonderful Tenbaggers"에서 쓴 표현이다. 야구에서 차용한 용어로('백bag'은 야구에서 '베이스'를 의미하므로, '투배거'는 2루타가 된다), "투자한 돈의 10배에 달하는 이익을 낸 종목"을 의미한다(이 책에서도 마찬가지지만, 피터 린치가 딱 집어서 1년에 10배라고 하지는 않았다).

나는 보험 모델 보상이 제공하는 비대칭적이고 폭발적인 하방 보호를 '폭락 가성비crash-bang-for-the-buck'라고 부르는 편을 더 좋아한다. 가성비는 클수록 더 좋은 법 아니겠는가.

리스크 완화의 아이러니

세이프 헤이븐의 큰 문제는 모두가 비용 효과적이지는 않다는 점이다. 어떤 자산이나 전략이 세이프 헤이븐의 기준을 충족한다고 해서 포트폴리오에 추가했을 때 좋은 결과가 있으리라는 보장은 없다. 같은 종류의 세이프 헤이븐이라 해도 공통점보다는 차이점이 더 많다.

세이프 헤이븐이 엄청난 비용을 초래할 가능성도 있는데, 너무 비용이 큰 나머지 병보다 약이 나쁜 상황이 생길 수 있다. 니체의 말마따나 "괴물과 싸우는 사람은 싸우면서 스스로 괴물이 되지 않도록 해야 한다." 이런 점이 리스크 완화의 아이러니다(그리고 운명은 아이러니를 좋아한다).

이런 아이러니는 클리셰다. SS 이스트랜드SS Eastland호의 사례를 보자. 1912년 타이타닉Titanic호의 비극 이후, 선박에 탑재하는 구명정 수를 의무적으로 늘리는 등 여객선 안전 규제가 이루어졌다. 이렇게 의무적으로 선적하는 화물이 늘면서 SS 이스트랜드호는 윗부분이 심하게 무거워졌고, 1915년 시카고강에서 갑자기 전복되어 침몰했다. 이 사고로 승객 844명이 숨졌다. 이 수치가 타이타닉호에 탔다가 숨진 승객 수보다 많다는 점이 아이러니하다(타이타닉호의 선원이 더 많았다). 정치인과 관료가 흔히 그렇듯, 의도는 좋지만 근시안적이고 편협한 시각이 낳은 결과다(《자본의 도》에서 나는 삼림 감시원과 중앙은행에서 저지르는 이런 종류의 실수를 설명하는 데 많은 지면을 할애했다). 하지만 이는 투자자가 흔히 하는 실수이기도 하다. 리스크를 완화하려고 무언가를, 그것도 마구잡이로 했다가 제대로 목적을 달성하지 못하거나 오히려 손해를 보기도 한다. 그래놓고 '그래도 시도는 해봤다'라고 말한다.

세이프 헤이븐이라고 하는 것들 대다수가 바로 이런 아이러니에서 벗어나지 못한다. 움직임은 많지만, 행동은 거의 없다. 아닌 척 위장한 괴물이 다른 괴물과 싸우듯, 도움보다는 해가 되는 경우가 더 많다. 이런 '세이프 헤이븐'은 정작 중요한 때에 포트폴리오를 제대로, 아니 어쩌면 전혀 보호하지 못한다. 유의미하게 포트폴리오를 보호하려면 대단히 큰 비율의 자산을 배분할 수밖에 없는데, 포트폴리오에서 세이프 헤이븐의 비중을 크게 늘리면 당연히 큰 비용이 발생한다는 문제가 생긴다. 별일이 없는 대부분의 시기에는 걸림돌이 되고, 평균적으로는 일정한 비용이 든다. 사태가 발생했다가 진정되고 나서 보면, 세이프 헤이븐이 아예 없었을 때 더 안전했을 가능성이 크다.

세이프 헤이븐 투자의 맥락에서 '전술적tactical' 투자와 '전략적strategic' 투자의 근본적인 차이가 두드러지는 부분이 바로 이 지점이다. '전략적 세이프 헤이븐'은 보다 고정적인 성격의 자산을 배분하고, 각 요인의 상호작용을 통해 포트폴리오 효과를 창출하여 포트폴리오의 체계적 리스크를 완화하고자 한다. 반면, '전술적 세이프 헤이븐'은 주기적으로, 그리고 액티브하게 특정한 '안전' 배분 포지션을 들락날락하면서 포트폴리오의 체계적 리스크를 완화하고자 한다. 별일이 없을 때 안전을 위해 치르는 높은 비용을 절감하려는 좋은 의도로 하는 일이기는 하다. 리스크 완화에 대한 이런 전술적 접근은 양자택일의 성격이 강하다. 즉, 리스크 완화를 하거나, 아니면 하지 않는 두 가지 선택지만 있다. 이를 비용 효과적으로 실현하려면 당연히 타이밍과 단기 예측 능력, 결국 마법의 수정구가 필요하다.

하지만 이는 내적 모순이다. 비용 효과적인 리스크 완화에 마법의 수정구가 필요할 일은 결코 없다. 리스크 완화를 한다는 것은 마법의 수정구가 없다는 점을 상정하고, 또 받아들인다는 뜻이기 때문이다. 마법의 수정구가 있다면 완화할 리스크도 없고, 이 책도 당연히 필요 없다. 내가 언급하지 않았을까 봐 이야기해두자면, 마법의 수정구는 없다(내 경험으로는 이 말에 동의하지 않는 사람일수록 더 안 좋은 수정구를 갖고 있는 경향이 있다)! 마법의 수정구가 있어야만 효과가 있는 리스크 완화 전략이라면, 방법이 아예 잘못된 것이다.

투자의 다른 부분에서는 예측이라는 호사를 누릴 수 있을지 몰라도, 잘못되었을 때 비용이 굉장히 커지는 리스크 완화 전략에서는 절대 그럴 수 없다. 생각을 잘해야 한다. 그리고 예측은 금물이다.

나중에 살펴보겠지만, 세이프 헤이븐 투자가 비용 대비 효과를 내려면 불가지론적인 투자여야 한다.

아이러니하게도 부정적인 전망을 하는 사람들은 폭락 상황이 임박했을 때 안전을 추구하다가, 실제 폭락으로 인해 입었을 손해보다 더 큰돈을 잃는다(투자를 굉장히 못하는 사람이다). 시장이 우리에게 끼치는 손해보다 우리가 시장을 무서워하는 정도가 훨씬 심하다. 시장은 우리가 그러지 말아야 할 때 안전하다고 생각하도록 몰아가고, 그럴 필요가 없을 때 겁을 집어먹게 만드는 데 선수다. 투자자가 포지션에서 벗어나도록 끊임없이 기만하는 것은 시장의 본질적인 속성이다.

비용 효과적인 리스크 완화가 구체적인 행동일 수는 없다. 그보다는 계속 진행 중인 방침이어야 한다. 아리스토텔레스의 말처럼 "제비 한 마리가 날아오거나 날이 한 번 좋다고 해서 봄이 되지는 않는 것처럼, 사람이 하루아침에 즐겁고 행복해지지는 않는다." 마찬가지로, 타이밍을 잘 맞춰 거래하거나 예측을 잘했다고 해서 리스크가 완화되지는 않는다. 리스크 완화는 지속적인 삶의 방식이나 습관이어야지, 일시적인 상태여서는 안 된다.

유사종

안타깝게도 리스크 완화의 비용 효과성 문제라는 아이러니에 더해, 우리의 세이프 헤이븐 분류 체계에서는 '종 분류의 문제'가 아직 해결되지 않았다. 오히려 이 문제가 얼마나 어려운지가 더 분명해졌을 따름이다. 아리스토텔레스가 이야기했듯, "정확한 경계"는 동물에 적용할 때와 마찬가지로 세이프 헤이븐에 적용했을 때도 모호하기 짝이 없다. 경계는 대략적으로 설정되어 있을 뿐이고, 어느 모로 보나 세이프 헤이븐의 모습과 양태를 보여서 세이프 헤이븐으로 여겨지던 자산이나 전략이 결국에는 아예 다른 종이었음이 밝혀지고 마는 경우가 많다.

나는 이렇게 미묘하게 다른 중간종을 '유사 세이프 헤이븐safe haven imposters'이라고 부른다. 다음은 여기에 속하는 세 가지 종류를 분류한 표다.

3가지 유사 세이프 헤이븐 프로토타입 분류 체계

	폭락 수익률	비폭락 수익률	보상 유형
희망적 헤이븐	?	+ 또는 −	'행운을 빈다'
안전하지 않은 헤이븐	−	+	'항상 오르므로 틀림없이 안전하다!'
다악화 헤이븐	−	+	'손실이 적으므로 가치가 있다!'

우산을 든 투자자

유사 세이프 헤이븐의 첫 번째 종류는 '희망적 헤이븐hopeful haven' 이다. 알파나 보험 세이프 헤이븐 종류와 아주 비슷해 보이는데, 보상에 노이즈가 많이 끼고 신뢰도가 굉장히 떨어진다는 점이 큰 차이점이다. 또한, 다른 환경에서 '변형'되는 경향이 있다. 평균적인 폭락 시기대 수익률은 알파나 보험 세이프 헤이븐과 동일하지만(그럴 가능성이 별로 크지는 않다), 실현 범위를 보면 리스크 완화라는 목적에 전혀 부합하지 않는다. 세이프 헤이븐이 리스크 통제라는 본연의 역할을 하는 데 많은 운이 필요하다면, 리스크가 줄어드는 게 아니라 늘어난다는 뜻이다.

희망적 헤이븐을 리스크 완화 조치로 채택한다는 건 가끔만 작동하는 낙하산을 가지고 비행기에서 뛰어내리는 행위와 비슷하다. 처음부터 아예 없어야 어떤 리스크를 감수하는 것인지 더 현명한 결정을 내릴 수 있다.

희망적 헤이븐에 대한 믿음은 '전부 다 파악했다'라는 일반적인 태도에서 기인한다. 두 가지 흔한 오류, 즉 덫에 빠지는 셈인데, 이를 제대로 파악하고 신중하게 대비해야 한다. 내가 누누이 이야기하는 '예측하지 말라'는 조언에서 필연적으로 나오는 결론이기도 하다. 이 두 가지를 세이프 헤이븐 투자의 회고적retrospective, 그리고 예기적prospective 오류라고 하겠다.

회고적 오류와 예기적 오류는 서로 연관이 있는 일상적 오류로, 완전히 잘못된 추론으로 직결된다. 여기에 그치지 않고 이 오류가 그저 단순한 판단 착오를 넘어서 어떤 전략이나 서비스의 판매를 목적한 의도적 기만으로 이어지는 경우가 많다(투자업계는 질 나쁜 운용 서비스를 판매하는 기만적인 업계니까 말이다).

간단히 이야기하자면, '회고적 세이프 헤이븐 오류'는 월요일 아침에 안락의자에 앉아 미식축구에 대한 비평을 늘어놓는 것에 비유할 수 있다(보통 일요일에 열리는 NFL 경기에 직접 나가서 뛰는 게 아니라, 게임이 끝난 이후 안락의자에 편하게 앉아 이런저런 판단을 한다는 뜻이다). 다른 사람이 이미 내린 결정을 실시간으로 따라 하거나, 사후에 이러쿵저러쿵 평가한다. 공식적으로는 '회고적 결정론retrospective determinism'이나 '사후 확신 편향hindsight bias'이라고 하는데, '내 그럴 줄 알았다 현상'이라고 부르는 편이 제일 낫지 않나 싶다. 시장 폭락 같은 일련의 사건이 특정한 역사적 상황에서 발생했을 때 해당 사건이 이전 상황의 필연적인 결과라고 생각하는 경향을 의미한다. 왜 그런지는 몰라도, 돌이켜보면 리스크는 항상 명백하고 예측이 가능하다. 지난번의 폭락 역시 지나고 나면 뻔히 보인다. 그 당시에는 몰랐지만 지금은 알고 있는 사실을 바탕으로 보면 그렇다는 것이다. 웃기는 일이 아닌가?

회고적 오류에 빠진 상태에서는 엄청난 통찰력이 있는 듯한 확신이 든다. 이로 인해 다음에는 어떤 일이 일어날지 거창한 예상을 하게 되고, 한술 더 떠서 아주 효과적인 리스크 완화 전략을 만들어낸다. 늘 있는 일이다. 나는 이를 '예기적 세이프 헤이븐 오류'라고 부르는데, 다음번 폭락의 특징과 내적 시장 관계(또는 '상호 연관성')가 과거와 비슷하리라는 가정을 바탕으로 거시경제와 시장 타이밍을 예측하는 형태를 띤다. 이런 예측이 들어맞는 경우는 거의 없다. 설사 들어맞는 듯해 보여도 회고적 세이프 헤이븐 오류에 빠진 사람들을 오류의 덫에 잡아둘 정도로만 비슷하다고 할 수 있다. 빅터 니더호퍼Victor Niederhoffer의 현명한 말을 빌리자면, "늘 변화하는 사이클"이 있다. 애초에 폭락이 발생하는 핵심 이유 중 상당 부분은 순진하게 '내 그럴 줄 알았다'라는 식으로 리스크 완화에 안일한 태도를 보이는 경향이 점차 심해진다는 점에서 기인한다.

이런 오류가 작동하고 있음을 잘 보여주는 사례로, 특정 리스크 완화 전략의 전망에 대해 과감한 예측을 하는 사람이 실제로 그 시점에 서면 해당 조치를 전혀 취하고 있지 않은 경우를 들 수 있다(여기에서 그 시점이란 안락의자에 앉아 이러쿵저러쿵 떠드는 월요일이 아니라, 일요일에 진행되는 경기 중이다). 이는 데이터 마이닝과 밀접한 관련이 있는 '과적합overfitting'* 현상으로, 데이터 과학 분야에서 발생하는 가장 흔한 오류다. 이전 데이터, 그리고 무작위성이 확보된 데이터로만 전략을 만들면 항상 나무랄 데 없고 성공적이다. 언제 보아도 합리적이고 그럴듯한 전략에는 이런 기만적인 내러티브가 기저에 깔려 있다. 매력적이고 유혹적이기에 쉽게 마음이 끌린다. 안타까운 일이지

• 기계 학습 모델의 기존 데이터 학습량이 너무 많아서 새로운 데이터를 바탕으로 한 예측력이 떨어지는 현상.

만, 이런 식으로 이전 경험을 바탕으로 하는 스토리텔링이 요즘의 리스크 완화 담론에서 큰 비중을 차지한다. 금융 연극인 셈이다.

이 내러티브를 근거로 하는 또 다른 유사 세이프 헤이븐 종류가 있다. 바로 '안전하지 않은 헤이븐unsafe haven'이다. 여기에 속하는 자산이나 전략은 그동안 항상 상승세를 보였기 때문에 앞으로도 늘 그럴 것처럼 보인다. 이 논리를 폭락 시 실적에도 적용하는데, 대부분은 폭락 상황에서 취약한 모습을 보인다(원래 보호하려고 했던 것보다 더 취약해지기도 한다). 그런 취약성을 뒷받침할 만한 근거가 드러났을 수도 있지만, 세이프 헤이븐이지 않을까 하는 낙관적인 생각을 바꿀 정도는 아니다. 이런 안일함, 특히 안전하지 않은 헤이븐을 리스크 완화 전략으로 활용하는 데 대한 안일함이야말로 가장 안전하지 못하다(앞에서 제시한 비유를 이어가자면, 안전하지 않은 헤이븐은 하늘을 날 수 있다고 굳게 믿으며 비행기에서 뛰어내리는 것과 같다).

안전하지 않은 헤이븐은 예상 실적에 끼워 맞추려 날조한 이야기를 바탕으로 아주 근시안적이고 안일하게 추정한 것에 불과하다. 이를 반박하는 논리적인 설명을 시도하는 것 자체가 헛수고인 경우가 많다. 있는 그대로를 인지하고, 팝콘이나 먹으며 지켜보는 게 상책이다.

분산투자라는 도그마

유사 세이프 헤이븐 중 가장 흔한 형태는 의심의 여지 없이 세 번째 종류인 '다악화 헤이븐diworsifier haven'이다. 거의 모든 투자 포트폴리오에 만연해 있는데, 이는 분산투자가 리스크 완화 전략으로서 투자의 중심적 패러다임, 즉 현대 포트폴리오 이론에서 핵심 위치를 차지하고 있기 때문이다. 대부분, 아니, 거의 모든 투자자가 '금융에 존재하는 유일한 공짜 점심'이라고들 하면서 분산투자라는 도그마를 받아들이게 되었다.

2장에서 분산투자라는 공식적 개념이 18세기 스위스의 바젤까지 거슬러 올라간다는 점을 지적했다. 불운한 페테르부르크 상인이 어떻게 하면 화물선이 해적이 들끓는 발트해를 지날 수 있을지에 대한 다니엘 베르누이의 해답으로, 화물을 더 작은 단위로 나누어 각기 다른 배에 실어 나른다는 개념이다. 이는 그 당시 상인에게는 다악화 요인이었고, 지금의 우리에게도 그렇다.

'다악화 헤이븐'은 피터 린치가 제시한 '다악화diworsification'라는 용어에서 따와 붙인 이름이다. 한꺼번에 같은 방향으로 움직이지 않는 요소를 포함하면 포트폴리오의 변동성이 줄어들고, 이런 분산투자 덕분에 폭락 상황에서 포트폴리오의 실적이 시장 전반보다 나을 가능성이 커진다는 것이다(시장 역시 꽤 다변화되어 있기는 하지만 말이다). 변동성이 줄어든다는 점을 최대 장점으로 꼽는데, 수익률도 같이 떨어진다. 분산투자를 하면 폭락 상황이 아닌 시기에 실적 부진이라는 비용의 형태로 상당한 대가를 치르기 때문이다(같은 논리로 폭락 상황에서는 초과 실적을 달성한다). 시간이 지나고 보면, '다악화'를 통해 절감한 비용보다는 지불한 비용이 더 커진다(그래서 이런 귀여운

이름이 붙은 것 아니겠는가).

하지만 변동성보다 평균 수익률이 더 적게 떨어지는 한(즉, 그 무서운 샤프 지수가 올라가는 한) 의도한 대로 되었다고들 한다.

이런 생각은 여러 차원에서 아주 많이 잘못되었다. 이건 내가 대단한 통찰력이 있어서 하는 말이 아니다. 버핏도 이야기했듯, "폭넓은 분산투자가 필요한 경우는 투자자가 자기가 뭘 하고 있는지 모를 때뿐이다." 여기에 더해 분산투자는 "자기가 소유한 기업을 제대로 이해하지 못하고 있다는 고백"일 따름이다.

한 마디 더 보태자면, 분산투자는 리스크 완화의 비용 효과성을 따지지 않는다는 고백이기도 하다. 비용이 얼마가 들든 막연하게 리스크가 줄어들기만을 바라는 것이다.

분산투자의 본질은 리스크 해결이 아니라 리스크 희석이다. 결국 리스크 회피인 것이다. 또한, 변동성 추정을 리스크와 혼동하기도 한다(전문 용어를 섞어서 잠시 짚고 넘어가자면, 변동성은 수익률 제곱의 평균에 제곱근을 씌운 것이다. 마찬가지로, 기하평균은 로그 수익률 평균의 지수다. 2장에서 살펴보았듯, 실질적으로 경제적 의미가 있는 것은 후자뿐이다. 전자는 후자의 편리한 수학적 대리 지표다. 일부 주사위 게임에서는 그럭저럭 대리 지표의 역할을 하지만, 시장에서는 그렇지 않다). 그리고 분산투자는 좋아 보이지만, 실상은 전혀 그렇지 않다(상관관계가 낮지도 않다). 위기 상황에서 투자자들이 집단으로 빠져나갈 때 대부분의 전략과 자산은 휩쓸리는 경향이 있어서, 목욕

물을 버리려다가 아이까지 버리는 형국이 된다(해적은 모든 배를 탈취하는 법 아니겠는가). 이런 결과는 항상 변하기 때문에 이를 예측할 수 있는 모델은 없다. 한때 상관성이 없고 안정적이며 유동적이었던 전략이라 하더라도, 투자자들이 매도 가능한 모든 자산을 동시에 매도할 수밖에 없는 상황이 되면 정반대의 성질을 띠게 된다. 투자자는 사전에 인지한 것보다 분산 불가능한 체계적 리스크를 항상 더 많이 떠안게 된다.

분산투자는 샤프 지수를 끌어올린다는 명목으로 수익률을 떨어뜨린다. 이 때문에 분산투자 전략의 수익률이 낮아서 불만인 투자자는 수익률을 다시 끌어올리기를 희망하면서 레버리지를 적용한다. **진정한 리스크 완화라면, 리스크를 줄이면서 복합 연간 성장률을 끌어올릴 목적의 금융 공학과 레버리지가 불필요하다. 오히려 그런 것들을 쓰면, 그럴듯한 상관성 추정치에 내재한 오류에 포트폴리오가 매우 민감하게 반응하면서 다른 리스크가 추가된다.** 물론 투자자 대부분은 이런 레버리지를 실제로 활용할 여력이 없다(아니면 지나치게 현명하거나). 그래서 리스크를 완화해서 낮아진 수익률을 감내하는 것이다.

그렇게 보면 분산투자는 더 낮은 수익률을 받아들이는 대가로 잠재적인 리스크를 줄이거나, 체계적 리스크 또는 집중 리스크를 레버리지 모델 리스크로 전환하는 행위다. 공짜 점심이 아니다. 공짜 점심은 없다(비용 효과적인 리스크 완화를 보면 돈 받고 점심을 먹는 듯하지만).

귀납적 주사위

지금까지 세이프 헤이븐 모형을 만들었는데, 이를 가지고 이런저런 실험을 해보려면 1부에서 다룬 주사위를 대체할 새로운 모형이 있어야 한다.

매끈하지 않은 현실 세계에 조금씩 가까워지고 있다. 주사위 게임이라는 샌드백을 치다가, 이제는 세이프 헤이븐 프로토타입으로 스파링을 해보는 것이다(어떤 지혜로운 사람의 말마따나 "입에 펀치를 맞기 전까지는 모두가 다 계획이 있다." 샌드백 치기와 스파링은 실제 격투기와는 아주 다르지만, 실전에 임하려면 거쳐야 하는 훈련이다. 팔꿈치로 머리를 맞거나 사타구니를 걷어차이거나 하는 사태까지 감안한다면 말이다).

1부에서는 다양한 주사위 게임을 다루면서 세이프 헤이븐의 메커니즘을 알아보았다. 주사위를 던져서 나온 단순한 결과에 대한 베팅이 여러 리스크 완화 전략 또는 세이프 헤이븐 보상에 따라 어떻게 바뀌는지 살펴보았다. 주사위를 던질 때마다 곱셈 기하 산출식에 따라 자산을 베팅하고, 6면 주사위를 던진 결과와 그 보상에 따라 해당 산출식을 재귀적으로 반복했다. 3장에서 각 주사위 면이 나온 결과에 상응하는 보상 프로필이 어떤 이산 확률 분포를 창출하는지 제시했다. 쌓인 주사위의 개수와 수익률 결괏값이 대응하는 분포도를 아래에서 다시 볼 수 있다.

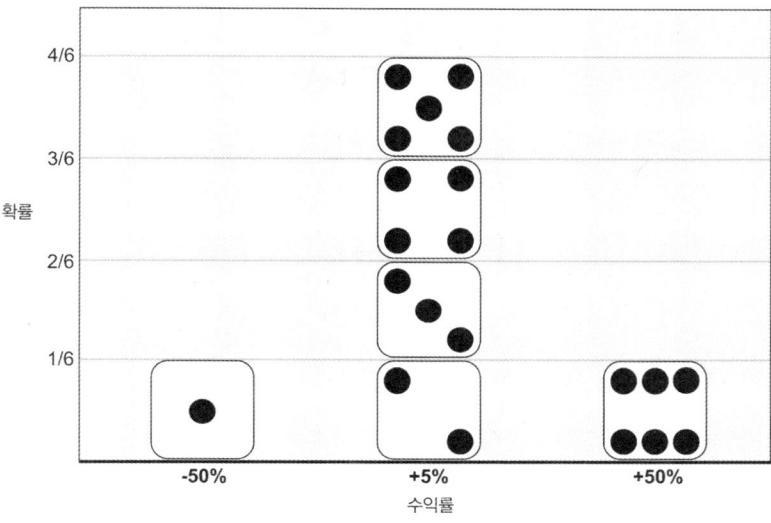

이제 6면 주사위 대신 더 세밀하고 현실 세계에 더 가까운 대상을 가져와 보자. 면이 더 많은 주사위가 필요한데, 주사위 면의 개수를 최대한으로 하면 어떻게 될까?

공정한 주사위(즉, 각 면이 똑같은 볼록 다면체)가 가질 수 있는 면의 개수는 최대 120이라고 한다(당연히 각 면이 나올 확률이 동일하도록 완벽한 대칭을 이루어야 한다는 점이 핵심이다. 앞에서 언급했지만, 현명하다는 고대인들은 이 점을 전혀 고려하지 않았다). 면의 개수가 120개인 'd120' 주사위를 '120면체'라고 한다. d120 주사위는 실제로 존재한다. 따라서 이번 장에서도 이 궁극의 주사위를 집에서 얼마든지 직접 던져볼 수 있다.

분류 체계

우리의 새로운 분포도에 현실성을 부여하려면, 각 120면에 대응하는 좀 더 유의미한 수익률이 필요하다. 자의성은 더 적고, 우리가 중요하게 생각하는 요소와의 관련성은 더 커야 한다. 주사위의 120면에 각기 달라서 중첩되지 않는 SPX의 역사적 역년曆年 연간 수익률을 하나씩 부여해보자. 그러니까 120년을 거슬러 올라가 1901년부터 시작하는 것이다(SPX 보유자가 겪을 수익률을 반영할 수 있도록 배당금 전액을 재투자한다고 가정한 수익률이다). 이렇게 하면 d120 주사위를 던질 때마다 어떤 면이 나오든 120개년의 SPX 연간 수익률에 대응하게 된다(1이 표시된 면이 1901년, 2는 1902년, 120은 2020년에 대응하는 식으로 주사위 면을 배정하면 편리하다).

세이프 헤이븐 보상 프로필 모델에서 사용했던 것처럼 SPX 수익률을 5개 구간으로 구획하면, 주사위 분포와 같은 방식으로 빈도분포를 만들 수 있다. 다음은 그렇게 만든 빈도분포다.

1901~2020년 SPX 연간 수익률 빈도분포

SPX 수익률을 세이프 헤이븐 보상 프로필로 정한 이유는 이런 체계적 리스크를 완화했을 때 세이프 헤이븐이 포트폴리오에 미치는 영향을 살펴보기 위해서다. 즉, SPX 같은 익스포저와 결합했을 때 포트폴리오에서 어떻게 되는지를 보려는 것이다. 기존의 6면 주사위와 주사위 던지기의 수익률 분포를 d120 주사위와 SPX 수익률 분포로 각각 대체하면 이런 포트폴리오 효과를 직접 살펴볼 수 있다. 달리 이야기하자면, 재미있는 사고 실험용으로 사용한 간단한 주사위 게임을 실제 포트폴리오와 비슷한 것, 즉 힘들게 번 돈, 미래를 대비한 비상금, 노후 자금, 그도 아니라면 다음 세대를 위한 약간의 유산 같은 것으로 대체한 것이다. 정말이지 온갖 감정의 결정체가 아닐 수 없다!

이 테스트에서는 연간 수익률만 살펴보기로 하는데, 여기에는 두 가지 간단한 이유가 있다. 가장 이해하기 쉽기도 하거니와, 포트폴리오 리밸런싱은 대부분 1년에 1번 이루어지기 때문이다. 하지만 역년 연간 수익률을 취하든, 다른 달에서 시작해서 연간 수익률을 잡든, 결과에 영향이 있지는 않을 것이다.

지난 120년간 SPX 연간 수익률이 −15%보다 낮았던 적이 11번 있었다는 점에 주목해야 한다. 단독으로 보면, 해당 기간에 걸친 10루타 보험 모델의 보상이 본전치기, 그러니까 산술평균 수익률이 0%였다는 계산이 나온다. 그리고 단독 알파 모델의 보상은 같은 기간 동안 산술평균 수익률이 +7%였다(가치 보관 모델의 고정 보상도 물론 마찬가지다).

설명을 덧붙이자면, 11/120은 지난 25년만을 대상으로 표본을 추출했다고 가정했을 때보다 SPX 최저 수익률 구간에 있던 연도의 비율이 높기는 하다. 그러나 최근 25년 중 역년 연간 데이터가 아니라 월별로 중첩되는 연간 데이터를 활용했더라면, SPX 최저 수익률 구간에 있던 연도의 비율이 실제로는 더 높았을 것이다. 그렇게 보면 우리의 d120 역년 주사위는 그런 손실이 발생할 최근의 역사적 확률을 '과소'평가하고 있다. 요약하자면 우리의 접근 방식이 보수적이라는 뜻이다.

주사위 보상에서와 마찬가지로, d120 주사위를 25번 던져 나온 25개의 결과에 상응하는 SPX 수익률을 복리 처리하여 25개 연도로 이루어진 표본 경로 1개를 만들기로 한다. 25개년으로 설정하는 이유는 전형적인 장기 투자 기간과 비슷한 결과를 내기 위해서다. 그러나 역년 수익률을 택한 것과 마찬가지로, 여기에서 나온 결과는 이런 가정에 민감하지 않다. 악마의 게임에서 각 경로를 구축할 때 주사위를 300번씩 던진 것과 꼭 같은 원리다. 그리고 악마의 게임에서처럼 주사위를 여러 번 던져서 이런 25개년 경로를 1만 개 확보했다(주사위를 빨리 던지면 1주일이 채 걸리지 않는다).

다음은 이렇게 도출한 25개년 경로를 모두 표시한 그림으로, 1만 개의 상이한 경로(다중 우주에 걸친 결괏값의 표본 공간)가 모여 음영처럼 보이는 익숙한 형식이다. 그리고 무작위로 선택한 25개 SPX 연간 수익률 경로 각각의 끝에 표시된 값이 빈도분포의 오른쪽에 제시되어 있다.

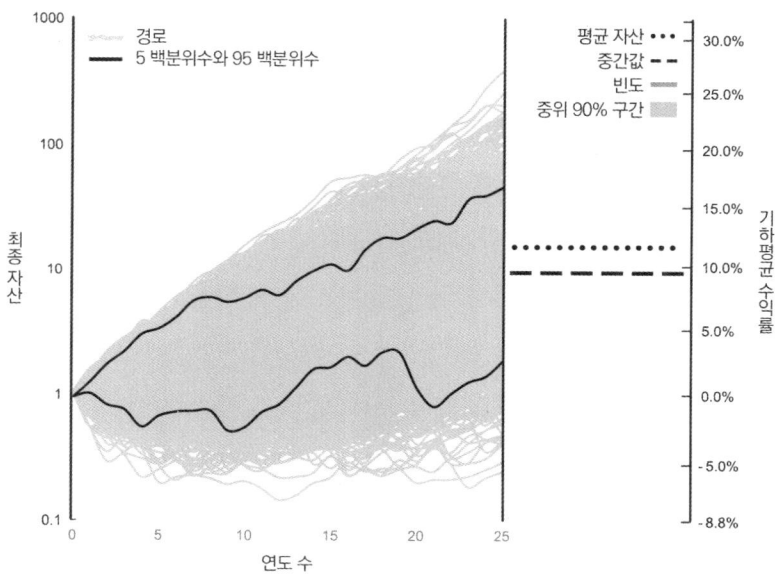

d120 주사위를 던져 도출한 SPX 25개년 복합수익률 경로 1만 개

당연히 지난 120년간 실현된 SPX의 경로는 딱 하나뿐이다. 이전에 살펴보았듯, 연간 수익률 분포 중 하나만 실현된 결과는 CAGR 9.5%였다. 이제 d120 주사위를 가지고 달리 실현되었을 수도 있는 여러 대안을 살펴볼 수 있다. 또한, 이 모든 잠재적인 대안 경로는 실제로 실현된 연간 SPX 수익률의 경험적 분포에 부합한다(실제 SPX 수익률에서 표본을 뽑아 분포를 만들었으니 당연한 일이다).

흥미롭게도 d120 주사위 던지기는 이전의 주사위 게임과는 성격이 다르다. d120 주사위를 던져서 경험적인 시장 관찰값에서 모든 표본을 뽑고, 해당 관찰값에 대한 일반화를 시도하는 과정이기 때문에 본질적으로 귀납적인 성격의 주사위를 던지는 셈이다.

일례로, 나올 수 있는 경로 전체의 CAGR 중간값이 9.5%, 5 백분위수 CAGR이 2.7%인 점을 유념해서 보자. 이들 CAGR 값은 이후의 테스트에서 중요한 역할을 한다. 위의 SPX 경로 분포를 대조군, 내지는 '기준치'로 볼 수 있는데, 이 값들을 여러 세이프 헤이븐 보상과 결합하면서 어떤 일이 벌어지는지 살펴볼 것이기 때문이다.

지금부터 벌어지는 일들이야말로 정말 흥미진진하다.

전체론

시계 속 뻐꾸기

어린 시절 좋았던 기억이 하나 있다. 독일계 스위스 출신이셨던 할아버지가 루페를 한쪽 눈에 걸치고 뉴욕주 북부에 있던 집의 비좁은 지하 작업실에서 일하시는 모습을 지켜보던 기억이다. 은퇴한 의사셨던 할아버지는 자기 뿌리에 충실하게 시계 만드는 일을 열정적으로 하셨다(할머니에게서 벗어나 조용히 작업실로 도망치려는 핑계였을 수도 있지만). 할아버지가 전쟁 전에 만들어진 뻐꾸기시계를 만지시던 날이 특히 기억에 남는다. 삼각형 지붕에 염소 머리가 조각된 목재 오두막집 같았던 시계함을 분해한 후 꼼꼼하게 내부를 전부 들어내셨다. 나는 탁자에 펼쳐진 작은 부품들을 살펴보며 몇 시간을 보냈다. 작은 장치와 레버 하나하나, 맥없는 나무 뻐꾸기, 그리고 다 죽어가는 뻐꾸기 소리까지, 전부 곧 쓰레기통으로 직행할 고물 조각들이 널브러져 있는 것 같았다. 각각의 부품을 떼어놓고 보면 하나로 합쳐져서 유기적으로 작동했을 예전의 빛나는 모습을 전혀 그려볼 수 없었다.

부품 하나만으로 시간을 표시할 수는 없다. 어림없는 일이다! 환원주의자는 염소 머리 조각이 달린 오래된 나무 시계함에 부품을 한데 모아 벽에 걸어놓는다고 해도 바뀌는 것은 없으리라고 이야기할 수도 있겠다. 그렇다면 구성 요소의 속성을 살펴봐도 전체의 속성을 파악할 수 없는 이유는 무엇일까?

뻐꾸기시계의 경우에는 환원주의가 별 도움이 되지 않았다. 개별 구성 요소의 기능적 가치는 요소 간의 관계에 따른 결과일 뿐이기 때문이다. **개별 구성 요소에는 존재하지 않는 '창발성**emergent properties**'이라는 속성이 있다. 창발성은 전체론적 관점으로 완전체를 볼 때만 분명하게 드러난다.**

창발적 행동은 새 떼, 물고기 떼, 무리 지어 사는 육상 동물, 언어, 정신, 경제, 시장 등 상호작용하는 개별 요소가 예측과 환원이 불가능하고 복잡한 행동을 만들어낼 때 생겨난다(이건 영업 비밀인데, 나는 실제든 시뮬레이션이든 새 떼의 움직임을 연구해서 객장 거래를 연습했다). 그리고 세이프 헤이븐 투자도 마찬가지다.

아리스토텔레스가 했다는 말마따나 "전체는 부분의 합보다 크다." 아리스토텔레스가 실제로 그렇게 말했을 수도 있지만, 《형이상학》에서 쓴 내용은 약간 달랐다. **"전체는 단순한 무더기 같은 게 아니라 부분 이외의 것"** 이라면서 **"전체는 부분의 합과 같지 않다"** 라고 했다. 우리는 다른 무엇보다도 아리스토텔레스의 이 말을 리스크 완화의 신조로 삼고 있다.

    기능주의적 본질주의를 이야기하면서 상호 연관성이 있는 동물의 신체 부위에 집중한 것을 보아도 그렇지만, 아리스토텔레스는 중요한 내용을 파악하고 있었다. 그리고 그리스어를 더 정확하게 번역한 위의 내용이 우리의 상황에 훨씬 잘 들어맞는다. 상트페테르부르크 역설에서도 살펴보았지만, 전체(게임을 통해 실제로 실현되는 금액)는 부분의 합에 대한 기댓값(나올 수 있는 모든 결괏값의 평균)보다 훨씬 적다. 페테르부르크 중개무역을 다루면서 확인했듯, 비용이 드는 보험을 단독으로 구매하면 평균 자산은 줄어들지만, 전체적인 기하 자산을 끌어올릴 수 있다. 2가지 악마의 주사위 게임에서는 가치 보관 세이프 헤이븐과 보험 세이프 헤이븐으로 이를 확인했다. 보유하고 있는 현금의 일부를 기대 수익률이 높은 자산에서 떼어내 기대 수익률이 0인 자산에 베팅하면, 다중 우주에 걸친 평균은 줄어들더라도 전체 자산은 실제로 늘어난다(지금쯤이면 이런 효과가 마술이 아니라 복리라는 분명한 수학적 원리에서 기인한다는 점을 내가 잘 설득했기를 바란다). **정말이지 전체는 부분의 합보다 훨씬 클 수 있다. 항상 그렇지는 않을 수도 있지만 말이다.**

    '전체론적holistic'이라는 말은 1920년대에 새로 만들어진 단어로,

'전체'를 뜻하는 그리스어 '홀로스holos'에서 따온 말이다. 전체는 할아버지가 작업대에 펼쳐놓은 부품이나 공분산 행렬에 집어넣은 요소의 합이 아니라, 부분을 제대로 이해할 수 있는 유일한 기준점이다.

투자 운용 분야에서는 내가 어릴 때 뻐꾸기시계의 부품을 보면서 했던 생각과 같은 환원주의적 오류가 빈번하게 발생한다. 각 요소를 포트폴리오라는 전체를 구성하는 일부로서 따로따로 분석하는 것이다. 현대 금융학에서는 포트폴리오의 각 요소를 떼어내 산술 기대 수익률, 변동성, 요소 간 공분산을 알아보고 각각에 값을 부여한 뒤, 전부 한데 모은다. 개별 요소의 산술 수익률(특히 샤프 지수나 그와 비슷한 지표)을 합쳐놓고는 포트폴리오 전체를 잘 이해했다고 생각한다. 하지만 이런 환원주의적 접근을 취하면 가장 중요한 포트폴리오 효과, 즉 개별 요소 간의 재귀적 곱셈 작용과 시간 자체에서 발생하는 효과를 지나치게 단순화한 나머지, 다소 유치한 형태로 축소하게 된다.

뻐꾸기시계를 보면 여러 부품이 상호작용 관계에 있지만, 독립적이고 분리된 상태를 유지한다. 이런 경우에는 '창발성이 약하다'고 한다. 부분 간 상호작용이 서로를 바꾸지는 않지만, 부분 상태에서는 존재하지 않고 상호작용을 바탕으로 전체에서만 볼 수 있는 속성이 생긴다. 물론 뻐꾸기시계의 작동 방식은 18세기로 거슬러 올라가는 메커니즘에 따라 시계공이 하향식으로 미리 정해놓은 것이다. 발레 드 주 Vallée de Joux의 스위스 시계공이라면 할아버지의 너저분한 작업대를 슬쩍 보기만 해도 시계 장치의 전체 모습을 즉각 그려볼 수 있을 것이다. 창발성은 보는 사람에 따라 달라진다(2차 대전 이전에 만들어진 뻐꾸기시계에는 예측과 환원이 불가능한 고유 작용이 없다고 주장하는 사람은 아마 그런 뻐꾸기시계를 가져본 적이 한 번도 없을 것이다).

우리가 이전에 다룬 여러 게임 역시 창발성이 약하다고 하는 사람이 있을 수도 있겠다. 모든 게임의 전체, 특히 전체의 기하평균이나 자산 중간값에는 개별 게임의 결과를 합친 값에는 없는 특성이 있다. 전체적인 속성은 개별 게임의 결과를 반복적으로 리밸런싱rebalancing 및 복리 처리하는 과정에서 이루어지는 개별 베팅 간의 상호작용에서 발생한다. 하지만 좀 더 자세히 살펴보면, 우리의 주사위 게임에서 세이프 헤이븐이 최종 자산을 그렇게 많이 끌어올릴 수 있었던 이유는 바로 게임이 반복적으로 진행됐기 때문이다. 주사위를 던질 때마다 베팅 규모를 재설정, 즉 '리밸런싱'해서 다음 베팅에 사용할 금액을 정한다. 특히 이전 게임에서 큰 손실이 발생한 경우, 여러 번 이익을 내서 축적한 판돈에 이렇다 할 비용을 초래하지 않으면서도 세이프 헤이븐을 통해 메인 게임의 베팅 금액을 보충 내지는 공급할 수 있게 된다. 이렇게 비용 효과적인 세이프 헤이븐이 있으면 베르누이 폭포 근처에 가지 않을 수 있다. **다음번 베팅의 규모가 급감하는 사태가 생기지 않도록 주사위 게임 자체를 완전히 바꿔 놓는 것이다. 이제 각 베팅이 따로 분리되지 않기 때문에 독립적으로 작용한다기보다는 상호작용을 하게 된다. 따라서 완전히 새로운 전체, 즉 부분의 합과는 전혀 다른 전체가 형성된다.** 이런 경우를 두고 '창발성이 강하다'고 한다.

페테르부르크 중개무역은 창발성이 강한 사례인데, 개별 베팅의 값은 전체 결과와의 관계를 고려해야만 알 수 있다. 개별 베팅의 단독 값(상인이 보험을 구매해서 감수하는 운송 회차당 평균 300루블의 손실)은 다른 요소와 결합했을 때(회차당 총 119루블의 이득)와는 아주 다르다.

이건 투자 분야의 상대성 이론이다. 어떤 투자, 특히 리스크 완화 투자에 단독으로 부여할 수 있는 값은 없다. 보는 사람에 따라 다르게 판단할 수 있고, 전체 포트폴리오의 관점에서 더 폭넓게 보았을 때, 그러니까 해당 투자가 포트폴리오의 곱셈 역학과 어떻게 상호작용하는지를 살펴보았을 때 달라질 수 있다. 그렇기에 리스크 완화 투자는 굉장히 맥락 의존적이고, 바로 이런 점 때문에 현대 금융 분석틀의 특징인 기존의 환원주의적 접근으로는 파악이 어렵다.

두 눈을 모두 지키기

오래된 러시아 속담에 이런 말이 있다.

과거에 얽매이면 한쪽 눈을 잃는다.
과거를 잊으면 두 눈을 모두 잃는다.

사건이 발생한 경로 하나만 보고 그게 유일한 결과라는 생각에 사로잡히면, 즉 과거를 바탕으로 지나치게 추론하면 '순진한 경험주의naive empiricism'에 빠지게 된다. 이를 피하려면, 일어날 수도 있었지만 실현되지 않았던 다른 여러 경로와 그런 결과에 대한 스스로의 민감성이라는 맥락에서 과거를 살펴보아야 한다. 여기에서는 순진한 경험주의에 빠지지 않으려는 가시적인 노력의 일환으로 '부트스트랩'이라는 기법을 사용해서 두 눈을 모두 지켜보려고 한다.

부트스트랩 기법을 썼을 때 가장 좋은 점은 미래의 SPX 수익률 분포가 어떨지를 제시하는 구체적인 모델이 필요하지 않다는 것이다. 그런 모델이야 언제든 만들 수 있지만, 모델을 만들면 120면체 d120 주사위를 사용한 120여 년 치 데이터와 같은 과거의 데이터 분포에 끼워 맞추고 싶은 마음이 들 수 있다. 그러면 매개 변수가 여러 개인 복잡하고 정신없는 분포를 사용해서 데이터에 들어맞도록 한다는 점만 다를 뿐, 처음의 방법론 문제로 되돌아가게 된다. 이렇게 되면 나는 주장의 정당성을 입증하기 위해 은근슬쩍 매개 변수를 조작했다는 타당한 비난을 받게 된다. 부트스트랩은 분포에 대한 이런 가정을 하지 않기 때문에 엄밀하게는 비非매개 변수 추정의 한 형태다. 1부에서 다룬 주사위 게임도 그렇지만, 부트스트랩의 핵심은 보수적이면서도 복잡하지 않고 직관적으로, 무엇보다도 '투명하게' 상황을 파악하려는 것이다. d120 주사위만 있으면 투명하게 전체 내용을 알 수 있다.

여기에서는 이전 장에서 다룬 3가지 세이프 헤이븐 모델의 보상이 SPX 포트폴리오에 어떤 영향을 미치는지를 살펴보려고 한다. 좀 더 정확하게는, 체계적 리스크를 완화할 때 각 세이프 헤이븐 보상이 발생시키는 포트폴리오 효과를 보려 한다.

이전 장에서 d120 SPX 주사위를 10,000×25=250,000번 던져 25개년 복리 SPX 수익률 경로 1만 개를 만들었을 때, 부트스트랩 과정은 이미 시작됐다. 실제로 실현된 SPX 수익률 이외에 달리 실현됐을 수도 있는 여러 SPX 경로, 즉 '대체 역사'였던 것이다.

이 책 전반에서 일관되게 유지하고 있는 방식대로, 각 경로를 구성하는 SPX 연간 수익률 25개를 앞에서 구분한 3가지 종류에 대응하는 세이프 헤이븐 모델의 수익률 25개에 각기 매치했다. 가치 보관, 알파, 보험 세이프 헤이븐 포트폴리오 3종류에서 사용할 가중치는 각각 36%, 28%, 2%로 책정했다(자산 배분 가중치를 이렇게 정한 이유는 뒤에서 설명하겠다). 새로운 리스크 완화 SPX 포트폴리오 3종류를 이렇게 구축하면(세이프 헤이븐에 배분하는 자산은 매 회차 리밸런싱한다) SPX의 자체 실적과 각 포트폴리오의 복리 실적을 비교할 수 있다.

이것이 부트스트랩 방법이다(주사위를 던져 나온 숫자가 다음번에도 다시 나올 수 있으므로 '복원추출' 방식이다). 부트스트랩은 《허풍선이 남작의 모험》의 주인공 뮌히하우젠 남작이 늪에 빠졌을 때 자기 머리카락을 쥐고 당겨서 빠져나왔다고 한 것처럼 '스스로 부츠의 스트랩을 당겨서 일어선다', 즉 스스로 문제를 해결한다는 개념이다. d120 주사위를 던져 SPX의 120개년 연간 수익률이라는 또 다른 표본에서 순환적으로 표본을 추출하는 방식을 택했으니, 우리도 이 개념에 부합하게 자체적으로 해결하는 셈이다.

SPX 단독 포트폴리오와 SPX-세이프 헤이븐 리스크 완화를 결합한 포트폴리오 모두를 대상으로 d120 주사위를 던진 뒤, 각각의 기하평균 수익률(또는 CAGR 중간값)을 계산하면 각 포트폴리오의 리스크 완화 점수표를 대등하게 비교할 수 있다. 악마를 상대로 여러 번의 주사위 게임을 했을 때와 마찬가지로, 이 부트스트랩을 통해 상이한 리스크 완화 전략이 적용된 많은 경로를 도출해서 살펴볼 수 있다. 우리가 익히 알고 있는 기본 6면 주사위가 아니라 다소 생소하고 면이 더 많은 SPX 주사위를 쓰기는 하지만 말이다.

이런 설명이 잘 와닿지 않을 수도 있으니, 최대한 간단하게 정리해보겠다. 지난 120년간의 SPX 수익률 범위를 기준으로 SPX 단독 포트폴리오와 SPX-세이프 헤이븐 모델 포트폴리오를 나란히 놓고 테스트하면 어떻게 되는지 알아보려 한다. 이해되었으면 이제 시작하도록 하자!

임상 시험

이전 장에서는 3가지 가상의 보상 모델이라는 형태로 3가지 세이프 헤이븐 프로토타입을 설정했다. 이제는 테스트를 통해 임상 시험 내지는 실험에서 각 프로토타입이 어떤 작용을 하는지 살펴보려고 한다. 이 모델을 설정한 이유는 1부에서 비용 효과적인 세이프 헤이븐에 대해 제시했던 '추측'을 공식화하기 위해서다. 그다음으로는 파인만의 말처럼, "추측의 결과를 계산하고, 추측이 맞는다면 어떤 의미가 있는지" 알아보아야 한다.

지금까지 이 책에서 다룬 모든 내용은 결국 리스크 완화가 리스크를 낮춰서 자산 증대를 이룰 수 있는지, 그렇다면 어떻게 그런 일이 가능한지 테스트해보기 위함이다. 우리가 배운 내용, 그리고 했을 법한 생각과 상충하는 가설이라 흥미진진하다.

생의학 실험과 마찬가지로, 우리도 세이프 헤이븐 개입 내지는 치료의 효과에 대한 가설, 즉 '세이프 헤이븐 치료는 비용 효과적인가?' '부작용(또는 비용)은 어떤가?' '통계적으로 유의미한 순 가치를 더해주는가?' 등의 가설을 세우고 테스트한다.

리스크 완화 포트폴리오를 각각 부트스트랩 처리해서 도출한 상대 실적이 보상 프로토타입의 세이프 헤이븐 가설을 테스트한 결과라고 생각해보자. '어떤 전략이 비용 효과적으로 포트폴리오의 리스크를 완화한다'가 1장에서 소개한 귀무가설이다. 우리의 목표는 부정 논법이라는 연역적 추론을 바탕으로 이 귀무가설이 틀렸음을 입증하는 것이다. '해당 전략을 도입하면 시간이 지나면서 포트폴리오의 CAGR이 올라간다'라는 조건부 전제가 무효임을 증명하면 된다. 이 전제를 부정하면 귀무가설도 부정할 수 있다. SPX는 3가지 리스크 완화 포트폴리오의 테스트 결과를 비교해볼 수 있는 대조군 또는 기준치이자, 각 포트폴리오의 CAGR이 동일한지를 간단하게 보여주는 유의성 테스트의 역할을 한다.

요점은 세이프 헤이븐 투자에는 측정 가능한 산술적 비용과 기하 효

과가 있다는 것이다. 세이프 헤이븐의 효과가 비용보다 클 때, 플러스의 순 포트폴리오 효과를 내는 가성비가 있다고 할 수 있다.

다음 페이지의 리스크 완화 점수표는 각 세이프 헤이븐 모델을 대상으로 이 실험을 진행한 결과다. 이전 장에서도 살펴본 형식이므로 낯설지 않으리라 생각한다. 악마의 주사위 게임에서 각 리스크 완화 전략의 영향을 살펴보는 데 썼던 ×○ 프로필과 동일하다.

차트의 가장 윗줄은 120년간의 SPX 연간 수익률 빈도분포다(구간은 다음과 같이 설정: ≤-15%, -15~0%, 0~15%, 15~30%, >30%). 두 번째 행은 SPX 수익률의 보상 프로필이다(SPX 수익률을 단독으로 표시한 것이라 행 전체의 내용이 모두 동일하다). 세 번째 행은 각 세이프 헤이븐의 보상 프로필이며, 네 번째 행은 세이프 헤이븐 적용에 따른 통합 포트폴리오 보상 프로필이다. '부트스트랩'으로 표시한 오른쪽의 두 열은 각 요소와 전체의 산술 수익률이다. 아래쪽에 '비용'으로 표시된 내용은 SPX 대비 차이를 의미한다. 기하평균 수익률, 즉 CAGR 중간값도 제시되어 있다. **그러니까 각 리스크 완화 포트폴리오의 상대적 점수를 나타내는 차트다.** '순'으로 표시한 CAGR 효과 내지는 SPX 대비 차이를 보면 어떤 리스크 완화 전략이 가장 효과적인지 알 수 있다.

3가지 경우 모두에서 SPX 포트폴리오의 단순 산술평균 수익률인 11.4%는 세이프 헤이븐 적용 시에 떨어졌다. 가치 보관에서는 9.8%로(-1.6%), 알파에서는 10.1%(-1.3%)로, 보험에서는 11.2%(-0.2%)

XO 프로필: 리스크 완화 점수표

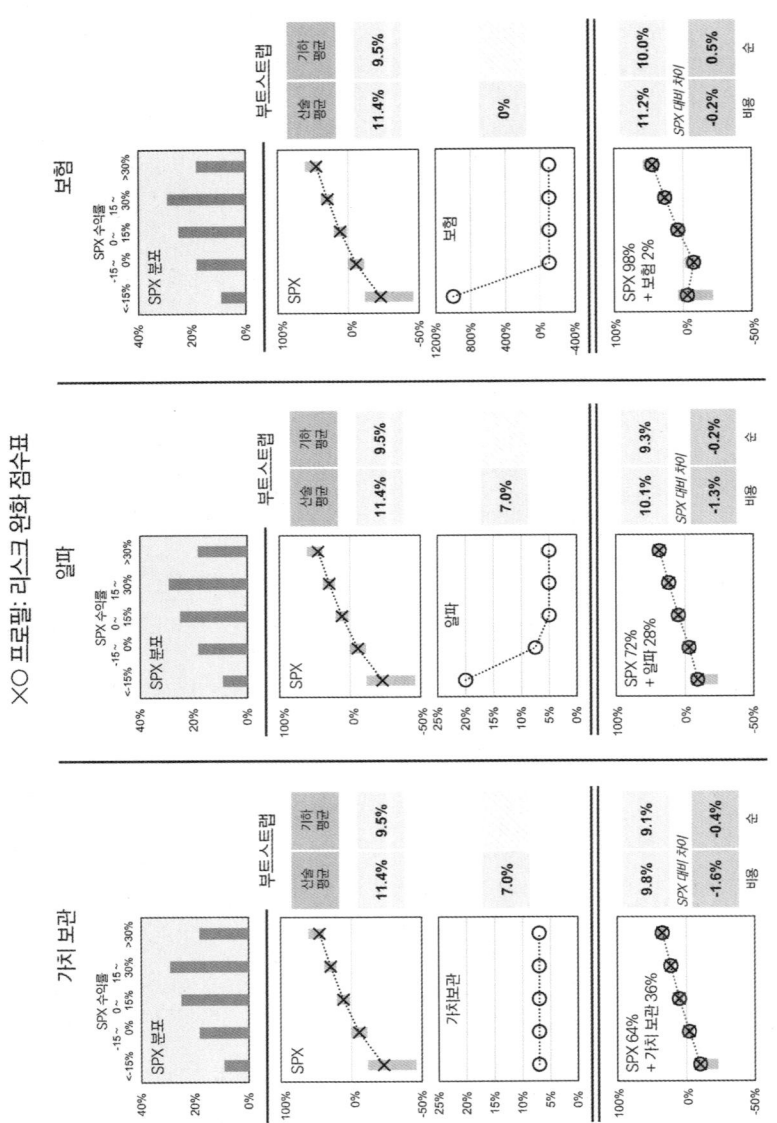

우산을 든 투자자

로 감소했다. 이는 각 세이프 헤이븐의 자체 산술평균 수익률이 SPX 보다 낮고, 통합 포트폴리오에서는 각 요소의 산술평균 수익률을 가중평균했기 때문이다. 간단히 이야기하자면, 낮은 수치(세이프 헤이븐 모델의 평균)와 높은 수치(SPX 평균)의 평균을 내면 후자보다 항상 더 낮은 값이 나온다. 그림에도 나타나 있고 이전에도 언급했지만, **가치 보관과 알파 세이프 헤이븐의 단독 산술평균 수익률은 모두 7%다(물론 같은 산술평균값이 나오도록 의도적으로 맞춘 것이기는 하다). 보험 세이프 헤이븐의 단독 산술평균 수익률은 0%다.**

그러나 각 포트폴리오의 기하평균 수익률, 즉 CAGR 중간값은 조금씩 다르다. **SPX 포트폴리오의 CAGR 중간값 9.5%는 가치 보관과 알파 리스크 완화 포트폴리오에서 각각 9.1%(-0.4%)와 9.3%(-0.2%)로 떨어졌지만, 보험 리스크 완화 포트폴리오에서는 10.0%(+0.5%)로 올랐다.**

부트스트랩에서 경험적으로 추정한 SPX의 CAGR 중간값은 신뢰도 95%로 9.4~9.6%다. 이 범위가 중간값의 95% 신뢰 영역이라는 뜻이다. **따라서 CAGR 중간값 9.4%를 귀무가설 95% 기각역**rejection region **의 경계로 삼을 수 있다.**

가치 보관 포트폴리오의 CAGR 중간값 9.1%는 기각역 경곗값 9.4%보다 아래에 있다. 따라서 가치 보관 모델의 보상이 비용 효과적인 리스크 완화라는 귀무가설은 신뢰도 95%로 기각해야 한다. 기준에 미치지 못하기 때문이다. 마찬가지로, 알파 포트폴리오의 CAGR

중간값 9.3%도 기각역 경곗값 9.4%보다 아래에 있으므로 알파 모델의 보상이 비용 효과적인 리스크 완화라는 귀무가설도 신뢰도 95%로 기각해야 한다. 논의 대상에서 제외되는 것이다.

그러나 보험 포트폴리오의 CAGR 중간값 10.0%는 기각역 경곗값 9.4%보다 아래에 있지 않으므로 보험 모델의 보상이 비용 효과적인 리스크 완화라는 귀무가설은 신뢰도 95%로 기각할 수 없다(무언가가 효과가 있다는 증명은 할 수 없고, 효과가 없다는 것만 증명할 수 있다). 자, 보험은 기준을 충족한다. 그리고 리스크 완화 포트폴리오 중 가장 효과가 있다(그렇지 않다면 이 책은 슬픈 결말을 맞이할 테니 다행인 일이다).

전체적으로 보았을 때 자산의 2%를 고정 연금(또는 다른 가치 보관 성격의 일정한 보상)에 배분해서 포트폴리오의 기하평균 수익률을 보험처럼 0.5% 끌어올리려면, 해당 연금은 연간 30% 이상의 수익률을 내야 한다. 확실히 어려운 주문이다. 이를 보험 보상과 비교해보면, 보험은 연간 평균 수익률 0%로 그 0.5%를 이뤄냈다.

전체가 부분의 합보다 훨씬 더 큰 분명한 사례가 바로 여기에 있다. 산술평균 수익률이 더 낮아진 상황에서 기하평균 수익률을 끌어올리는 또 다른 사례다(그렇다. 내가 보험 모델이 폭발적인 폭락 가성비를 보이며 '미친 효과'를 낼 것이라고 장담하지 않았나).

우리는 기하평균 수익률(즉, CAGR 중간값)을 중요한 기준으로 삼고 있다. 기하평균 경로는 중간값, 즉 50 백분위수의 경로이며, 이를 최대화하면 정확도가 올라가 중심을 쏠 수 있다. 하지만 켈리 기준에서 살펴보았듯, 50 백분위수를 선택한 것은 다소 자의적이고 다른 백분위수를 배제하는 것으로 비칠 수도 있다.

다음은 3가지 세이프 헤이븐 리스크 완화 포트폴리오 모델의 50 백분위수와 5 백분위수의 결괏값(최종 자산과 CAGR)을 보여주는 익숙한 그래프다. 세이프 헤이븐에 대한 배분 규모는 포트폴리오마다 다르게 조정했다.

세이프 헤이븐 모델의 최적 배분 규모를 찾아서

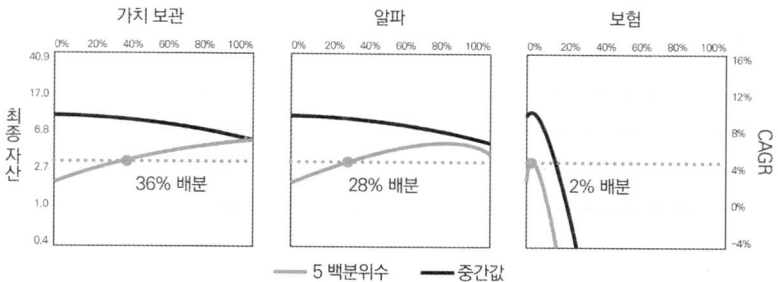

보험을 적용한 주사위 게임에서와 비슷한 규모로 보상을 배분하면 자산 결괏값의 중간값과 5 백분위수가(그리고 다른 백분위수의 전체 범위까지도) 모두 극대화된다. 켈리 기준과 마찬가지로 다른 세이프 헤이븐은 일관성이 없어서 최대화하려는 점 추정치를 임의로 골라야 했다(새뮤얼슨이 이에 대해 간단한 단어로 글을 쓰면 좋을 듯하다).

보험 배분의 경우, 너무 뜨겁지도 너무 차갑지도 않은 골디락스 가중치가 적용된다는 점도 알 수 있다. 보험에는 소금이 딱 한 꼬집만 있으면 되는데, 바로 그 한 꼬집이 가장 중요한 재료가 된다.

리스크 완화 포트폴리오를 제대로 된 틀에 넣고 비용 효과성을 동등하게 비교하려면, 각 포트폴리오에 존재하는 리스크의 정도를 표준화해야 한다. 가장 좋은 방법은 5 백분위수 경로처럼 좋지 않은 경로(최악의 시나리오)의 결과를 균등하게 하는 것이다. 이전 차트에서는 점선이 바로 그런 역할을 한다. 가치 보관, 알파, 보험 세이프 헤이븐의 배분 가중치인 36%, 28%, 2%는 각 리스크 완화 포트폴리오의 5 백분위수 CAGR인 4.8%에 대응한다. **3가지 포트폴리오 전부에서 4.8%를 일관성 있고 적정한 5 백분위수 CAGR의 기준으로 삼은 이유는 그렇게 하면 각 포트폴리오의 5 백분위수가 전부 최대화되기 때문이다. 그래서 이 분석을 진행하는 내내 세이프 헤이븐 모델별로 배분 규모를 이렇게 정한 것이다.**

이는 3장에서 다룬 '잘게 쪼갠' 켈리 베팅과 아주 유사하다. 켈리가 최대화하는 50 백분위수보다 낮은 백분위수의 결괏값을 실질적으로 최대화하는데, 이 둘을 모두 최대화할 수 있는 경우는 많지 않다(가치 보관이나 알파 포트폴리오의 결괏값은 배분 규모가 커질수록 줄어들기 때문에 우리가 5 백분위수로 잡은 4.8%에 민감하지는 않다).

보험 포트폴리오는 다른 세이프 헤이븐 대비 SPX에 훨씬 더 많은 자산을 배분하지만(보험은 98%, 가치 보관과 알파는 각각 64%, 72%), 좋지 않은 경로(즉 5 백분위수 경로)에 대한 세 포트폴리오의 익스포저는 모두 동일하다. **여기에서 알 수 있듯, 비용 효과적인 리스**

크 완화는 리스크나 체계적 익스포저를 대폭 줄이는 데 그치지 않고, SPX에 더 많은 자산을 배분하는 등 익스포저를 늘리는 역할도 동시에 수행한다.

또 하나 눈여겨보아야 할 점은 SPX의 5 백분위수 CAGR이 3가지 세이프 헤이븐 포트폴리오 모두에서 상당히 늘었다는 것이다. SPX는 5 백분위수 CAGR이 2.7%였으나, 리스크 완화 포트폴리오에서는 5 백분위수 CAGR이 4.8%다. **각 리스크 완화 포트폴리오에서 나올 수 있는 결괏값 범위의 '정밀성'이 동일한 정도로 개선되도록, 그래서 대등한 비교를 할 수 있도록 각 세이프 헤이븐의 배분 규모를 설정했다. 그러면 50 백분위수 CAGR의 차이, 즉 '정확도'를 비교해서 어떤 포트폴리오가 윌리엄 텔의 화살인지 파악할 수 있다.**

따라서 여러 리스크 완화 포트폴리오의 CAGR 차이는 묵시적 비용이라기보다는 명시적 비용으로 나타나는데, 동일한 리스크에 대한 각 포트폴리오 전체의 복합성장률을 서로 비교하고 있기 때문이다. **이런 대등한 비교를 하지 않으면 SPX에 배분했을 때와 비교해서 가치 보관과 알파 세이프 헤이븐에 더 많은 자산을 배분하는 데서 발생하는 묵시적 비용을 보험 보상의 뚜렷한 명시적 비용과 비교해서 살펴보기가 대체로 대단히 어렵다. 두 비용의 경제적 의미는 동일하다.**

여기에서는 점수표가 하나뿐이다. 바로 특정 경로, 즉 실제로 실현된 경로에서 자본을 복리로 늘리는 속도다. 그래서 우리는 50 백분위수든 5 백분위수든 현재의 경로를 제대로 이해해야 한다(니체의 실존적 원칙). '예상' 경로를 제대로 파악하는지가 중요한 게 아니다. 우리가 추구하는 것은 전략적 우월함이다. 모든 백분위수 경로를 개선하여 각 경로가 견조하도록 구축해서 우리에게 주어진 단 하나의 경로를 좋은 길로 만들려 한다. 잊어버리지 않도록 다시 한 번 이야기하지만, 우리의 N은 항상 1이다.

비용과 효과의 관계

비용 효과 분석은 여러 치료나 개입 방책의 상대적인 비용과 결과, 즉 효과를 평가하는 방법이다. 의사결정 과정에서 상이한 선택지의 비용과 효과 사이의 트레이드오프를 가늠하는 것이다(보건 의료 분야에서 가장 많이 사용된다). 효과의 규모가 비용의 규모를 정당화하는가? 비용 효과 분석에서의 트레이드오프는 '비용 효과 평면cost-effectiveness plane'이라고 하는 단순한 2차원 그림에서 시각적으로 가장 잘 드러나는데, 각각의 축에 비용과 효과를 표시해서 쉽게 시각화·비교할 수 있다. 의료 표준standard of care*과 같은 기준 사례는 그래프의 원점(0,0)이며, y=x 선은 비용과 효과가 같은 비율로 증가하는 경우를 나타낸다. 따라서 여러 상황을 비용과 효과의 비율로 나타낼 수 있다. 그러나 우리는 비용이 x축이 되도록 조정하기로 한다. **어떤 리스크 완화 포트폴리오도 비용 효과 평면에서 점으로 표시할 수 있으며, y=x가 나타내는 SPX 기준선과 해당 점의 편차가 포트폴리오의 CAGR 중간**

• 의료 전문가들이 특정 유형의 질환에 대해 적절한 치료라고 인정하여 널리 사용되는 치료법.

값 초과 실적을 나타낸다.

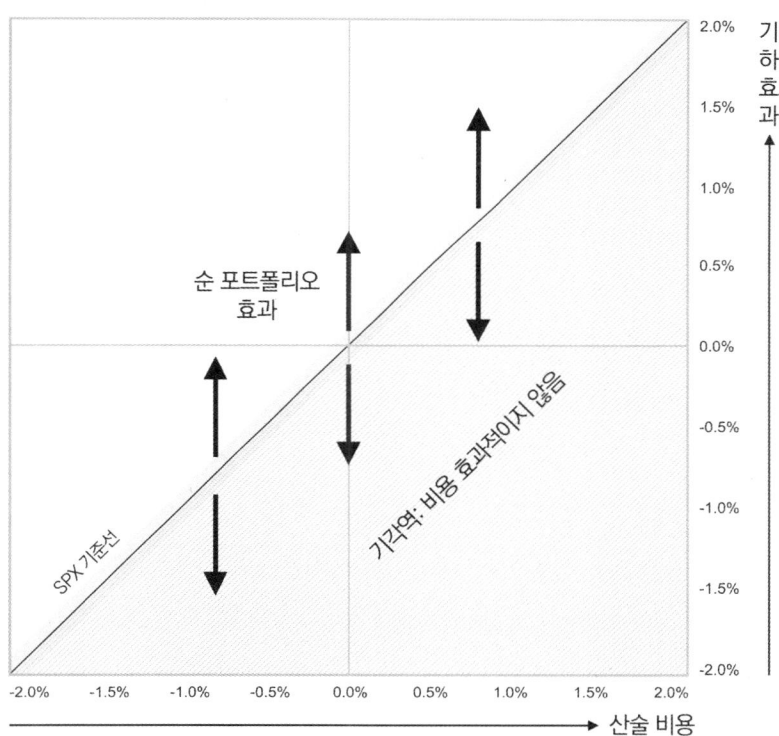

이 분석에서 x축을 따라 표시된 '산술 비용'은 각 세이프 헤이븐 모델의 보상을 SPX에 더할 때마다 발생하는 산술평균 수익률의 변화를 의미한다. 이는 ×○ 프로필 그래프 아래쪽의 '비용' 칸에 적힌 수치에 해당한다(×○ 프로필 그래프에서는 음수였던 수치가 여기에서는 부호를 바꿔서 양수로 제시되어 있다.). ×○ 프로필 그래프 아래쪽의

'순' 칸에 적힌 수치, 즉, 각 세이프 헤이븐 모델의 보상을 SPX에 더할 때마다 발생하는 CAGR 중간값 초과 실적의 규모는 대각 방향으로 진행하는 SPX 기준선의 위쪽에 위치하며, 이를 '순 포트폴리오 효과'라 하겠다. 마지막으로 y축을 따라 표시된 '기하 효과'는 x축의 산술 비용과 순 포트폴리오 효과를 합친 값이다.

따라서 산술 비용과 기하 효과가 일치할 경우, 리스크 완화 포트폴리오의 CAGR 중간값은 리스크 완화가 적용되지 않은 SPX 포트폴리오의 CAGR 중간값과 동일하며, 해당 포트폴리오는 비용과 효과의 규모에 따라 다르겠으나 그래프에서 대각선상에 위치한다. 그러므로 어떤 리스크 완화 포트폴리오가 대각선보다 위쪽에 위치할수록 비용 대비 효과가 크고, 아래쪽에 위치할수록 비용 대비 효과가 떨어진다.

대각 방향으로 진행하는 SPX 기준선은 SPX CAGR 중간값의 95% 신뢰 구간을 포함하고 있다. 대각선의 아래쪽, 좀 더 구체적으로 기각역 경곗값의 아래쪽, 또는 신뢰 밴드confidence band*의 아래쪽은 귀무가설 테스트의 기각역에 해당한다. 리스크 완화 포트폴리오가 기각 경계선 아래쪽에 위치하면, SPX에 세이프 헤이븐 보상을 더하더라도 포트폴리오의 기하평균 수익률, 즉 CAGR 중간값이 시간이 지나도 올라가지 않았으므로 기준을 충족시키지 못하기 때문이다.

- '신뢰 구간confidence interval'과 유사한 개념이다. '신뢰 구간'은 표본의 점 추정치에 오차를 더하거나 뺀 값을 기준으로 모집단 매개 변수가 취할 수 있는 값을 합리적으로 추정한 범위다. 단일 값 추정치의 범위를 계산할 때 쓴다. '신뢰 밴드'는 데이터 범위 내의 적합선 그림 상에 존재하는 모든 점의 신뢰 상한 및 신뢰 하한을 나타낸다.

대부분의 투자자는 효과가 있으리라 생각해서 리스크 완화 전략을 채택하지만, 효과를 내기 위해 치른 비용을 제대로 고려하지 않는다. 그래서 '순' 포트폴리오 효과를 제대로 파악하지 못한다. 그림을 보면, 비용뿐만 아니라 세이프 헤이븐이 발휘하는 비용 대비 효과의 정도, 즉 CAGR 초과 실적이(없을 가능성이 더 크지만) 어디에서 발생하는지도 시각적으로 파악할 수 있다. 산술 비용이 낮아서인지, 기하 효과가 커서인지, 아니면 두 가지 요인이 조금씩 합쳐진 결과인지, 세이프 헤이븐이 효과적이기는 한지 알 수 있는 것이다. x축 상에, 또는 x축 아래에 존재하는 데이터 포인트는 대각선을 기준으로 어디에 위치하는지와 관계없이 효과가 마이너스이며, 세이프 헤이븐이 절대 아니라는 뜻이다. 그림을 활용한 분석틀이 없다면 이렇게 명확하게 보이지는 않았을 내용이다.

다음의 그래프는 세이프 헤이븐 모델 포트폴리오 각각의 비용 효과 평면을 클로즈업한 것으로, 산술 비용, 기하 효과, 순 포트폴리오 효과(CAGR 중간값 초과 실적)를 자세히 살펴볼 수 있다.

비용과 효과라는 상충 요인은 세이프 헤이븐 투자의 핵심으로, 수익률과 실제 실적의 분포에 항상 영향을 미친다. 비용 효과 평면은 이전에는 보이지 않던 이 요인들의 작용을 꽤 직관적으로, 그리고 온전히 시각화한다는 장점이 있다.

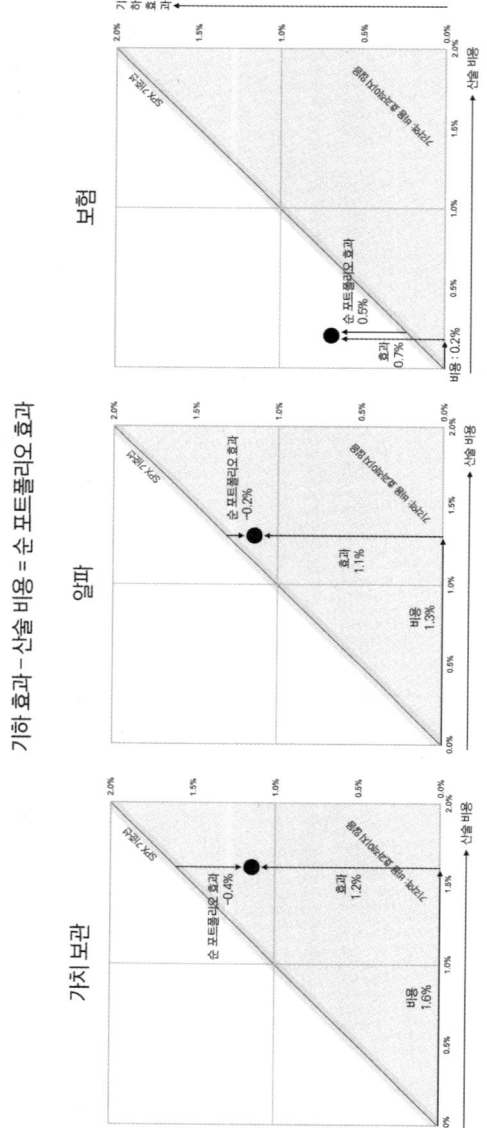

왼쪽에서 오른쪽으로 이 세 그래프를 살펴보면, 리스크 완화 비용과 효과가 조금씩 줄어드는 패턴이 나타난다. 하지만 비용이 효과보다 더 줄어들기 때문에 비용 대비 효과는 오른쪽 그래프로 갈수록 더 커진다는 점이 중요하다.

비용과 효과(즉, 산술 비용과 기하 효과)라는 상충하는 두 힘 사이에는 항상 리스크 완화의 긴장 또는 트레이드오프가 존재한다. 산술 수익률이 떨어지는 대가(비용)로 기하 효과가 커지는(효과) 트레이드오프가 일어나는데, 지금쯤이면 익숙한 내용이리라 생각한다. 공짜 점심은 없다. 하지만 이런 트레이드오프를 유리한 방향으로 끌어온다면, 그래서 비용보다 효과가 커져서 플러스의 순 포트폴리오 효과를 낸다면, 리스크 완화의 순 효과로 인한 복리 효과를 끌어올려 결과적으로 자산의 증가를 이룰 수 있다. 그러면 비용 효과적인 리스크 완화를 한 것이다. 이렇게 하면 세이프 헤이븐을 더해서 총자산(또는 평균)을 줄이는 대신 전체의 기하 효과(또는 백분위수의 범위)를 끌어올릴 수 있다. 우리의 리스크 완화 신조, 그리고 우리가 좇던 감춰진 보물이 바로 이것이다.

그래프에서도 드러나지만, 보험의 이점은 포트폴리오에 초래하는 비용이 낮다는 것이다. 산술평균 수익률이 감소하는 폭이 더 적다는 것인데, 3가지 세이프 헤이븐 보상 중 보험의 산술 수익률이 가장 낮다는 점을 감안해도 그렇다. 이는 다른 모델과 비교하여 배분 규모가 2%로 극히 작기 때문이다. 그러나 폭락 가성비와 10루타 보상이 폭발적으로 큰 덕분에 기하 효과는 높은 수준을 유지한다. 보험 보상은 효과성의 측면에서 매우 '효율적'이다.

3장에서 산술 비용 절감과 강화된 포트폴리오 효과가 함께 작용하는 현상을 비용 효과 분석에서 이야기하는 '경제적으로 우월한' 전략이라고 언급한 바 있다. 따라서 가치 보관과 알파 모델은 '열등' 전략이다. 분명히 알 수 있듯, 보험 전략의 효율성, 즉 산술적 비용이 더 낮다는 점이 보험이 경제적으로 우월한 전략이 되는 이유다.

리스크 완화의 보상이 폭발적이고 효율적일수록, 즉 폭락 가성비가 클수록 일정 수준의 기하 효과를 확보하는 데 필요한 배분 비중이 작아진다. 그럴수록 산술 비용의 영향이 줄어들고, 산술 수익률이 감소하는 정도가 줄어든다. 결국에는 이런 간단한 경제적 교환 원리다.

현대 퀀트 금융의 '기하 브라운 운동geometric Brownian motion˙'이라는 기술적인 틀에서 보면, 비용과 효과라는 두 요소가 상쇄된 결과인 CAGR의 변화량은 $\mu - \frac{\sigma^2}{2}$로 산출하는 기하 수익률로 나타난다. 산술 평균 수익률의 변화인 μ는 산술 비용을, $\frac{\sigma^2}{2}$ 항의 변화량은 기하 효과를 나타낸다. 모두가 아는 내용은 현실에서 그리 중요치 않은 가정으로 취급되기는 하지만, 이는 구체적으로 로그 정규분포를 상정한다. 우리의 비용 항은 동일하게 μ변화량이지만, 효과 항은 $\frac{\sigma^2}{2}$으로 근사치를 낼 뿐이다(우리의 분석틀에서는 분포에 대한 가정을 하지 않는다).

- 임의의 변수가 시간이 흐름에 따라 보이는 움직임을 설명하는 데 사용되는 수학적 모델이다. 변수의 변화율은 현재 값에 비례하며, 해당 변화량은 임의의 변동의 영향을 받는다고 가정한다. 금융 분석에서 많이 쓰인다.

여기에서 수학적인 내용은 중요하지 않다. 하지만 현대 금융학에서는 이 내용을 잘 파악하고 있으며, 기본 모델들을 보면 그 함의가 분명하다. 다만, 그 수학적 수단의 방향성을 통째로 바꾸어 답이 수학적으로 딱 떨어지지 않는 쪽(예를 들면 기하평균이나 중간값)으로 전환하지 못하고 있을 따름이다.

자, 방금 페테르부르크 중개무역을 실질적인 현실 세계의 주식시장 수익률로 재구성해냈음을 눈치챘기를 바란다. 그 원리를 이해했다면 더할 나위 없이 좋은 일이다.

다음 장에서 현실 세계의 세이프 헤이븐 데이터 포인트를 비용 효과 평면 곳곳에 표시해볼 텐데, 그 과정에서 비용 효과 분석이 '절대적' 비용 효과성을 바탕으로 기준에 미달하는 요인을 투박하게 걸러내는 데 그치지 않고, '상대적' 비용 효과성을 기준으로 기존의 리스크 완화 프로그램을 점진적으로 개선하는 데도 아주 유용하다는 점을 알게 될 것이다. 후자가 주된 기능이라고 볼 수도 있겠다. 예를 들면, 알파 세이프 헤이븐의 순 포트폴리오 효과가 −0.2%라고 해도, 동일한 리스크 완화의 정도(포트폴리오의 5 백분위수 CAGR인 4.8%)를 기준으로 했을 때 가치 보관 세이프 헤이븐의 순 포트폴리오 효과인 −0.4%보다 0.2% 더 높다(통계적 유의성 95% 이상). 이렇게 되면 기각역에 대한 새로운 기준 사례(또는 새로운 의료 표준)를 만들어낼 수 있게 된다. SPX 기준선이 아니라, 다음의 비용 효과 평면에서처럼 알파 리스크 완화 포트폴리오 기준선을 바탕으로 CAGR 초과 실적을 비교할 수 있다.

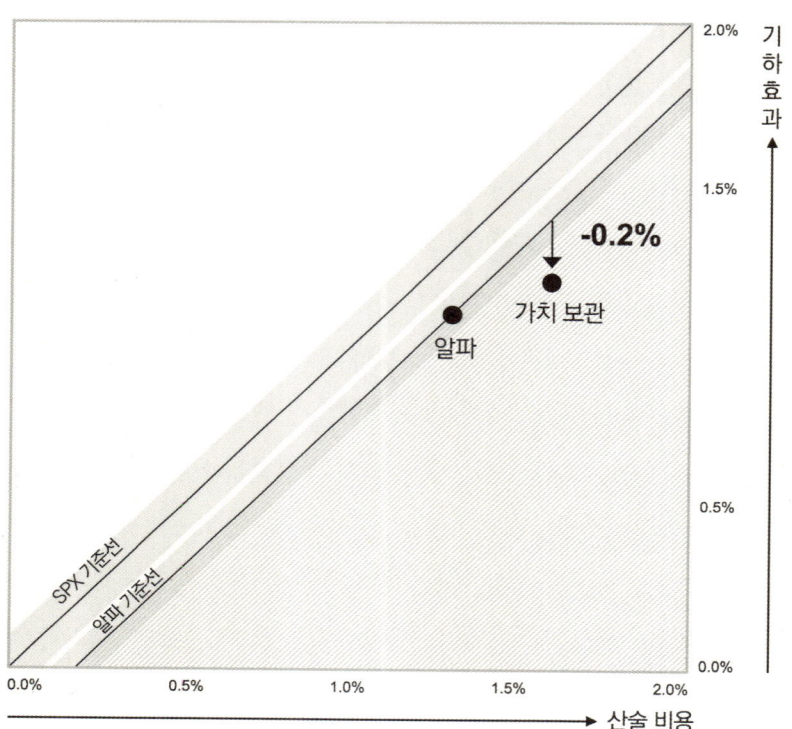

상대적 비용 효과 분석: 기준선 옮기기

가치 보관 리스크 완화 포트폴리오가 새로운 기각역에 위치하므로, 여기에서 희망하는 리스크 완화의 정도를 달성하려면 가치 보관에서 알파 세이프 헤이븐으로 옮겨가는 것이 경제적으로 유리하다는 결론이 나온다. **따라서 리스크 완화의 비용 효과성을 다룰 때는 절대적 지표와 상대적 지표 모두의 측면을 고려해야 한다.** 현실 세계에서 진정으로 절대적인 차원에서 비용 효과적인 세이프 헤이븐이 희소하다는 결론이 난다면, 이 점을 특히 유념해야 한다. 최선책이 있다고 해서 괜찮은 선택지를 버릴 필요는 없다.

리셔플링

세이프 헤이븐 보상의 모양이 순 포트폴리오 효과에 미치는 영향이 기대 산술 수익률과 최소한 동일하다는 점을 보여주는 마지막 예시를 제시하고자 한다(전자가 훨씬 큰 경우가 대부분이기는 하다).

d120 주사위를 던져서 도출하는 25개년 경로 각각에 새로운 부트스트랩을 만든다고 해보자. 25개년 SPX 수익률과 그에 해당하는 25개의 세이프 헤이븐 수익률 값을 취한 후, 이 수익률의 발생 순서를 임의로 다시 섞는다. 물론 이전과 동일하게 원래의 d120 주사위를 던져서 25개의 SPX 수익률과 25개의 세이프 헤이븐 수익률 값을 도출하게 되지만, 이번에는 세이프 헤이븐 보상에 맞추지 않고 임의의 연도에 매칭한다는 점이 다르다. 즉, 각 세이프 헤이븐 수익률의 보상과 빈도는 동일하지만, 각 수익률을 겪게 되는 특정 연도가 이제는 SPX의 수익률에 좌우되지 않는다.

이런 부트스트랩에서는 리스크 완화 전략으로서 각 세이프 헤이븐의 비용 효과성이 어떻게 달라질까? 어떻게 되리라고 생각하는가?

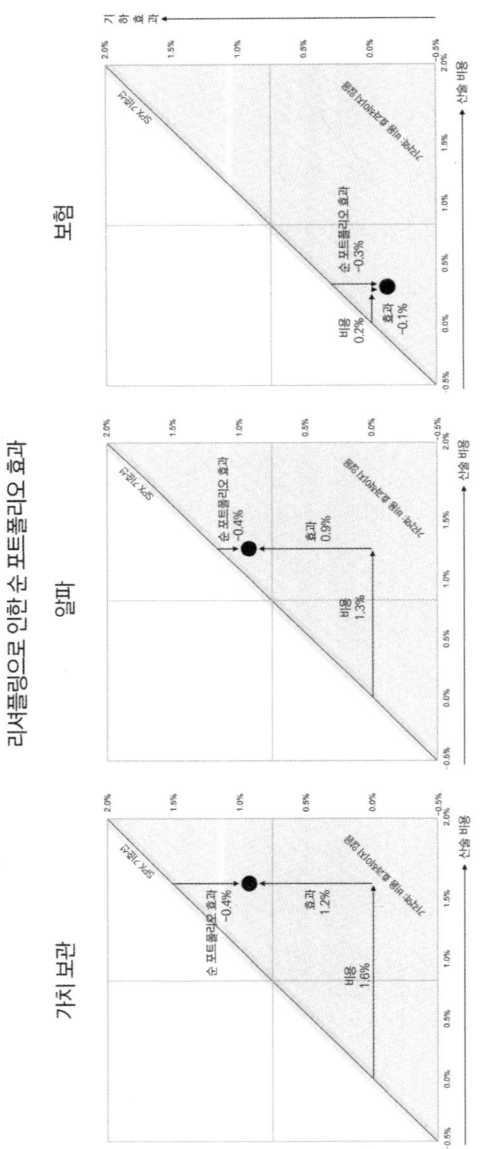

가치 보관 리스크 완화 포트폴리오의 경우, 수익률은 연도별로 순서를 다시 섞든 아니든 항상 똑같기 때문에 순 포트폴리오 효과는 당연히 동일하다. 나머지 둘의 경우에는 순 포트폴리오 효과가 떨어진다. 알파 리스크 완화 포트폴리오는 0.2% 떨어져 −0.4%로, 보험 리스크 완화 포트폴리오는 0.8% 떨어져 −0.3%가 된다. 이제 이 세 지점은 모두 기각역에 위치하게 되며, 전부 다 비용 효과적이지 않다. 완전한 스트라이크 아웃이다. 여기에서 전체의 기댓값은 각 기댓값의 합과 같다. 각 수익률이 어떻게 발생하는지는 중요하지 않다. 각 부분의 합(즉, 산술평균)은 이전과 똑같으니 말이다. 그림에 제시된 세 지점의 비용 좌표에서 볼 수 있듯, 각 세이프 헤이븐의 산술 비용은 원래와 똑같다. 그러나 기하 효과의 경우, 보험 리스크 완화 포트폴리오에서 가장 많이 줄었고, 알파에서도 역시 줄어들었다. 세이프 헤이븐의 보상 프로필이 SPX에서 분리되었기 때문이다.

세이프 헤이븐 기제에서 상호작용하는 톱니(포트폴리오가 큰 손실을 내지 않도록 조율한 보상 프로필)를 모두 따로 떼어놓자, 보험 모델에서의 전체(CAGR 중간값)가 더 이상 커지지 않았다. 임의로 순서를 다시 섞으면, 즉 리셔플링reshuffling하면, 대응하는 수익률 간 상호 연관성이 없어지므로 남는 것이라고는 별 볼 일 없는 분산투자밖에 없어지는데, 비용 효과적인 리스크 완화의 기능을 수행하기에는 확실히 역부족이다.

혹시 위로가 될까 싶어 밝혀 두자면, 전문 투자자나 자산 배분가 중에서도 이를 제대로 예측한 사람은 거의 없었으리라는 점을 확인했다. 각 부분이 상호작용하면서 만들어내는 가치는 전체 안에서만 나타난다. 이는 세이프 헤이븐 보상의 '모양'이 정말 중요하다는 뜻이다.

내가 악마의 주사위 게임을 다루면서 켈리 기준과 보험 리스크 완화 전략(특히 리스크를 낮추어 엄청난 부를 더한다는 점)을 띄우다시피 하면서 언급했듯이, 현실 세계에서의 리스크 완화 트레이드오프는 더 위태위태한 상태에서 균형을 잡는 행위이기 때문에 그리 쉬운 일이 아니다. 비용 효과적인 리스크 완화는 미묘하고 평가하기가 꽤 어렵기까지 한 일이라서 실제 실행은 당연히 더 어렵다. 현대 금융학과 대부분의 현업 투자자들이 리스크 완화를 하지 않고, 리스크로 인한 커다란 딜레마를 감수하면서 사는 데 만족하는 이유가 바로 이 때문이다(자금 부족을 겪는 연금 관계자들과 만나는 자리에서 수도 없이 들은 이야기이기는 하지만, 혼자 리스크를 떠안기보다는 다른 이들과 같이 죽는 편이 더 나은 법이다).

불가지론

지금까지의 실험에서 우리는 25개년 경로를 1만 회 부트스트랩해서 자산 또는 CAGR의 중간값(즉, 기하평균)을 비교했고, 그 결과를 점수표에 표시했다. 또한, 각 세이프 헤이븐 모델의 배분 규모를 정해서 각 리스크 완화 포트폴리오의 5 백분위수 경로가 동일하도록, 그래서 대등한 비교가 이루어질 수 있도록 했다. 앞서 살펴보았듯, 각 리스크 완화 포트폴리오의 5 백분위수 경로는 SPX 단독 5 백분위수 경로보다 훨씬 높아서 CAGR은 78%, 25개년 최종 자산은 66%의 차이가 난다. 이 5 백분위수 경로를 고정한 후 세 리스크 완화 포트폴리오의 중간값 경로가 어떻게 달라지는지 알아보았다.

여느 도박꾼이라도 폭락 상황에서 괜찮은 실적을 내면서 5 백분위수를 끌어올릴 방법은 생각해낼 수 있다. 그렇게 하면서도 중간값을 끌어올리는 것이 관건이다(백분위수 경로 전부를 끌어올릴 수 있다면 더 좋다). 이런 게 바로 비용 효과적인 리스크 완화다.

우리가 꼼꼼하게 실험을 진행하기는 했지만, 한 걸음 물러서서 혹시 방법론에 맹점은 없었는지 살펴봐서 나쁠 건 없다. 실험에서는 1만 개의 경로에서 표본을 추출했지만, 인생에는 그렇게 경로가 많지 않다. 현실에서 길은 하나뿐이다. 5 백분위수 경로를 끌어올리면 정밀성이 올라가고, 그러면 우리가 걷게 되는 하나의 길을 후회할 가능성이 줄어든다. 그 5 백분위수 경로를 가게 될 수도 있으니 말이다. 한편, 50 백분위수 경로를 최대화하면 정확도가 올라간다. 제대로 된 길을 갈 확률이 커지고, 상트페테르부르크 역설의 평균 경로처럼 어차피 볼 일이 전혀 없는 경로를 최대화하려는 노력을 하지 않게 된다. 운에 맞서 훌륭히 싸우는 것이지만, 할 수 있는 일이 더 있을지도 모른다.

미래의 SPX 수익률 분포가 실제로 어떤 모습일지, 부트스트랩 분석에 들어가는 d120 주사위의 결과가 어떤지는 그렇게 신경을 쓸 필요가 없다. 그런 문제에 신경을 쓴다면, 비용 효과적인 세이프 헤이븐 투자를 하는 데 마법의 수정 구슬이 필요하다는 내적 모순의 문제로 돌아가게 된다. 세이프 헤이븐 투자는 '불가지론적 투자'라야 한다. 시장이 오를지 내릴지의 문제를 두고 주사위를 던져서는 안 된다. 시장은 결국 제 갈 길을 갈 것이고, 시장이 어떠하리라는 예측을 해야 하는 상황 자체를 만들지 말아야 한다.

'폭락'이 없다고 해보자. 그러니까 특정 연도에 SPX 수익률이 15% 이상 하락해서 최저 구간으로 떨어지는 일이 없다고 해보자. 경로가 이렇게 제한되면 어떤 세이프 헤이븐이 가장 적합한 전략일까? 얼핏 폭락 상황을 상정하지 않았으니 이렇다 할 가치가 있는 세이프 헤이븐이 딱히 없으리라고 예상할 수도 있겠다. 하지만 우리가 사용한 부트스트랩에서 d120 주사위 결괏값을 매치할 때 SPX 수익률을 −15% 미만으로 제한하는 간단한 방법을 쓰면 체계적으로 이 문제의 답을 구할 수 있다. 그 결과는 다음과 같다.

SPX가 15% 이상 떨어지지 않는 이 시나리오에서는 매년 100% 손실이 확정적인 보험이 나머지 두 전략에 비해 대단히 불리하리라 예측할 수도 있겠다. 어쨌든 가치 보관과 알파 세이프 헤이븐은 항상 플러스 수익률이 발생하고, 이는 저비용으로 리스크를 완화한다는 뜻이지 않은가? 좀 더 살펴보면 SPX 수익률이 −15% 이상 떨어지지 않는다고 해도 보험과 알파 세이프 헤이븐 모델 포트폴리오의 CAGR 중간값은 동일하다. 즉, '상대적' 비용 효과성이 똑같은 것이다. 반면, 가치 보관 모델 포트폴리오의 CAGR 중간값은 0.1% 더 낮다.

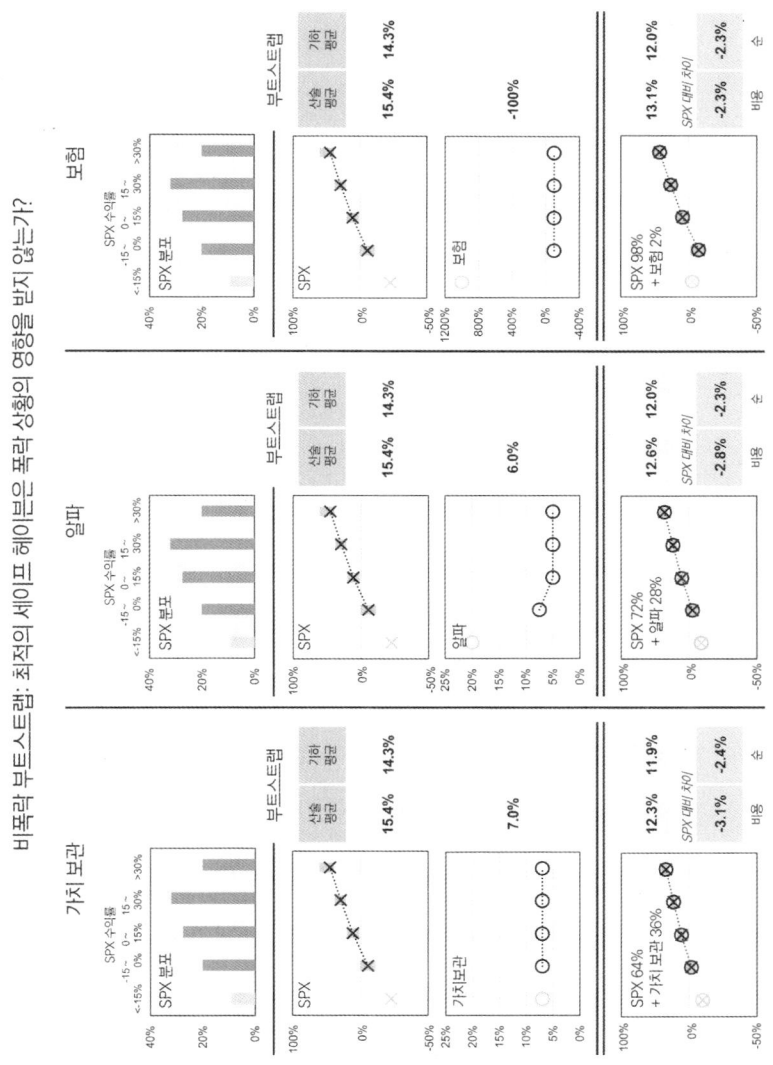

의외라는 생각이 들 수도 있겠지만, 보험 리스크 완화 포트폴리오의 산술 비용 -2.3%는 알파 포트폴리오의 -2.8%나 가치 보관 포트폴리오의 -3.1%보다 확실히 낮다. 이는 보험 세이프 헤이븐에 배분한 자산 규모 2%가 알파의 28%, 가치 보관의 36%보다 훨씬 적기 때문이다. 이 시나리오에서 보험 포트폴리오는 비용을 치르고 거두는 플러스 효과가 0이다(SPX 수익률이 -15% 이하일 때 발생하는 플러스 보상이 전혀 없기 때문이다). 이는 순 포트폴리오 효과와 산술 비용이 동일하다는 부분에서 확인할 수 있다. 반면, 알파 포트폴리오는 순 포트폴리오 효과가 +0.5%, 가치 보관 포트폴리오는 +0.7%다. 보험과 알파 리스크 완화 포트폴리오의 비용과 효과를 상쇄하여 산출하는 CAGR 중간값(즉, 기하평균 수익률)은 12.0%이며, 이는 SPX 대비 2.3%의 실적 미달이다. 같은 방식으로 산출하는 가치 보관 리스크 완화 포트폴리오의 CAGR 중간값은 11.9%다.

폭락 상황이 없는 저低리스크 시나리오를 예측할 수 없다는 점은 이미 알고 있다. 이렇게 '전술적'인 차원에서 리스크 완화에 접근하려고 하면 안 된다. 이런 생각을 하면 결국 마법의 수정 구슬을 끄집어내야 한다. 하지만 이 시나리오로 부트스트랩한 결과에서 뜻밖의 교훈을 얻을 수 있다. **바로 실질적인 폭락이든 아니든 폭락을 예측하는 능력이 각 포트폴리오의 보상에 대한 의사결정에 어떤 영향도 미쳐서는 안 된다는 것이다.** 전술적으로 폭락을 기다리는 상황에서는 실제로 폭락 상황이 발생했을 때 특정 수준의 폭락 대비 보호 효과에 대한 알파와 보험 리스크 완화 포트폴리오의 CAGR 중간값이 동일하다. '원하는 상황'을 기다리면서 이 2가지 세이프 헤이븐 전략을 사용할 때 드는 비용은 같다. 따라서 폭락을 예측하는 능력이 없는(아니면 그보다 나쁜 능력을 가진) 우리가 할 수 있는 최적의 선택은 '전략적'인 차원에서 가장 비용 효과적인 선택지를 기본으로 삼는 것이다.

이 의외의 결과를 받아들이면 '전술적'인 차원에서 리스크 완화의 의사결정을 내리는 과정이 훨씬 쉬워진다. 추론 과정에서 '순환 논리'가 긍정적으로 작용하기 때문이다. 폭락을 기다리며 비용을 절감할 목적으로 종류가 다른 세이프 헤이븐(가치 보관, 알파, 보험 보상 등)을 전술적으로 바꿔가며 사용한다고 했을 때, 폭락 상황이 없는 경우 가장 비용이 적게 드는 선택지는 폭락 상황에서 가장 비용 효과적인 선택지(보험)와 동일하다. 그러니 전술적인 판단을 할 필요가 없다.

이에 더해 우리가 겪게 될 그 하나의 경로가 여러 형태를 띨 수 있다는 점에 유념해야 한다. 폭락 상황이 발생하지 않으면 리스크 완화 조치를 전혀 취하지 않았을 때(이 경우에는 SPX 단독 포트폴리오)의 결과가 당연히 더 좋다. 하지만 중요한 점은 이게 아니다. **폭락이 없는 경로에서는 특정 세이프 헤이븐의 보상이 다른 세이프 헤이븐 보상보다 유리하지는 않다는 것이 중요하다**(최소한 알파와 보험 보상의 경우는 그렇다). 어떤 세이프 헤이븐을 고르느냐 하는 문제는 우리가 택하는 경로와는 관계없이 놀라울 정도로 불가지론적이다.

그러나 아무런 리스크 완화 조치를 취하지 않으면(즉, SPX만 포트폴리오에 포함하면) 전략 간 대등한 비교가 불가능해진다(중앙은행이 개입한다고 해도 폭락 상황이 발생하지 않으리라는 보장은 없다). 리스크 속성이 아주 다른 포트폴리오를 비교하면 '거짓 등가성'이라는 논리적 오류를 저지르게 된다. 5 백분위수 CAGR이 2.7%인 SPX 단독 포트폴리오를 정말로 보유하고 싶다면(그래서 리스크 완화 조치를 취하지 않은 전략이 무난한 실적을 냈을 때 자축하려면), 3가지 리스크 완화 전략의 5 백분위수 CAGR을 4.8%에서 2.7%로 조정한 후 비교해야 한다.

단순히 리스크 완화 조치만 빼지 않고 이런 식으로 조정하려면, 각 리스크 완화 포트폴리오의 5 백분위수 CAGR이 4.8%에서 2.7%로 떨어질 때까지 포트폴리오 레버리지를 활용해서 SPX 익스포저를 늘리기만 하면 된다. 그러면 가치 보관에 자산의 36%를 배분했을 때 SPX에 배분하는 자산 규모가 179%가 된다. 알파에 28%를 배분하면 SPX에는 187%, 보험에 2%를 배분하면 SPX에는 225%를 배분해야 하는 상황이 발생한다. 이렇게 새로 레버리지한 자산을 SPX에 배분한 뒤, SPX 수익률이 -15% 이하로 떨어지는 상황을 배제한 이전의 부트스트랩을 다시 실시하면, 가치 보관, 알파, 보험 리스크 완화 포트폴리오의 CAGR 중간값이 각각 26.9%, 26.9%, 27.6%가 나온다(비슷한 상황에서 SPX 단독 포트폴리오의 CAGR 중간값은 14.3%였다).

누구나 이렇게 해야 한다고 이야기하려는 것은 당연히 아니다. 알다시피 내가 전달하려는 유일한 메시지는 **폭락 상황이 없다고 가정하는**

것과 같은 매우 제한적인 조건이 달린 상황에서의 리스크 완화 포트폴리오 실적을 리스크 완화 조치를 전혀 취하지 않은 포트폴리오와 비교해서는 안 된다는 것이다.

아이러니하게도 포트폴리오 간의 비교를 대등하고 정직하게 해보면 최적의 리스크 완화 솔루션은 폭락이 언제 발생하든, 그리고 폭락이 다시 발생하더라도 영향을 받지 않고 견조한 실적을 낸다(팻 테일fat tail*은 고려할 필요가 없다). 운에 맞서 이기려면 이렇게 해야 한다.

공격적 방어

예측에 필요한 조건과 세이프 헤이븐이 얼마나 관계가 없는지, 즉 전술이 아니라 얼마나 전략적인지의 문제를 다룰 때 던져야 하는 질문이 하나 더 있다. ×○ 프로필 그래프를 보면 SPX 수익률이 최악의 구간에 있을 때 각 세이프 헤이븐이 어느 정도의 보호 효과를 내는지 알 수 있다. **이는 분명히 리스크 완화의 방어적인 요소다. 하지만 리스크 완화가 수행할 수 있는 공격적인 역할도 있을까?**

부트스트랩을 진행하면서 SPX의 실제 역사적 연간 수익률의 순서를 무작위로 정했던 부분을 기억하리라 생각한다. 이는 폭락 이후 더 저렴한 수준에서 매수하여 리스크 완화 포트폴리오를 리밸런싱하는, 즉 SPX와 세이프 헤이븐에 배분되는 자산을 재조정하여 SPX 매수분

---

* 극단값이 예상보다 높은 확률로 나타나는 현상으로, 정규분포의 꼬리 부분이 두껍게 나와 결괏값이 평균에서 멀어질 확률이 올라간다는 의미의 용어.

을 늘리는 잠재적 우위를 완전히 없애는 일이다. 그렇다면 이런 질문을 해볼 수 있겠다. SPX가 큰 손실을 보고 나면 추후 수익률이 더 높아지는가? 언제나 증시가 폭락하는 동안(폭락 이후라면 더 좋다) 주식을 매수하라는 워런 버핏의 조언을 테스트해보자.

이건 간단하게 할 수 있는 가설 테스트다. 귀무가설은 SPX가 15% 이상 하락한 이후 1년, 5년, 10년간의 SPX 추후 수익률이 각기 같은 기간의 무조건부 평균 수익률과 같다는 것이다. 앞에서 d120 주사위에 대응시킨 120년간의 SPX 연간 수익률 데이터를 그대로 활용하기로 한다(물론 지금은 수익률의 발생 순서를 유지한다).

안타까운 일이지만, 이 귀무가설은 95%의 신뢰도로 기각할 수 없다(놀랍겠지만 60%의 신뢰도로도 기각할 수 없다). 각 기간의 추후 수익률은 노이즈가 내재하는 무작위성을 감안해도 딱히 더 높지 않다(월별로 중첩되는 연간 데이터뿐만 아니라 역년 연간 수익률에서도 같은 결과가 나왔다).

지난 10여 년간 증시는 V자 회복 양상을 보였지만, 무작위 시점에 주식을 매입하는 경우와 비교했을 때 급격한 주가 하락 이후 주식을 매수하는 데 통계적으로 유의미한 이점은 없는 듯하다. 즉, 이 기간에 SPX 수익률은 눈에 띄는 평균 회귀 양상을 보이지 않았다. 폭락장에서 주식을 매수해야 한다는 생각은 투자 분야에서의 상식이 되었기 때문에 이런 결론은 매우 의외일 것이다. 워런 버핏은 "다른 이들이 욕심을 낼 때 두려워하고, 다른 이들이 두려워할 때 욕심을 내라"

고 했다. 버핏 이전에 존 D. 록펠러John D. Rockefeller가 "돈을 벌려면 거리에 피가 낭자할 때 매수해야 한다"라는 말을 했다고 한다.

단순한 논리대로라면 앞의 귀무가설을 기각할 수 있었어야 한다. 주식 밸류에이션이 낮으면 추후 수익률이 높아진다는 점을 알고 있으니 말이다. 그리고 증시에서 대량 매각이 발생하면 주식 밸류에이션은 낮아지기 마련이다. 하지만 증시에서의 대량 매각은 반사적으로 펀더멘털 밸류도 낮추기 때문에 실패하는 경우도 많다. 투자에서 인과관계가 분명한 경우는 드물다. 경제학자들이 무리하게 개진하기는 했지만, '효율적 시장efficient markets' 논리에 일리가 있는 부분이 있다. 주식이 저평가되는 것(예를 들어 폭락 이후)이 상식일 수는 없다. 저평가가 상식이라면 주가라는 것이 존재할 수 없을 테니 말이다. 대폭락이 발생하고 나면 장차 주식이 어떤 실적을 낼지 새로운 정보가 없어진다는 '월스트리트 랜덤 워크random walk down Wall Street' 가설을 경제학자들이 흔히 내세우는 이유가 바로 이 때문이다. 지난 일은 지난 일이다.

안타깝게도 우리는 폭락 이후 SPX를 매수했을 때 추후 수익률에 이렇다 할 변화가 없다는 귀무가설에 매여 있다. 이 가설은 폭락 이후 특정 구간에서 높은 확률로 발생할 수도 있는 특수한 밸류에 대한 것이 아니라, 체계적 익스포저 전반을 다루고 있다는 점을 짚고 넘어갈 필요가 있을 것 같다. 그래도 여전히 중요한 내용이다.

워런 버핏 같은 사람들이 이야기하는 '밸류' 효과가 실제로 존재하는지와 관계없이(물론 우리가 진행한 부트스트랩에서는 이런 효과를 보수적으로, 그리고 완전히 제거했지만), 리스크 완화에는 아주 공격적인 요소가 여전히 존재한다는 점을 기억해야 한다. 세이프 헤이븐의 목적은 안전을 확보했다고 기뻐하거나 잠을 잘 자는 데 그치지 않는다. 지금까지 반복해서 살펴봤듯이, 베팅의 결과로 막대한 손실을 보고 나락으로 떨어지지 않아야 안전한 것이다. 막대한 손실이 나면 복리 효과를 이어 나갈 다음 기준점이 낮아진다. 베팅 규모와 투자 규모를 반복적으로 리밸런싱하는 것, 그래서 막대한 비용을 치르고 나락으로 떨어지지 않는 것이 바로 리스크 완화의 강한 창발성이자 '좋은 공격력'이다.

클리셰이기는 해도 "공격력이 좋으면 경기에서 이기지만, 수비력이 좋으면 우승을 한다"(나는 이 말을 들먹이며 아이스하키 투웨이 포워드*인 아들의 성질을 쓸데없이 돋우곤 한다). 그레이엄이 "투자 운용의 본질은 수익률 관리가 아니라 리스크 관리"라고 이야기한 이유가 바로 이것이다. 하지만 투자에서는 이 둘의 역학관계가 좀 더 미묘한데, 공격과 수비 사이에는 미세한 시너지가 있기 때문이다. 나폴레옹이 한 명언, "전쟁에서 가장 섬세한 작전은 수세에서 공세로의 전환이다"라는 내용과도 일맥상통한다. '운과의 전쟁'에서는 특히 그렇다.

투자에서는 복리가 곱셈으로 진행되는 동안 베르누이 폭포의 오목한 부분을 피하기만 해도 세이프 헤이븐 투자에 공격적인 요소를 더할 수 있다. **바로 이런 식으로 우리의 비용 효과 분석에서 리스크 완화**

• 아이스하키에서 공격과 수비 모두 참여하는 포워드 포지션.

의 기하 효과가 산술 비용을 넘어설 수 있다. 기하 효과가 곧 공격력인 것이다.

투자에서는 좋은 수비가 좋은 공격으로 이어진다.

좁고 깨진 창틀

지금쯤이면 어떤 리스크 완화 전략의 비용 효과성을 맥락 없이 그 자체만으로, 그리고 해당 전략의 특성만을 기준으로 평가할 수는 없다는 점이 아주 분명해졌으리라 생각한다. 투자의 '상대성 이론'에 따르면 투자의 가치는 그로 인한 순 포트폴리오 효과를 통해서만 알 수 있기 때문에 해당 포트폴리오(또는 다른 포트폴리오)에서 고유하게, 그리고 상대적으로 나타난다. 언제나 그런 것은 아니지만, 많은 경우에 전체는 부분의 합보다 훨씬 크다.

이는 관찰하는 입장에 있는 사람 대부분에게 큰 문제를 제기한다. 투자에서 특히 더 그런데, 부분의 합(산술평균)을 계산하는 일은 아주 직관적이지만, 전체(복리 작용)를 계산하는 일은 직관적이지 않기 때문이다. 따라서 포트폴리오를 구성하는 요소를 개별 항목으로 인식하는 경우가 많다. 소금(딱 한 꼬집)처럼 포트폴리오에 녹아들기보다는 기름처럼 동동 뜨는 것으로 본다.

행동경제학 분야에는 이런 문제 전반을 지칭하는 공식적인 용어도 있다. '편협한 범주화 narrow framing'라고 하는데, 투자를 대할 때 전체가 아니라 부분을 살펴보는 경향이 있는 사람들의 습성이나 맹점을 뜻한다. 포트폴리오 전체가 아니라 개별 항목으로 보는 것이다. 할아버지가 고치는 뻐꾸기시계의 구조를 처음 본 어린 소년이 눈이 휘둥그레져서 저지르는 편협한 범주화의 오류는 사소하고 무해하지만, 투자자가 같은 오류를 저지르면 앞뒤가 안 맞고 큰 비용을 치러야 하는 결정을 내리게 된다.

다른 맥락에서도 그렇지만, 문제를 논리적이고 적절하게 규정할 수 있어야 해결을 할 수 있고, 그 해결책을 바탕으로 이익을 낼 수 있다.

×○ 보상 프로필 그림과 점수표를 가지고 하려는 일이 바로 이것이다. 평균 수익률이 정확히 0%인 보험 세이프 헤이븐의 보상은 비용 효과적이지만, 포트폴리오의 5 백분위수 경로에서 나타나는 보호의 정도를 동일하게 조정했을 때 평균 수익률이 7%인 다른 세이프 헤이븐은 비용 효과성이 없다는 사실을 직관적으로 파악하기란 정말 어려운 일이다. 보험은 비싸고 순 비용이라는 통념과 정반대되는 내용이기도 하거니와, 리스크 완화 전략을 통해 가치를 창출하려면 해당 전략 자체에 꽤 높은 플러스 기대 수익률이 있거나, 아니면 대체로 일정 수준의 플러스 수익률을 내야 한다는 통념과도 상충한다. 처음에는 포트폴리오의 산술 수익률을 쓸데없이 낮추는(그리고 대부분의 시기에 마이너스를 내는 개별 항목으로 포트폴리오의 발목을 잡는) 듯한 요소가 실제로는 선물처럼 CAGR을 끌어올린다. 결국 페테르부르크 중개무역의 문제다.

모든 리스크 완화 전략은 궁극적으로 손실 보호의 정도(기하 효과,

즉 해당 전략으로 인해 포트폴리오에서 피할 수 있는 마이너스 복리 금액)와 포트폴리오에서 자본을 손실 보호 조치에 배분하는 기회비용의 정도(산술 비용, 즉 포트폴리오의 산술평균 수익률이 낮아지는 정도) 사이의 트레이드오프 문제다.

자본 배분에서의 편협한 범주화는 포트폴리오의 개별 요소를 그 자체의 이점만으로 평가하는 것이다. 그런 경우 최적의 선택지는 보험 전략이 아니라 보통 가치 보관이나 알파 전략이다. **어떤 투자자는 거의 언제나 리스크 감축이라는 명목으로 어떤 전략이 특정 시점 또는 기간에 포트폴리오의 전체 수익률을 떨어뜨린다고 해도(즉, 묵시적 비용이 발생한다고 하더라도), 그 전략이 대부분의 경우에 그 자체로 플러스 수익률을 내거나 명시적 비용을 초래하지 않는다고 설명하면서 그런 전략을 택한다.** 이를 '기회비용 무시opportunity cost neglect'라고 하며, 리스크 완화에서 맞닥뜨리게 되는 숨은 편향 중 아마도 가장 악질적인 편향이 아닐까 한다. 명시적 비용과 묵시적 비용 사이에 이런 차이가 있다고 단순하게 생각하는 점을 이용해서 돈을 버는 헤지펀드 업계 전체에 찬사를 보낸다(물론 냉소적으로 하는 말이다). 바로 이 점 때문에 분산투자가 '금융에 존재하는 유일한 공짜 점심'이라는 잘못된 생각이 존속한다.

이런 식으로 잘못된 리스크 완화 결정을 하지 않으려면 전체론적 관점을 갖춰야 한다. 전체 포트폴리오 수익률과 다른 선택지의 묵시적 비용을 서로 비교해야 한다는 뜻이다. 말은 쉽지만, 받아들이기는 어려운 내용이다. 이 점에 제대로 주의를 기울이지 않아서 우리가 그렇게 쉽게 잘못된 결정을 내리는지도 모르겠다. 하지만 다른 내용을 좀 더 살펴보면 어느 부분이 어려운지, 그리고 상대적으로 쉽게 극복할 수 있는 부분이 무엇인지 배울 점이 있을 수도 있다.

이 문제를 가장 잘 규정한 사람은 프랑스의 자유주의 경제학자 프레데릭 바스티아Frédéric Bastiat다. 1850년의 저작 〈보이는 것과 보이지 않는 것Ce qu'on voit et ce qu'on ne voit pas〉에서 기회비용의 개념을 제시했는데, 바스티아가 아마 최초였을 것이다. 바스티아는 우화 형식의 사고 실험을 제시하면서, 아이가 장난을 치다가 가게 유리창을 깬 상황을 상정한다. 그런데 모여든 사람들 중 누군가가 유리 시공업자의 일거리가 늘어나므로 좋은 일이라고 주장한다. 바스티아도 지적하듯, 명백한 오류가 있는 주장이다. 경제 활동과 성장을 촉진하려면 모두가 유리창을 깨고 다니면 된다는 결론이 나오니 말이다. 편협한 범주화의 오류를 범하고 있는 이런 견해는 가게 주인이 달리 쓸 수도 있는 돈을 유리창을 고치는 비용으로 지출해야 한다는 데서 발생하는 묵시적 비용을 간과한다. 가게 주인이 아내에게 새 코트를 사줬다면 옷가게 주인에게 일거리가 생겼을 게 아닌가. 아이가 유리창을 깨지 않았을 때와 비교해서 가게 주인의 자산은 줄어드는 한편, 지역 사회의 소득은 그 안에서(옷가게 주인에서 유리 시공업자에게로) 옮겨갈 뿐이다. 따라서 물건이 부서지면 순 비용이 발생하며, 마땅히 그래야 한다. 특정 부분뿐만 아니라 전체를 고려해야 한다. 그리고 이를 통해 보이지는 않아도 기회비용은 실질적인 비용이라는 사실을 깨닫게 된다. 여러 선택지를 정직하고 대등하게 비교해야 이런 실질적인 기회비용을 드러내는 틀을 제시할 수 있다.

누락의 오류는 잘 드러나지 않고 간과하기 쉽지만, 수행의 오류는 눈에 잘 띈다. 후자만 보고 전자를 무시하는 행위는 오류다. 정치인들이 항상 이런 오류를 저지르는데, 리스크 완화의 아이러니 역시 마찬가지다. 정치인과는 떼려야 뗄 수 없는 오류이고, 이런 오류를 이용하는 것이 정치인의 일이다(모든 정부 제도에는 보이지 않는 기회비용이 숨어 있고, 양쪽 진영에서 이해관계가 상충하니 말이다).

3장에서도 언급했지만, 화학 물질에 의존하는 현대의 기업식 농업 역시 편협한 범주화의 근본적인 문제를 잘 보여주는 또 다른 사례다. 앨런 세이버리Allan Savory는 초식동물의 순환 방목 관행에 '전체론적 관리holistic management'라는 적절한 이름을 붙여 이 개념을 잘 설명하고 있다. 순환 방목을 활용하면 다른 방법 대비 월등하게 효과적으로 탄소를 격리할 수 있으며, 표토의 양과 질이 눈에 띄게 증가한다(들소 수천만 마리가 무리를 지어 풀을 뜯어 먹으며 돌아다니는 미국 중서부 지역은 세계에서 가장 비옥한 토양이자 거대한 탄소 흡수원이 되었다). 생태계를 구성하는 부분인 초식동물이 생태적 문제를 초래하므로 고기 없는 식단이 그 해결책이라는 편협한 견해에는 이런 전체론적 접근이 빠져 있다. 생태계를 구성하는 또 다른 부분인 초원에서 초식동물을 분리한 채, 드넓은 경작지에서 대규모로 재배한 한해살이 단일 작물을 먹이는 것이야말로 심각한 생태적 문제다. 그런데 경작지에서 대규모로 재배한 한해살이 단일 작물을 인간이 먹는 것 역시 엄청난 생태적 문제를 제기한다. 초식동물은 여러해살이풀이 자라는 초원에서 그럭저럭 살아갈 수 있으며, 원래의 생활 방식이 그렇다. 이 점이 획기적인 해결책이 될 수 있다. '상호작용하는 각 부분'을 다시 합치면 전체가 훨씬 커진다(이런 해결책을 놓치면, 경작지에서 대규모로 재배한 한해살이 단일 작물이 늘어나게 되므로 막대한 기회비용이 발생한다). 두 부분을 환원적으로 분리해버린 결과, 생태 재앙은 우리가 이해할 수 있는 범위를 넘어서는 수준으로 악화했다. 이런 접근이 가장 문제라고 보는 추정도 있다(아이들 농장Idyll Farms*에서 우리가 방목해서 키우는 염소 떼가 얼마나 많은 탄소를 대기로 흘러 들어가지 않게 격리하고 있는지 들으면 깜짝 놀랄 것이다).

편협한 범주화는 부분과 전체의 괴리이기도 하지만, 단기와 장기의 괴리로 인한 문제처럼 보이는 경우가 많다. 이 두 가지 괴리 중 하나를 극복하면 다른 하나의 덫에 걸릴 일이 대체로 없어진다.

트랙 전체를 보기

편협한 범주화의 오류를 가장 잘 보여주는 사례라고 하면 자동차 경주의 피트 스톱pit stop**이 떠오르는데, 문제 자체가 존재하지 않는다는

---

* 저자가 아내와 운영하는 미시간주 소재의 농장.
** 자동차 경주에서 주유나 수리를 목적으로 잠시 멈추는 구역.

점에서 흥미롭다. 자동차 경주 중 피트 스톱에 들러 타이어를 교체할지 결정해야 하는 상황이라고 단순화해서 생각해보자. 타이어 마모와 성능은 경주 전략의 핵심이다. 타이어는 고무와 노면의 접점이며, 엔진의 힘이 속도로 전환되는 부분이다. 자동차가 트랙에서 미끄러지지 않도록 하는 기능 역시 이에 못지않게 중요한 점이다. '플라잉 핀The Flying Finn'이라고도 불린 유명한 포뮬러 1 드라이버 미카 해키넨Mika Häkkinen은 타이어가 곧 생명보험이라는 말을 했는데, 정말이지 통찰력 있는 말이다.

트랙을 도는 데는 기본적으로 2가지 선택지가 있다.

1. 타이어 1세트로 처음부터 끝까지 경주를 치른다. 단, 방향지시등을 켜고 달리는 할아버지처럼 트랙을 돌아야 한다. 타이어도 지켜야 하고, 트랙에서 벗어나면 안 되니까. 여기저기에서 조금씩 급가속을 할 수도 있고, 차가 크게 미끄러지거나, 부딪치거나, 경주에서 이탈하는 리스크에 대처할 수도 있겠다. 이런 트레이드오프를 최소화하고자, 더 단단하고 내구력이 좋지만 접지력은 약한 합성 고무를 선택할 수도 있다. 그러나 트랙에서 벗어나지 않기 위해 훨씬 조심스럽게 운전해야 하는 건 확실하다.
2. 경기 중 피트 스톱에 들러서 새 타이어로 교체한다. 기다리는 시간이 영원처럼 느껴지겠지만, 따지고 보면 10초 정도

밖에 안 된다. 그러면 더 부드럽고 수명은 짧지만 접지력이 강한 타이어를 경기 내내 쓸 수 있고(어차피 내구력이 아주 좋을 필요는 없으니까), 마음껏 코스를 휘젓고 다닐 수 있다. 피트 스톱에서 소중한 몇 초를 희생하는 대신, 경기 내내 안전하지만 저돌적이고 자유분방한 드라이빙을 선보이며 그 시간을 벌충할 수 있다.

해키넨이 이야기했듯, 이건 보험이다(가장 우회적인 전략이기도 하다). 그렇지만 필승의 전략이라는 보장은 없다. 피트 스톱에서 너무 지체하거나, 타이어의 접지력이 약해서 피트 스톱에서 버린 시간을 벌충할 수 없다면 성립하지 않는 이야기다. 이런 경우에는 더 단단하고 마모된 타이어를 달고 어슬렁어슬렁 트랙을 도는 할아버지 운전자가 이길 것이다.

그냥 속도를 줄여서 안전을 확보할 수도 있고, 속도를 올리면서 안전하게 달릴 수 있는 다른 방법을 찾을 수도 있다.

결국 피트 스톱에서의 비용 효과성 트레이드오프, 즉 선택지별 묵시적 비용 간의 트레이드오프가 문제지, 피트 스톱에서 10초간 정지해 있는 동안 경쟁자들이 쏜살같이 달리는 모습을 지켜보는 기분과 같은 명시적 비용의 문제는 절대 아니다. 장기가 단기에 굴복하는 일은 없으며, 기회비용을 무시하는 오류에 빠져 한 바퀴를 도는 부분에만 집중한 나머지 레이스 전체를 보지 못하는 일은 없어야 한다.

자동차 경주 전략가는 전부 스폭Spock*처럼 아주 논리적이고 큰 그림을 꿰뚫어 보는 초인일까? 그렇지는 않다.

이런 논리적인 생각은 우리가 트랙 전체를 볼 수밖에 없기에 가능하다. 마지막에 결승선을 통과할 때까지 경주 내내 트랙 끝까지 전체를 보는 것 이외에는 선택의 여지가 없다. 결승선은 유일한 점수표로서 항상 시야 안에 존재하며, 명확하고 유일한 목표 또는 목적이 된다.

그러니 그 목적을 잊기란 어려운 일이지만, 니체가 이야기했듯 "목적을 잊어버리는 것이야말로 가장 흔한 형태의 어리석음이다."

대해적

지금까지 진행한 리스크 완화 테스트는 전부 한 방향을 확실하게 가리키고 있다. 바로 리스크 완화의 비용 효과성이 최대인 가장 효율적인 방법을 택해야 한다는 것이다. 폭락 가성비가 클수록 리스크 완화에 대한 배분 비중이 줄어들고, 리스크 완화가 필요하지 않을 때 발생할 수 있는 비용이나 차질이 줄어든다. 눈에 띄지 않게, 또 이렇다 할 비용 부담도 거의 없이 대기하다가, 효과를 발휘하기 시작하면 그간의 비용을 몇 배로 벌충하고도 남을 정도로 폭발적인 수익률을 낸다.

이런 리스크 완화 전략은 1960년대의 슬로건인 "더 적은 것으로 더 많이More with less"와 일맥상통한다. 지오데식 돔geodesic dome으로 유명한 당대의 미래파 건축가 버크민스터 풀러Buckminster Fuller

---

* 미국의 TV 시리즈 〈스타트렉〉에 등장하는 항상 침착하고 논리적인 과학 담당 장교.

가 그 슬로건을 대표하는데, 이를 한계까지 밀어붙이는 것을 '단명화 ephemeralization'라고 하면서, "점점 더 적은 자원으로 더 많은 것을 달성해서 종국에는 아무것도 없이 모든 것을 할 수 있게 되는 상태"로 설명했다. 풀러의 산업 디자인도 이 개념에 입각해 있다(앞에서 다룬 120면체를 좋아한 풀러는 이에 착안하여 지오데식 돔을 설계했다. 딱 봐도 그렇지만 120면체는 집이 되기에 좋은 모양이기도 하다).

묘비에도 이런 효율의 사고를 적용한 풀러는 묘비명도 "나를 트림 태브trimtab˚라 불러주오"로 정했다. 비행기 조종사는 압력을 줄이기 위해 조종 장치를 조작한다. 고도를 높일 때 조종간을 너무 세게 당기지 않으려면 수평을 유지해서 조종간을 만질 일이 거의 없도록 해야 한다(내가 만난 최고의 비행기 조종 강사들은 하나같이 강박적일 정도로 비행기의 균형을 잘 잡아서 다른 것들에 신경을 쓸 수 있도록 해야 한다고 입을 모았다). 트림 태브는 작은 비행 제어 표면으로, 미니 승강키의 역할을 한다. 미니 승강키로 비행기 자체를 제어할 수는 없지만, 승강키는 제어할 수 있다. 보조 날개의 보조 날개, 방향키의 방향키처럼, 승강키의 프랙털 승강키인 셈이다. 그래서 커다란 비행기(또는 배)를 아주 작은 조종 장치로 제어할 수 있게 된다. 미세한 부분 하나가 전체에 영향을 미치고 간접적으로 제어한다. 꼬리가 강아지를 흔드는 격이다.

전체론적 사고는 풀러의 모든 작품에 중요하게 작용했다. 풀러는

• 비행기의 보조 날개나 방향키 등에 딸린 작은 날개.

자신이 만들어낸 독창적인 시스템에 '시너제틱synergetic'이라는 이름을 붙였는데, 이 용어는 요즘 '시너지synergy'의 형태로 흔히 쓰이는 말이 됐다. 1969년의 저서 《우주선 지구호 사용설명서Operating Manual for Spaceship Earth》에 실린 〈대해적Great Pirates〉이라는 짧은 글에서 풀러는 이 개념을 자세히 설명했다.

풀러는 지구를 우주선으로, 그리고 우리는 가진 자원이 유한한 승무원이라 생각해야 한다고 이야기했다. 각 부분은 유한하지만, 전체를 끌어올릴 수 있도록 시너지를 발휘하는 방향으로 일하는 것이 이상적이다. 문제는 우리가 각자의 부분에만 사로잡혀서 전체를 생각할 수 없다는 것이다.

풀러는 이런 문제의 근원, 즉 심화하는 전문화 추세로 인한 편협한 범주화가 전체론적인 시너지 작용과 상충한다고 생각했다. 과도한 전문화를 현대 인류가 직면한 문제로 보았는데, 이렇게 점점 편협한 범주화가 진행되는 추세를 획책한 사람들이 있다는 이야기를 편집증이다 싶을 정도로 쏟아낸다. 전체론적 관점을 바탕으로 자신의 엄청난 경쟁우위를 보호하려는 소수의 특권층을 풀러는 '대해적'이라고 불렀다. 인류 문명이 시작된 이후 내내 공해公海를 돌아다니며 국제 교역을 쥐락펴락한 범법자들 말이다. 대해적은 전적으로 음지에서 활동하면서 넓은 시야로 세계를 보는 한편, 각국의 귀족, 정치인, 신민들을 궁지로 몰아넣고 조종했다.

대해적은 특히 해군과 대적했는데, 전문적인 분야만 훈련한 해군은 경쟁력이 없었다. 바다를 잘 모르는 사람들은 본인이 발 딛고 있는 안전한 섬 너머를 볼 줄 몰랐고, 당연히 편협한 생각만 하게 되었다. 대해적은 항구에 배를 묶어 놓고 안전하다고 안심하는 이들을 비웃었다. 그보다는 바다와 태풍이 안겨주는 혼란스러운 리스크를 택했고, 점차 다양해지는 항로를 따라 끝없는 미지의 땅을 지나 항해했다. 풀러의 독특한 역사적 이론에 따르면, 대해적은 이렇게 더 전체론적인 관점으로 세상을 바라보게 되었다고 한다.

대해적은 큰 그림을 보고, 우위를 인식하며, 경쟁우위를 유지하려 노력했다. 세상의 ×○를 볼 수 있었던 것이다. 풀러는 대해적은 '복합적 사고'를 했고, 다른 이들은 '편협한 사고'를 했기에 대해적에게 이런 우위가 생겼다고 보았다.

하지만 이런 대해적도 과도하게 전문화된 운 없는 치들에게 자신들이 주입했던 평범함의 운명에서 벗어날 수 없었으니 안타까운 일이다. 이 바다의 무법자들은 근대화가 점차 진행되면서 전체론적 관점에서 얻었던 우위를 잃을 수밖에 없었다. 대해적은 이제 거의 멸종하다시피 했다.

물론 풀러의 대해적은 문자 그대로 해석하기보다는 비유적으로 이해해야 한다. 다빈치나 미켈란젤로처럼 넓은 시야로 여러 방면에서 재능을 보인 과학자나 예술가들을 모델로 삼아 망상에 가까운 비유나 이름을 지어낸 것일 수도 있지만, 중요한 문제는 아니다.

보물이 실재하든 아니든, 이들은 우리가 찾고 있는 보물을 가지고 있는 대해적이다. 보물이 실재한다면, 이들의 복합적 사고야말로 보물을 찾는 중요한 열쇠다.

대해적은 우리의 리스크 완화 신조의 상징이다. 전문가는 부분만 생각하고 부분에서만 살아가기 때문에 큰 판에서 졸卒의 역할밖에 할 수 없다. 대해적은 전체를 생각하고 복합적으로 살아가기 때문에 게임판 전체를, 실제 세상을 좌지우지한다.

"그들이 바다를 훤히 꿰고 번성한 것은 복합적인 능력을 갖춘 덕분이었다." 편협한 틀에 갇힌 눈먼 전문가들 사이에서는 두 눈을 뜨고 세상을 큰 틀에서 복합적으로 보는 대해적이 왕이다.

과감한 추측

인식론

여러 가지 주사위 게임을 친근하면서도 학술적으로 살펴보면서 시작했던 논의가 이제 불경한 본색을 드러내고 있다. 스파링이 본격적인 길거리 싸움으로 변질됐다. 게임은 진행 중이고, 담이 작은 사람은 감당하지 못할 것이다.

투자는 승자가 확실하지 않은 투자 전략 간의 경쟁이라고 볼 수 있다. 하지만 승자 독식은 아니고, 상위권 근처에만 가도 꽤 좋은 일이다. 과학적 방법 역시 경쟁 관계에 있는 여러 가설을 골라내는 데 사용하는 과정이라고 볼 수 있다. 다만, 훨씬 더 엄격하다. 우리의 경우에는 테스트와 투자 모두에 최종 자산, 또는 해당 자산의 복합성장률이라는 동일한 기준을 적용한다. 그럴 게 아니라면 그토록 과학적 엄밀함을 추구한 이유가 무엇인지 자문해보아야 할 것이다.

자, 이제부터 여러 세이프 헤이븐 전략 간의 인정사정없는 경쟁이 시작된다. 괜찮은 전략은 일부고, 대다수는 별로 쓸 만하지 않다. 각 세이프 헤이븐 전략은 그야말로 필사적으로 싸우고 있다. 탈락하는 전략은 공공연하게 영원히 망신살을 뻗칠 것이다. 죽더라도(최소한 이 책에서는) 세이프 헤이븐으로서 죽을 수 있기를.

이 싸움은 에트루리아에서 고대 로마로 이어져 내려온 검투사들의 피 튀기는 싸움과 다르지 않다. 검투사는 궁극의 판돈, 즉 삶과 죽음을 놓고 싸웠다(다행히 현대에는 직접 몸으로 부딪쳐 부상의 위험이 있는 종목도 보호 장비가 있어서 고대의 검투에 준하는 스포츠는 없다). 검투사는 상대를 다치게 하거나 몸에 심한 손상을 입힌 후, 관중의 동의를 얻어 마지막 순간에 검날이나 삼지창을 내질러 목숨을 거두는 방식으로 싸웠다(간혹 관중이 패자에게 관용을 베풀어 다른 날 다시 싸우게 하는 경우도 있었다). 로마인은 재미를 사랑했다지만, 검투사는 무엇을 위해 싸웠단 말인가! 검투사는 보통 노예나 범죄자, 전쟁 포로 출신이었고, 승리하면 자유를 얻고 목숨을 구하는 일도 있었다. 하지만 대개는 검투에서 승리해도 잠시간 관중의 환호, 또는 인정의 의미로 황제의 고갯짓을 한 번 받을 뿐, 숙소로 돌아가 상처를 살피고 나면 다시, 또다시 싸움을 계속해야 했다.

우리 대회의 승자도 엄밀한 테스트를 거쳐 역사적으로 탄탄함을 입

증해냈지만, 이 대회에는 우승 기념이나 월계관 수여 같은 행사가 없다. 대회는 항상 진행 중인 것으로 보아야 한다. 한 바퀴 돌고 오면 다음 바퀴를 또 돌고, 그렇게 경주는 계속된다. 결승선이 없으니 순위는 항상 '잠정적'이다.

    칼 포퍼가 설명하고 규정했듯, 과학적 방법론은 가설을 세워 질문을 제기하고, 해당 가설을 기각하거나 기각하지 못하는 방식으로 엄밀하게 답을 구하려는 과정이다. 하지만 긍정이 아니라 부정하는 방식으로만 답을 낼 수 있다. 포퍼는 어떤 과학 이론이 틀렸다는 점은 알 수 있지만, 그 이론이 맞다는 확신은 결코 할 수 없음을 보여줬다.

    이전 장에서 다룬 세이프 헤이븐 모델과 마찬가지로, 우리의 귀무가설은 현실 세계에 존재하는 특정 세이프 헤이븐으로 포트폴리오의 리스크를 낮추면, 결과적으로 자산이 늘어난다는 것이다. 우리의 부트스트랩 방법론 맥락에서 자산이 늘어난다는 것은 최종 자산의 기하평균, 즉 최종 자산의 중간값이나 CAGR이 커진다는 뜻이다. 또한, 리스크를 낮춘다는 것은 포트폴리오의 5 백분위수 최종 자산이나 CAGR을 끌어올린다는 의미다(이는 우리가 처음부터 리스크의 대리 지표로 내세웠다). 따라서 이 가설을 기각하거나 기각하지 못할 뿐, 입증은 할 수 없다. 투자에서든 인생에서든 확실한 건 없으니까. 경주는 계속되고, 상대를 내모는 경쟁자는 언제든 있는 법이다.

    귀무가설을 내세우면 인식론의 측면에서 이점이 생긴다. 우리의 실험은 다니엘 베르누이의 이론, 해적에 맞서는 페테르부르크 상인, 이 책 1부에서 다룬 주사위 게임의 내용을 바탕으로 진행되며, 실험 결과도 그에 따라 기대할 수 있다('예측'할 수 있다고까지 볼 수도 있겠다). 이런 내용이 먼저 나왔기 때문에 '우리의 이론으로 현상을 얼마나 잘 설명할 수 있는가?'와 같은 질문을 할 수 있는 것이다. 이 책에서 주사위를 100만 번 가까이 던진 건 독자들을 이해시키기도 해야 했지만, 우리의 실험 방법을 정당화할 필요도 있었기 때문이다.

예를 들어 보자. 임의의 자산, 아니 더 좋지 않은 상황을 가정해서, 돼먹지 않았지만 잘나가는 어떤 헤지펀드 매니저가 특정 기간에 SPX보다 높은 실적을 냈다고 하면, 이게 더 우월한 세이프 헤이븐이라는 결론을 내릴 수 있을까? 우리가 잘 짜놓은 부트스트랩 테스트만 보더라도 단지 저것만 가지고 당연하게 그런 결론을 내릴 수는 없다! '후건 긍정의 오류'를 기억하는가? 우리 집에 그라운드호그 문제가 없다고 해서 그걸 종일 잠만 자는 우리 집 개 나나 덕분이라고 할 수는 없다고 했던 내용 말이다. 비용 효과적인 세이프 헤이븐이 무엇이고, 왜 그런 효과를 나타내는지 이해할 수 있는 연역적 사고의 틀이 없다면, 이런저런 가설을 테스트해봤자 아무 소용이 없다. 오히려 데이터 마이닝으로 포장될 뿐이다(투자업계에는 이런 식으로 포장된 데이터 마이닝 사례가 넘쳐난다. 아마 이런 이유로 요즘 '핫한' 헤지펀드, 전략, 팩터가 바람에 흩날리는 이파리처럼 실적에 따라 나타났다가 사라지는 것일 테다). 지속적으로 엄밀함을 유지하지 않는다면 투기성 자산이나 전략을 세이프 헤이븐으로 착각하기 십상이다.

포퍼가 가르쳐주었듯, 과학은 어떤 이론을 입증할 수 없으며, 관찰 내용과 비교하는 체계적인 테스트를 통해 반증만 할 수 있다. **이론을 기각하지 못했다고 해서 묻혀 있던 보물을 확실하게 찾았다는 뜻은 아니다. 다만, 보물이 없다고 하지는 못한다는 뜻이며, 정답을 찾아가고 있다는 실마리를 얻을 수 있을 따름이다.**

이것이 과학과 유사 과학의 차이다. 과학적 지식은 매우 잠정적이다. 투자와 마찬가지로, 과학적 방법론은 탐색적으로 베팅한 뒤 그 내용을 반증하려는 과정이다. 그리고 필요한 경우, 실수에서 배우고 그에 따라 수정하려는 목적으로 반증한다. 과학과 투자는 모두 아직 기각되지 않은 이론과 가설로 이루어져 있고, 이들의 역사는 기각된 이론과 가설의 무덤이기도 하다.

따라서 이 책에서 내가 확정적인 답을 경계한 이유를 이해하리라 생각한다. 확정적인 답은 유사 과학 약장수나 제시하는 것이다.

그렇기는 하지만 비용 효과 분석이 꼭 절대적인 비용 대비 효과에 대한 것은 아니라는 점을 유념해야 한다. SPX 기준선을 조정해서 기각 기준을 조금 느슨하게 적용했듯, 상대적인 비용 대비 효과도 분석 대상이 될 수 있다.

이런 반증 과정에서 살아남는 세이프 헤이븐은 모두 잠정적으로만 생존한 것이다(승리한 검투사도 다시 싸움에 나서야 하는 법이다). 결국 여기에서 영원한 건 아무것도 없다. 이 테스트는 회고적 테스트로, 예기적 성격은 없다. 예를 들어, 시간이 지나면서 보상이 바뀌어 나중의 테스트는 통과하지 못하는 세이프 헤이븐이 있을 수 있다. 우리가 확실하게 기각할 수 있는 상황이 되면 '비용 효과적인 세이프 헤이븐'의 지위를 잃게 된다(실제로 일부 사례에서 바로 이런 현상을 보게 될 것이다). 이런 일이 모든 세이프 헤이븐에 발생하리라 예상해야 한다. 필연적으로 그러리라는 게 아니라, 편집증이다 싶을 정도로 신중해야 한다는 차원의 이야기다. 포퍼의 말처럼 어떤 이론이 기각되기 전까지는 "그 이론이 '탄탄함을 입증'했다거나, 과거의 경험을 근거로 '확인'되었다고 할 수도 있겠다." 앞으로 살펴보겠지만, 반증 역시 잠정적이다. 달리 이야기하면, 테스트를 진행하면서 실수를 하거나, 테스트 설계 과정에서 무언가를 놓치는 바람에 '진실'인 이론이 반증됐다고 착각하게 될 수도 있다.

흥미롭게도 나심 탈레브와 내가 20년도 더 전에 함께 일하게 된 계기 중 하나가 바로 포퍼였다(나머지 두 가지는 시카고 객장에서의 트레이딩 경험과 정적 편포 양상을 보이는 폭발적인 보상에 우리가 둘 다 광적이다시피 깊이 끌렸다는 점이다. 탈레브가 말러를 제대로 이해하는 사람이라는 건 덤이었다). 우리는 주로 트레이딩을 통해, 좀 더 구체적으로는 조지 소로스의 글을 읽으며 포퍼를 알게 됐다(어렸을 때 나는 이른 아침 시카고 상품 거래소로 출근하는 열차에서 소로스와 루드비히 폰 미제스의 책을 번갈아 가며 읽곤 했다. 요즘에는 모순이라고 할 수도 있겠지만, 그 당시에는 별로 그렇지 않았다).

포퍼의 과학 철학은 이상적인 헛소리 필터다. 1장에서 다룬 파인만의 가르침에서 시작하여 지금까지 내내 단계별로 사용하고 있는 인식론적·분석적 틀이다. "과학자에게 과학 철학은 새에게 조류학이 유용한 정도와 비슷하다"라는 파인만의 유명한 말을 생각해보면 아이러니하게 느껴질 수도 있겠지만, 파인만은 재치 있는 입담보다도 실질적인 과학 연구로 훨씬 큰 족적을 남겼다.

파인만의 지시에 따라 우리는 1부에서 "추측"을 했다. 2부에서는 "추측의 결과"를 계산했다. 마지막으로, 이제 "계산 결과를 실험이나 경험과 비교하고, 관찰 결과와 직접 비교하여 추측이 타당한지 살펴볼" 것이다. **우리의 3가지 세이프 헤이븐 프로토타입 모델이 현실 세계의 세이프 헤이븐이 될 수 있을지, 모델의 보상을 실제의 보상으로 대체하여 현실 세계의 세이프 헤이븐을 우리의 부트스트랩 방법론에 대입하면 각 세이프 헤이븐의 포트폴리오 효과를 인식할 수 있을지, 그리고 모델과 같은 방식으로 비용 효과적인 리스크 완화를 발견할 수 있을지 살펴보겠다.**

그리고 파인만이 결론을 내렸듯, "실험 결과와 맞지 않으면 추측이 틀린 것이다. 바로 이 단순한 명제가 과학의 핵심이다."

4장에서와 마찬가지로, 시각적으로 살펴볼 수 있도록 SPX 수익률을 통합한 방식과 동일하게 각 세이프 헤이븐의 역사적 수익률을 구간별로 구획하여 보상을 구성할 것이다. 특정 세이프 헤이븐의 역년 연간 수익률을 이전과 동일하게 5개 구획점에 배치하고, 같은 기간의 SPX 연간 수익률을 구간별로 살펴본다. 이렇게 하면 우리가 활용해온 보상 프로필 모델과 같은 형식으로 현실 세계에 존재하는 각 세이프 헤이븐의 경험적 보상 프로필을 만들어낼 수 있다. 다만, 경험적 보상에는 단일 지점의 수익률이 아니라, 각 SPX 수익률 구간의 수익률 데이터 범위가 포함된다는 점이 다르다. 그런 구간 중 하나를 임의로 추출해서 해당 d120 SPX의 결과와 맞춰보고, 그에 대응하는 세이프 헤이븐 수익률을 산출한다. 이는 기하평균 수익률을 계산하려면 실제로 d120 주사위를 던져야 한다는 뜻이다.

이전 장에서도 그랬듯 각 세이프 헤이븐의 배분 규모가 중요한데, 부트스트랩에서 각 리스크 완화 포트폴리오의 5 백분위수 CAGR은 세이프 헤이븐 모델에서처럼 4.8%로 동일하다(리스크를 완화하지 않은 SPX의 5 백분위수 CAGR은 2.7%였는데, 우리의 부트스트랩에서는 더 나은 상황을 가정했다는 점을 유념하기 바란다). 이는 대등한 비교를 하기 위해 가상의 포트폴리오에서 각 세이프 헤이븐에 각기 다른 자산 규모를 배분한다는 뜻이다. 세이프 헤이븐의 배분 규모를 늘려도 5 백분위수 CAGR 4.8%를 달성할 수 없는 경우에는 전체 포트폴리오의 50%를 상한으로 정했다.

각 세이프 헤이븐의 보상 프로필을 구성할 때 사용하는 역사적 데이터의 양, 즉 얼마나 과거로 거슬러 올라갈 것인지는 세이프 헤이븐마다 다르다. 액티브하게 운용되는 전략과 같은 일부 경우에는 1990년대의 데이터부터 사용한다(액티브 전략과 트레이딩 역학이 그간 너무 많이 바뀌었기 때문에 그보다 더 과거로 거슬러 올라가지는 않을 것이다). 금이나 다른 자산의 경우, 훨씬 이전의 데이터도 사용한다. 금은 자율 변동 환율제가 시작된 1973년부터 시작하는 것이 적절하다. 채권과 같은 기타 자산도 1973년 데이터부터 사용한다.

아래에서는 현실 세계의 가장 전형적인 세이프 헤이븐이라고 하는 일부 사례를 자세히 살펴볼 것이다. 미니 사례 연구 정도로 생각하면 되겠다. 각 사례로 책을 한 권씩 쓸 수도 있겠지만, 이 책에서는 전략적·불가지론적·비용 효과적인 리스크 완화라는 한 가지에만 집중한다. 독자 여러분의 주의가 분산되면 안 되므로 각각에 대한 나의 전술적 의견은 제시하지 않기로 한다. 세이프 헤이븐이라고들 하는 40여 가지를 검투장, 즉 비용 효과 평면에 주르륵 세워서 살펴보는 것으로 피날레를 장식할 예정이다.

해왕성인가, 벌컨인가?

각 세이프 헤이븐이 끝까지 싸움을 벌일 아레나의 관람석에 들어서기 전에, 반증 과정 전체에 내재하는 작은 문제를 하나 짚고 넘어가야 한다. 바로 근시안적으로 너무 열심히 하다 보면 도를 지나칠 수 있다는 점이다. 포퍼도 아주 잘 알고 있었던 '순진한 반증주의naïve falsificationism'의 문제다.

딱 들어맞는 사례가 있다. 1781년 천왕성이 발견된 후, 천체물리학자들은 천왕성의 궤도가 뉴턴 물리학이 예측한 궤도와 다르다는 점을 발견했다. 포퍼라면 뉴턴의 만유인력 법칙이 틀렸음을 입증하는 사례라고 주장했겠으나, 학자들은 천왕성과 상호작용하는 미발견 행성이 있을지도 모른다는 추측성 가설을 제시했다. 이 가설은 불쌍한 뉴턴을 버리지 않으면서 천왕성의 비틀린 궤도와 뉴턴을 양립시킬 수 있는 유일한 방법이었다. 나중에 밝혀졌듯, 1846년 프랑스의 천체물리학자 위르뱅 르베리에Urbain Le Verrier는 그 추측성 가설이 정확하리라 예측했고, 해왕성을 발견했다! 하지만 이 가설이 한 번 더 맞으리라는 법은 없었다. 르베리에는 해왕성처럼 수성의 궤도를 비트는 '벌컨Vulcan'이라는 행성이 있다는 또 다른 추측성 가설을 제시하고 다시 입증하려고 했지만 실패했다(가설 입증은 성공할 때도 있고 실패할 때도 있는 법이지만, 다행히도 나중에 아인슈타인이 등장해서 수성의 수수께끼를 풀어냈다. 수성의 경우, 뉴턴 역학이 정말로 반증되었고, 잠정적으로 일반 상대성 이론으로 대체되었다). 기존에 받아들여진 이론이라고 해도 항상 반증 가능성에 노출되어 있다. 하지만 바로 그런 점이 한계에 도전할 수 있다는 가능성, 그리고 이전에는 미처 몰랐던 수준의 자유를 바탕으로 해당 이론을 한층 더 발전시켜 나갈 가능성을 동시에 제시한다. 많은 경우에 반증주의는 이론을 폐기하기보다는 조정해나가는 데 필요한 과정이다. 아직 반증되지 않은 이론은 잠정적이지만, 사실 이는 반증된 이론에 대해서도 마찬가지다. 실험의 조건은 바뀔 수 있으니까. 반증주의는 까다로운 작업이다.

앞으로 살펴보겠지만, 우리가 해결해야 하는 해왕성과 벌컨의 문제가 있다. 각 세이프 헤이븐의 보상 프로필은 시간이 흐르면서, 그리고

상황이나 환경이 바뀌면서 변형된다. 이런 보상의 변형에 작용하는 다른 주체가 있을 수도 있고, 아니면 애초에 보상 프로필의 모양을 잘못 파악했을 수도 있다. **해왕성인가, 벌컨인가?** 보상의 변형에 관여할 수도 있고 아닐 수도 있는, 그러면서 눈에 보이지 않는 경제 또는 시장 요인은 눈에 보이지 않는 행성의 존재보다 예상하기가 훨씬 어렵다. 하지만 그런 요인이 세이프 헤이븐의 비용 대비 효과, 아니 효과성에만이라도 미치는 영향은 어마어마하다. 세이프 헤이븐의 리스크 완화 실적은 '더 높은' 차원에서 일어나는 변화의 영향을 받는다는 점을 유념해야 한다.

우리가 할 수 있는 일은 우선 역사적 데이터에서 이런 효과를 찾아보는 것이다. 그리고 세이프 헤이븐 보상이 얼마나 '역학적'인지, 아니면 '통계적'인지 파악해야 한다. 역학적 보상은 직접적·내재적 결과로 발생하며, 그렇지 않다면 차익 거래(즉, 공돈을 벌) 기회를 제시한다. 가치가 올라야 하는 내가격 옵션ITM과 비슷하다고 할 수 있다(우리의 페테르부르크 상인이 발트해 너머로 화물을 보낼 때 고려했던 보험 계약을 떠올려도 좋겠다).

역학적 보상과 반대로 통계적 보상은, 역사에 나타난 내용에 비추어 그런 '경향'이 있지만 꼭 그럴 '필요는 없는' 보상이다. 통계적 보상은 더 외재적이고, 그래서 노이즈가 더 많이 낀다. 예를 들면, 미국 국채나 세이프 헤이븐 전반에 걸쳐 나타나는 고등급 선호 현상 같은 것이다. 역학적 보상과 통계적 보상은 결국 본질적으로 베이시스 리스크

basis risk(완화의 대상인 체계적 익스포저(SPX 등)를 보상이 추종하는 정도)의 문제다. 하지만 거래 상대방 리스크(리스크 완화의 보상이 반드시 지급되어야 하는 폭락 등의 상황에서 보상이 지급되지 않을 리스크)처럼 보상의 변형에 작용하는 다른 가능성도 생각해볼 수 있다.

우리가 살펴본 모델의 보상은 전부 역학적 보상이었다. 현실 세계의 보상은 역학적 성격이 훨씬 덜하다. 세이프 헤이븐의 역학적 보상과 통계적 보상에 대해서는 '세이프 헤이븐이 효과를 발휘하는 데 필요한 조건이 많은가?', '역사적 데이터를 바탕으로 미래를 가늠할 수 있는가, 아니면 모든 것이 항상 다른가?' 등의 질문을 늘 해야 한다.

1장에서 처음 살펴보았듯, 포퍼 역시 이와 유사한 '확률의 성향 해석' 개념을 제시했다. "일련의 실험에서 도출된 결과의 빈도가 아니라, 단일 실험의 '조건'에 따른 결과"로 사건을 해석해야 한다는 것이다(즉, 니체가 이야기한 것처럼 우리의 N은 1이라는 뜻이다). 포퍼는 '실험 여건의 성향'을 설명하면서 각 면이 나올 확률이 동일하지 않은 주사위를 서로 다른 중력 환경에서 던지는 사례를 들었다.

세이프 헤이븐이 그렇듯, 이러한 성향 역시 스펙트럼이나 선 위의 특정 지점에 존재하는 경향이 있다. 이 경우에는 역학적 또는 통계적 보상이 양극단에 위치한다. 그리고 그 스펙트럼상의 점 추정치가 얼마나 정확한지는 절대 확신할 수 없다.

나중에도 살펴보겠지만, 세이프 헤이븐의 보상이 변형될 가능성이 보상의 모양 자체보다 훨씬 중요한 경우가 많다. 변형에 대한 민감도는 세이프 헤이븐을 희망적 헤이븐이나 안전하지 않은 헤이븐 등 유사 세이프 헤이븐과 구분하는 주된 특징이기도 하다.

문제는 세이프 헤이븐의 보상 프로필이 가변적이거나 변형될 수 있다는 점 때문에 해왕성을 보고 있는지 벌컨을 보고 있는지 구분하기가 어렵다는 것이다. **해왕성의 존재를 모르는 상황에서 보상이 변형되면, 버리지 말아야 할 리스크 완화 전략을 버리게 되면서 '거짓 양성 false positive'이라고도 하는 1종 오류 type I error를 저지를 수 있다. 그리고 벌컨 행성이 존재한다고 생각하면, 보상의 변형으로 인해 버려야 하는 리스크 완화 전략을 버리지 못할 수도 있다. '거짓 음성 false negative'이라고도 하는 2종 오류 type II error에 빠지는 것이다.**

이 책의 맥락에서 첫 번째는 누락의 오류다. 놓쳤다는 것을 미처 눈치채지 못할 수도 있다. 두 번째는 작동 여부가 불확실한 낙하산을 들고 비행기에서 뛰어내리는 것과 같은 수행의 오류다. 사건이 벌어지면 그제야 오류를 알아차리게 된다. 두 가지 경우에 모두 아주 큰 대가를 치러야 할 수도 있다.

선택지가 주어진다면 세이프 헤이븐 보상은 최대한 역학적인 것이 가장 좋다(물론 때에 따라 보상이 전혀 역학적이지 않을 수도 있다). 나는 반증주의가 자동적이거나 쉽다는 주장은 전혀 하지 않았다. 때로는 판단력이 필요한 법이니 말이다.

현금이 왕이다

먼저 가치 보관 세이프 헤이븐을 살펴보자. 가치 보관 세이프 헤이븐은 시간과 공간이 고정적이다. 고정 수익률 7%를 가정한 가치 보관 세이프 헤이븐 모델에서 살펴보았듯, 전략적으로, 그리고 비용 효과적으로 보상이 작동하기 매우 어려운 종류의 세이프 헤이븐이다. 따라서 현실 세계의 가치 보관 세이프 헤이븐에 대한 기대치도 시작부터 낮을 수밖에 없다.

가치 보관 세이프 헤이븐의 가장 전형적인 사례는 현금이다. 2장과 3장에서도 가장 먼저 살펴본 내용이기도 했다(켈리 기준에서처럼 베팅 금액의 일부를 현금으로 떼어놓는 식으로 안전을 추구했다). 그러니 현실 세계를 다룰 때도 여기에서부터 시작하기로 한다.

현금의 가장 좋은 사례는 단연 3개월 미국 국채다. 각 연간 데이터 포인트에 3개월 미국 국채를 3번 재투자하면 되기 때문에 듀레이션이 짧아 금리 리스크가 재투자 리스크보다 커지지 않는다.

1973년부터의 3개월 미국 국채 수익률 데이터를 가지고 보상 프로필을 구성하는데, 부트스트랩에서 5 백분위수 CAGR 4.8%에 맞추는 데 필요한 배분 규모는 우리가 상한으로 정했던 50%였다(안타깝게도 효과성 문제로 인해 상한으로 정한 수준을 적용해야 했다).

다음은 3개월 미국 국채를 익숙한 ×○ 프로필 그래프로 나타낸 것이다.

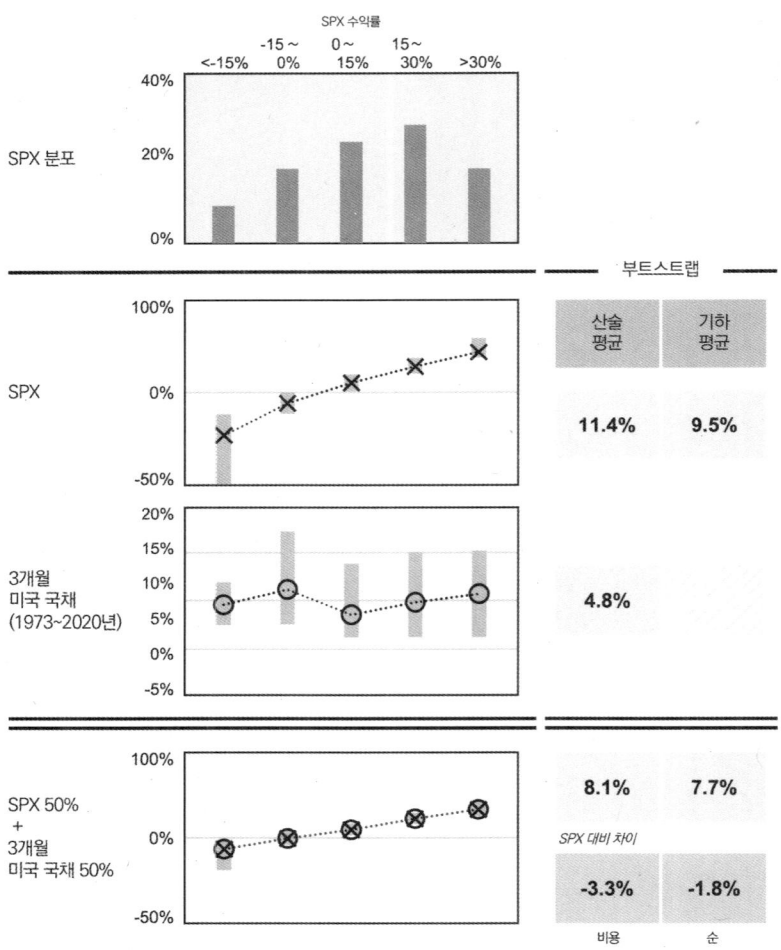

우산을 든 투자자

각 구간에서 단일 수익률이 아니라 세이프 헤이븐 수익률의 범위를 썼다는 점을 빼면, 이전 장에서 다룬 모델의 ×○ 프로필 그래프와 모든 것이 똑같기 때문에 추가적인 설명은 필요 없을 듯하다.

한 가지 짚고 넘어갈 점이 있는데, 미니 사례 연구에서 제시하는 프로필 그림의 첫 두 줄은 항상 동일하다. 모든 사례에서 SPX의 120년 연간 수익률을 포함하는 d120 주사위를 던져서 도출한 25개년 경로를 동일하게 1만 번 부트스트랩했기 때문이다. 그러므로 이번에만 해당 정보를 제시하기로 한다. 앞으로는 첫 두 줄을 뺀 나머지 부분의 정보만 제시한다.

가치 보관 세이프 헤이븐에 대해 예상했듯, 3개월 미국 국채 보상 프로필은 모양이 아주 평평하다. 단독 산술평균 수익률은 가치 보관 세이프 헤이븐 모델의 7%보다 낮은 4.8%로, 그다지 좋지는 않다. 예상대로 3개월 미국 국채의 순 포트폴리오 효과는 마이너스이며, 부트스트랩에서 기하평균 수익률, 즉 CAGR 중간값은 7.7%였다. SPX 단독 CAGR인 9.5%보다 낮은 수치이며, 순 포트폴리오 효과는 −1.8%로 산출되었다. 우리의 방법론에 따르면 이 순 포트폴리오 효과 수치는 기각역 95%에 속한다. SPX의 기각역 경곗값 9.4%을 밑돌아 SPX 기하평균 수익률 95% 신뢰 구간의 아랫부분에 위치한다.

따라서 3개월 미국 국채는 비용 효과적인 세이프 헤이븐이라는 귀무가설은 후건이 부정됐으니 기각해야 한다. 여기에서 후건은 SPX 포트폴리오에 3개월 미국 국채를 추가하면 시간이 지나면서 포트폴리오의 CAGR이 올라간다는 것인데, 앞서 살펴봤듯 그렇지 않기 때문이다.

다음 단계로 3개월 국채 수익률 곡선을 10년물과 20년물로 확장해 볼 수 있는데, 그러면 투자에서 흔히 '균형 잡힌 포트폴리오'라고 하는 '주식/채권' 포트폴리오의 채권 구성을 더 잘 반영할 수 있다. 분산 포트폴리오의 '표준'이라고 생각할 수도 있겠다.

수익률 곡선을 확장하면, 앞서 제시한 3가지 모델을 기준으로 정한 세이프 헤이븐 스펙트럼에서도 달리 움직이게 된다. 3개월 미국 국채에서 10년 및 20년 만기 미국 국채로 확장하면, 가치 보관 세이프 헤이븐에서 벗어나 보상의 마이너스 상관성이 좀 더 강한 방향으로, 즉 두 가지를 혼합한 양상으로 옮겨간다.

물론 단기 국채인 3개월물의 가격은 금리의 움직임에 대한 민감도가 덜하며, 3개월 국채의 금리 자체가 통화 개입과 더 밀접한 관계에 있다. 만기가 더 긴 미국 국채의 밸류에이션은 금리의 움직임에 훨씬 민감하며, 장기 국채의 금리는 경제 성장이나 수축, 인플레이션 또는 디플레이션에 대한 기대치에 따라 움직이는 경향이 더 강하다.

또한, 이전에도 언급했지만, 장기 미국 국채는 고등급 선호현상을 보이는 자산의 전형적인 사례로, 주식 시장과 경제 상황이 나빠지면 투자자들이 안전을 확보할 목적으로 주워 담는 자산이다. 역학적이라기보다는 통계적 성격이 강한 다음의 보상 프로필을 보면 그런 효과를 뒷받침하는 근거를 일부 살펴볼 수 있다(10년 만기 국채와 20년 만기 국채에 대한 배분율은 각각 37%, 34%다).

XO 프로필: 미국 국채

3개월 미국 국채 (1973-2020년)

부트스트랩
- 신출 평균:
- 기하 평균: 4.8%

SPX 50% + 3개월 미국 국채 50%
- 8.1%
- 7.7%
- SPX 대비 차이: -3.3%, -1.8%
- 비용 / 순

10년 미국 국채 (1973-2020년)

부트스트랩
- 신출 평균:
- 기하 평균: 7.4%

SPX 63% + 10년 미국 국채 37%
- 9.9%
- 9.1%
- SPX 대비 차이: -1.5%, -0.4%
- 비용 / 순

20년 미국 국채 (1973-2020년)

부트스트랩
- 신출 평균:
- 기하 평균: 8.4%

SPX 66% + 20년 미국 국채 34%
- 10.4%
- 9.4%
- SPX 대비 차이: -1.0%, -0.1%
- 비용 / 순

과감한 추측

10년 및 20년 만기 미국 국채도 세이프 헤이븐으로서 비용 효과성이 없거나, 미미할 뿐이기는 하지만 3개월 국채보다는 상황이 조금 나아 보인다. 3개월 국채의 순 포트폴리오 효과도 마이너스이고 (-1.8%), 10년 만기 국채와 20년 만기 국채의 포트폴리오 실적도 각각 -0.4%, -0.1%로 마이너스를 기록하고 있다.

　위의 수치가 그렇게까지 나쁘지는 않지만, 지난 몇 년간 전개된 상황을 보면 세이프 헤이븐으로서 국채의 지위가 훨씬 불안정해졌음은 분명하다. 국채 수익률이 아주 낮아져서 올라갈 여지가 많기는 하지만, 떨어질 여력도 거의 없는 실정이다. 흥미로운 사실이기는 하나, 미국의 금리가 마이너스 영역에 진입하리라 예상하는 이들에게 그다지 설득력 있는 경고는 아니다. 그러나 이 차트를 대강만 보더라도 10년 만기 국채는 비용 효과성 테스트를 통과하지 못하며, 정확하게 SPX의 기각역 경곗값에 위치한 20년 만기 채권은 가까스로 통과한다는 점을 알 수 있다.

　그러나 20년 만기 국채 보상 프로필의 수익률 범위를 좀 더 자세히 살펴보면, 그 비용 효과성이 믿을 만한 것인지 의구심을 품게 된다. 국채의 보상은 통계적 성격(고등급 선호현상)도 있고 역학적 성격(실질 경제성장률, 인플레이션, 디플레이션)도 있는데, 어떻게 달라지는 것일까?

　20년 만기 국채의 보상 프로필 구성에 사용하는 시기를 1973~1988년, 1989~2004년, 2005~2020년으로 16년씩 3단위로 나누어 살펴보자(3단위는 임의로 정한 단위다). 그렇게 기간별 국채의 보상 프로필을 다시 구성하고, d120 주사위를 활용하는 동일한 방식으로 3개의 부트스트랩을 별도로 실시한다. SPX 수익률이 아니라, 세이프 헤이븐의 보상 프로필을 구성하는 데 사용한 데이터만 3개의 기간으로 나누는 것이다. 따라서 SPX의 함수로서 세이프 헤이븐 보상에 나타나는 변화를 SPX 자체의 분포에 나타나는 변화와 분리하여, 리스크 완화의 속성에 나타나는 '고차원적' 변화에 집중한다.

다음 페이지의 그림을 통해 결과를 살펴보자.

기간별로 살펴보면, 20년 만기 미국 국채의 순 포트폴리오 효과가 −0.8%에서 +0.6%, 다시 −0.9%로 변하는 등 변동 폭이 상당하다. 여기에서도 SPX 수익률로 이루어진 d120 분포를 동일하게 사용했다. 이런 추세의 원인은 바로 보상의 모양으로, 대체로 심한 변동 폭을 보이고 있다. 두 가지 가능성을 생각해볼 수 있는데, 국채의 보상 프로필이 매 순간, 그리고 10년 단위로 노이즈가 극심하게 끼거나, 보상을 이렇게 비트는 무언가가 작용하는 것이다. 우리가 찾아내어 전술적으로 활용할 수 있는 미발견 해왕성인가, 아니면 잘못된 결론으로 이끄는 전제가 되는 벌컨인가? 벌컨 효과라면 20년 만기 미국 국채는 이전의 분류 체계에서 언급했던 희망적 헤이븐에 해당한다. 노이즈가 너무 많아서 보상이 의미와 경제적 효과를 상실하게 되는 카테고리로, 아무것도 아닌 것보다 더 좋지 않을 수 있다.

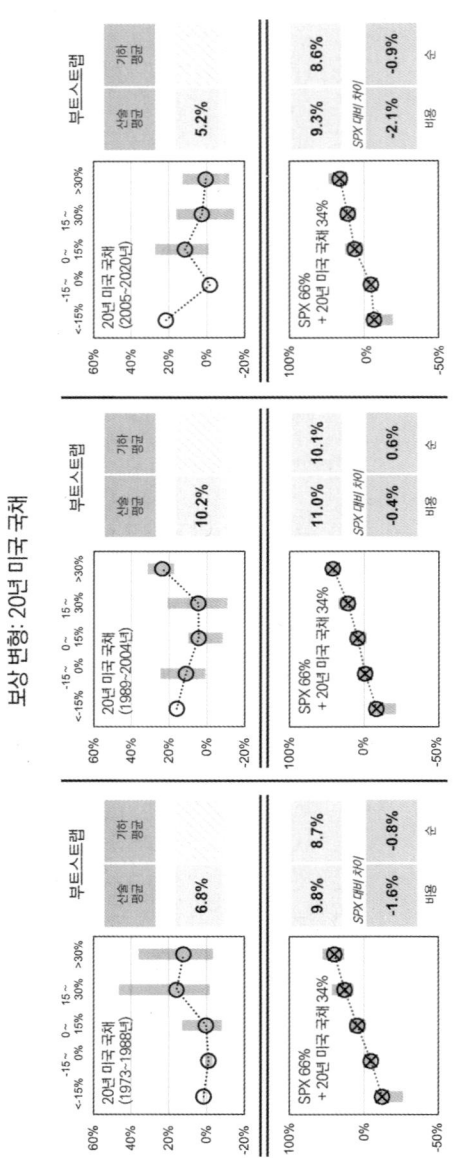

256 우산을 든 투자자

해왕성이냐 벌컨이냐. 국채는 희망적 헤이븐이나 다악화 헤이븐과 아주 많이 닮았다.

흐름을 타라

세이프 헤이븐 보상과 메커니즘의 스펙트럼을 따라가다 보면, 알파 세이프 세이븐에 도달하게 된다. CTA 전략의 이상적인 사례와 매우 유사하다는 이유로 이런 이름을 붙였다는 점을 기억하기 바란다. CTA(원자재 헤지펀드)는 보통 추세 추종 전략으로 분류된다. 증권이 일정 기간 특정 방향으로(위나 아래로) 움직이면 추세가 정립된 것으로 보고, 그 추세가 유지되는 한 해당 증권에 대해 롱이나 숏 포지션을 취하는 것이다. 그러므로 CTA는 가격 움직임의 지속성을 기준으로 흐름을 타는 모멘텀 전략인 경우가 많다. 일종의 롱 옵션을 재현하는 전략인 것이다. CTA 회사에 따라 타임 윈도우와 여타 인풋은 달라질 수 있고, 대개 다양한 변동성 지표를 기준으로 포지션 규모를 정한다.

CTA는 특히 헤지펀드 같은 액티브 운용 전략 범위 내에서 중요한 위치를 차지한다. '우위'나 '알파'를 상정하고 수익률을 추구하는 전략을 통해 명시적으로 리스크를 완화하려는 시도이기 때문이다. 그리고 이런 가정에는 '위기 알파'라는 이상주의적인 이름이 붙기까지 했다. 이런 이유로 추세 추종 전략은 여러 측면에서 리스크 완화의 총아이며, 성배를 찾으려는 커다란 희망이다.

다음은 CTA 수익률 지수의 ×○ 보상 프로필로, SPX 포트폴리오에서 배분 규모를 상한선인 50%까지 당겨 조정한 것이다.

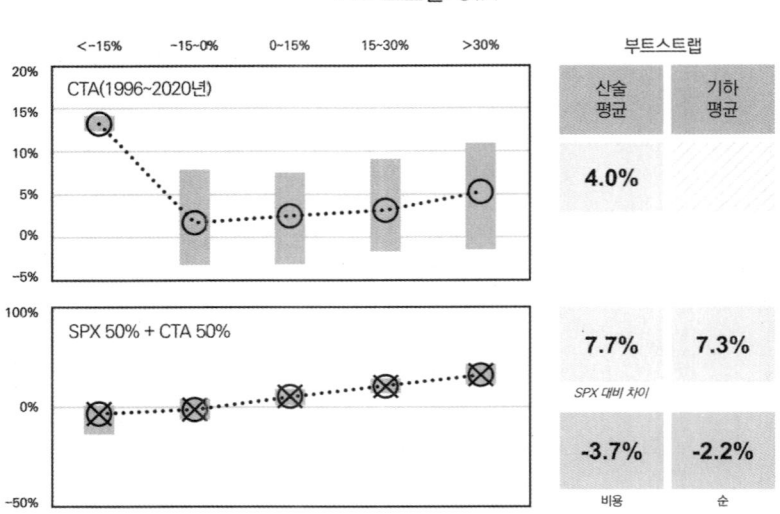

현실 세계의 가치 보관 세이프 헤이븐인 3개월 미국 국채와 마찬가지로, 현실 세계의 알파 세이프 헤이븐과 유사한 CTA 지수는 보상의 모양이 알파와 비슷하다. 단독 산술평균 수익률은 4%로 낮은 편이고 (알파 모델은 7%), 이로 인해 포트폴리오의 산술 비용이 −3.7%로 훌쩍 커진다.

알파 모델과 마찬가지로, CTA의 하방 보호는 비용 효과적으로 리스크를 완화하기에는 모자라다(뿐만 아니라, 포트폴리오의 5 백분위수 CAGR을 4.8%까지 끌어올리기에도 역부족이다). 여기에 '총아'는 없다(이런 전략을 좋아하는 사람들은 실질적이기보다는 이론적인 점수표를 내세운다).

헤지펀드 전략은 보통 폭락 구간에서 이런 마이너스 상관성이나 민감도를 보이지 않는다. 이는 전통적인 헤지펀드 전략보다는 CTA를 전형적인 알파 세이프 헤이븐으로 사용해야 하는 또 다른 이유다(헤지펀드에서 '헤지'라는 말은 아주 부적절한 명칭이 됐다). **그러나 롱 변동성이나 테일 헤지**tail hedging **전략 등 목적이 비슷한 다른 파생상품 기반 전략도 있다. 그런 전략을 대표하는 이 두 지표의 보상 프로필은 CTA와 아주 유사하다. 그리고 CTA와 마찬가지로, 이들 지표도 비용 효과적이지 않다는 점에서 기각되어야 한다**(이는 학계의 연구 결과에도 부합하며, 일반적인 테일 헤지에 대한 학계의 비판에 근거가 없지 않다). 알파 모델에서 살펴봤듯이, 이 수준의 마이너스 상관성은 산술평균 수익률이 7%라고 해도 마이너스의 순 포트폴리오 효과를 낸다.

반짝이는 모든 것

세이프 헤이븐 스펙트럼에서 점점 보험 쪽으로 움직이면서 탈락자가 서서히 늘고 있다. 앞서 살펴보았듯 보험 모델의 보상은 평상시에는 손실이 예상되지만, 폭락 시 보상이 폭발적이라는 점이 특징이다.

세이프 헤이븐에 대한 통념에 따르면, 금은 보통 광범위한 시장 손실에 대해 보험과 같은 헤지 역할을 한다. 두려움을 물리치는 부적이자, 은행 제도 붕괴에 대비하는 보호 조치라고 여기는 사람도 있다. 부분 지급 준비 제도에서 예금을 인출할 수 있는 수단이기 때문이다. 물론 다른 무엇보다도 인플레이션의 헤지 수단으로 많이들 생각한다.

그러나 인플레이션 헤지 수단으로서의 금에는 노이즈가 아주 많이 낀다. 금은 대체로(아니, 거의 전적으로) 실질 금리의 움직임에 연동한다(인플레이션이 명목 금리보다 빠른 속도로 진행되면, 실질 금리가 내려가면서 금값이 올라간다. 하지만 금값 상승은 인플레이션 때문인가, 아니면 실질 금리 때문인가? 이는 닭이 먼저냐 달걀이 먼저냐 하는 문제다). 실질 금리가 낮으면 금의 현금수익률이 0일 때의 기회비용 부담을 줄여주는 것으로 볼 수 있다.

다음은 금의 ×○ 보상 프로필이다(SPX 포트폴리오에서 자산 배분 규모는 20%다).

×○ 프로필: 금

	부트스트랩	
	산술 평균	기하 평균
금(1973~2020년)	9.1%	
SPX 80% + 금 20%	10.9%	9.8%
	SPX 대비 차이	
	-0.5%	0.3%
	비용	순

금의 폭락 보상이 CTA 대비 다소 폭발적이라는 점은 분명해 보이고, 또 인상적인 부분이다. 국채와 비교해보면 확실히 그렇다. 10루타까지는 아니지만, 이전에 살펴본 대안들보다는 많이 발전했다. 결과적으로 플러스 순 포트폴리오 효과를 냈으니 말이다(+0.3%). **따라서 이 경우, 금이 비용 효과적인 세이프 헤이븐이라는 귀무가설을 기각할 수 없다.**

지금까지 금은 명성에 걸맞은 결과를 보여준 듯하다. 그러나 금의 보상 프로필 시작점으로 잡은 1973년 이후 주식이 15% 이상 빠진 연도에서는 금의 수익률이 +70%와 +5% 범위에서 움직였고, 평균은 +40%를 조금 넘는 수준이라는 점에 주목해야 한다. 다른 모든 연도에서는 금의 수익률 범위가 +125% ~ -30%였고, 평균은 7%에 조금 못 미쳤다. 이는 보험과 비슷한 수익률이다. 특히 구간별 평균 수익률이 낮지는 않지만, 평균이 도출되는 범위가 넓다는 게 문제다. 금에 배분되는 자산 규모가 20%라는 점을 고려하면 더 그렇다.

금의 본질은 그 가치에 대한 투자자들의 '기대치'다. 수익률이 없고, 금융 자산으로서의 역할은 아예 비생산적이다. 이렇듯 금은 내재적 경제 가치가 없다. 바로 이런 이유로 금에 대한 근본적인 가치평가가 불가능하다. 앞에서 언급한 경제학자 루드비히 폰 미제스가 오늘날 금의 가격을 금이 단순 원자재로 취급되었던 초기와 관련지어 설명한 유명한 이론이 있는데, 이 이론을 보면 금의 가격이 어디에서 기인하는지 알 수 있다. 미제스는 본인의 이론이 다음 주 금 1온스의 적정 가격을 '예측'할 수 있는 공식이 아니라는 점을 처음으로 인정한 학자일 것이다. 따라서 실질 금리가 낮으면 금을 보유하는 기회비용에 역학적 효과를 미치기는 하지만, 금의 보상 프로필은 대체로 통계적 성격을 띤다는 결론을 내리게 된다(그리고 이런 결론이 적절할 것이다). 그러니 좀 더 자세히 알아보려면, 20년 미국 국채의 경우와 마찬가지로 과거의 보상 프로필이 어떤 움직임을 보였을지 보아야 한다.

다음은 앞에서와 같이 16년씩 3단위로 구분한 금의 ×○ 프로필이다(1973~1988년, 1989~2004년, 2005~2020년). 이전의 사례처럼 세이프 헤이븐 보상의 모양을 변형하는 무언가가 있는 듯하다.

이는 '고차원적 효과'라는 점을 기억해야 한다. 기간별 SPX의 부트스트랩은 동일하기 때문에 SPX가 기간별로 다른 움직임을 보여서 나타난 효과가 아니라, 세이프 헤이븐 보상 프로필의 모양이 변했기 때문에 발생한 효과다.

최소 1980년대 후반 이후 금의 보상이 변형된 모습이 눈에 띈다. 아니면 그 전에 금의 보상 프로필이 변형되었다가 원래 모양으로 돌아왔을 수도 있다. **어느 경우든 금의 보상은 시간이 지나면서 점차 평평해져서 알파나 가치 보관과 비슷한 형태가 되었다. 이로 인해 금의 단독 산술평균 수익률이 떨어졌고, 순 포트폴리오 효과도 기간별로 +1.5%에서 −1.1%, −0.1%로 줄어들었다.**

금의 기하 효과는 어느 정도 안정적이기는 했지만, 포트폴리오에 초래하는 산술 비용은 커졌다.

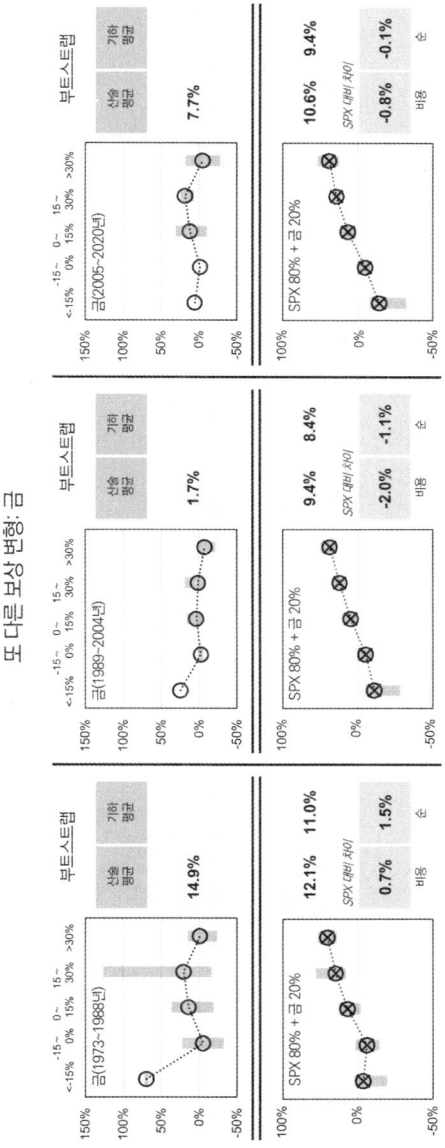

과감한 추측　　263

금을 세이프 헤이븐으로 사용하여 포트폴리오의 체계적 리스크를 완화하려는 사람이라면 금의 보상을 비트는 미발견 해왕성의 존재 가능성도 고려해야 한다. 아니면 벌컨이 있을지도 모른다. 그러니까 아무것도 없을지도 모른다는 뜻이다. 금을 세이프 헤이븐으로 분류하고 가설을 세운 것이 애초에 잘못되어서 실제로는 금이 희망적 헤이븐에 불과할 수도 있다.

1970년대 인플레이션이 더 심했을 당시 금의 보상 프로필을 보면, 폭락 상황에서 자산을 보호하는 아주 비용 효과적인 세이프 헤이븐이었다는 점은 분명하다. 하지만 그 이외에 금은 그다지 비용 효과성을 발휘하지 못했다. 금이 효과적인 세이프 헤이븐이 되려면 인플레이션이든 실질 금리든 특정 환경에서의 전술적인 요건이 필요하다.

이는 금이 폭락이라는 체계적 리스크를 완화한다고 할 때, 비용 대비 효과는 차치하고서라도 무언가라도 효과가 있으려면 특정 조건이 맞아떨어져야 한다는 뜻이다. 그리고 이는 내적 모순에 해당하며, 금을 전략적 세이프 헤이븐으로 택하는 데 문제가 된다.

폭락 상황에 대비하는 화폐와 비슷한 보험으로서 금의 고유한 위치가 있기는 한가? 비트코인 같은 암호화폐가 그런 기능의 측면에서 금을 대체하고 있다고 이야기하는 사람도 있겠지만, 근래에 새로 생긴 이런 수단을 정말로 세이프 헤이븐이라고 할 수 있는가?

암호화폐의 세이프 헤이븐 보상 프로필은 현재 너무 자료가 빈약하고 노이즈가 많아서 이해가 가능한 방식으로 평가하기가 어렵다(초기 지표를 보면 암호화폐는 안전하지 않은 헤이븐에 더 가까운 듯해 보이기는 하다). 이것만 보더라도 암호화폐는 기껏해야 희망적 헤이븐(그라운드호그 킬러인 척하는 게으른 나나!)에 지나지 않는다. 이는 시간이 지나면 알게 될 일이다.

하지만 암호화폐를 옹호하는 사람들이 제대로 된 방향을 보고 있기는 하다. 암호화폐는 중앙은행의 실패에 대비한 보험이라고들 한다. 이는 한발 더 나아가 암호화폐가 경제 위기에 대한 보험 역할을 하리라고 생각하는 것이다. 현시점에서 중앙은행의 실패는 현재 통화 정책의 실패를 동반하기 때문이다.

암호화폐는 중요한 기술 플랫폼(블록체인)이다. 본인만 접속할 수 있는 가상의 안전 보안 금고 같은 것이다. 대단히 멋지고 인상적인 금고가 맞고, 또 존중받을 만하다. 세상을 바꿀 것이다. 하지만 금고가 안전하고 편리하고 멋지다는 이유로 이제는 공식적으로도 금고 안의 내용물도 가치가 있다고 여겨지고 있다. 아니, 섭리fiat라고까지 생각하는 사람이 있다고 할 수도 있겠다. (경제학자 로버트 머피Robert Murphy는 미제스의 관점에서 보면, 암호화폐를 '피아트 통화fiat currency*'라고 할 수밖에 없다고까지 이야기했다).

그뿐만 아니라, 비트코인은 완전한 익명성을 보장하지도 않는다. 엄밀히 이야기하자면 '익명'이 아니라 '가명'을 쓴다. 각 계정에 연계된 '사람'이 누구인지는 불분명하지만, 누구라도 언제든지 각 비트코인

---

* 본래는 금과 같은 상품으로 뒷받침되지 않는 정부 발행 통화, 법정 화폐 등을 '피아트 통화'로 지칭한다.

과감한 추측

의 소유자를 알 수 있다. 그렇다고 해도 비트코인은 상당한 추적이 가능하다. 가장 심각한 문제는 비트코인이 매우 투기적인 수단이며, 유동성을 원료로 해서 작동하는 환경에서 등장한 만큼 그와 관련한 징후를 보여준다는 점이다(나는 비트코인과 그런 환경이 떼려야 뗄 수 없는 관계라고 본다). 반짝인다고 다 금은 아니다.

세이프 헤이븐 경계선

지금까지 미국 국채, CTA(또는 헤지펀드), 금 등 3가지 큼직한 세이프 헤이븐을 자세히 살펴보았다. 이제 원래의 3가지 모델과 나란히 비용 효과 평면에 배치해보자.

보다시피 세이프 헤이븐 종 분류의 문제는 좀체 사라질 것 같지 않다. 세이프 헤이븐과 유사 세이프 헤이븐을 구분하는 흐릿한 경계선을 가지고 계속해서 씨름해야 한다. 모델을 모델이라고 하는 데는 그만한 이유가 있는 법이다.

그러나 이런 모델은 이상적인 프로토타입이다. 현실 세계의 여타 세이프 헤이븐을 탐색하고 발전시키는 디딤돌 역할을 한다고 생각하면 된다. 실제로 유니버사에서는 바로 이런 일, 즉 보험 모델 보상을 개선하고 다듬는 일을 계속해 왔다. 유니버사에서 실현한 단독 세이프 헤이븐 보상 프로필은 10루타 종목보다도 훨씬 폭발적이었고, 리스크 완화 전략으로서 우리의 비용 효과성을 보여주었다(그리고 보험 모델은 평균 회계 연간 자본 수익률이 0%인 데 반해, 우리는 지금까지 10

년이 넘도록 100% 이상으로 유지했다). **리스크 완화를 부의 창출에 대한 트레이드오프라고들 생각하는데, 많은 경우에 그렇기는 하다. 하지만 리스크 완화와 부의 창출의 관계가 꼭 그렇지만은 않다.**

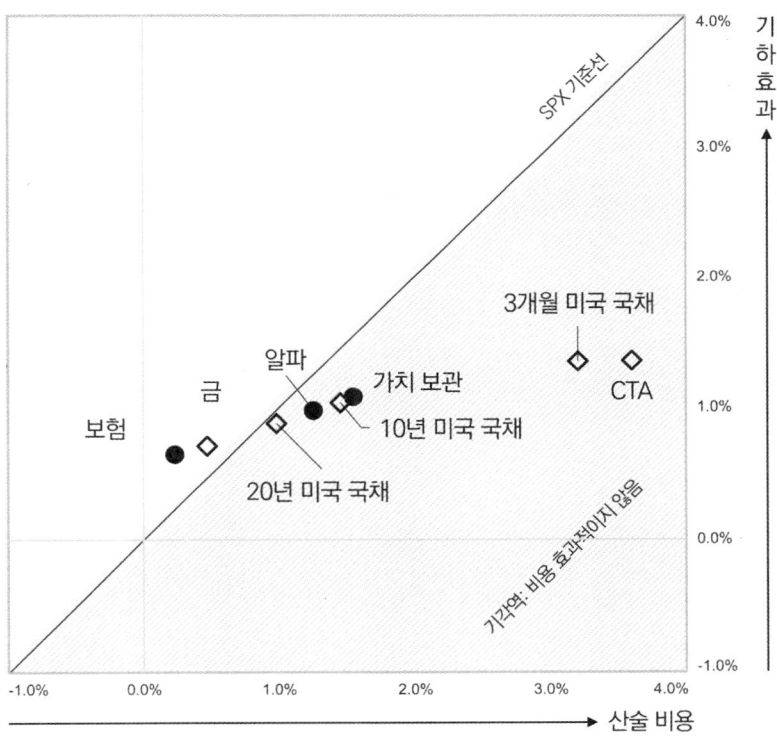

다음은 40여 개의 전형적인 세이프 헤이븐을 전부 비용 효과 평면에 배치한 것이다. 이 데이터 포인트에는 우리가 이미 다룬 내용을 비롯하여 다른 헤지펀드 전략, 스위스 프랑화·일본 엔화·미국 달러화 등의 통화, 사모펀드, 밸류 전략, 모멘텀 전략, 리스크 패리티, 최소 변

동성 및 관리 변동성 전략, 롱 변동성, VXX*, 하이일드 인덱스, 예술품, 농지, 원자재, 염소(음, 염소는 아닌 것 같다)도 포함되어 있다.

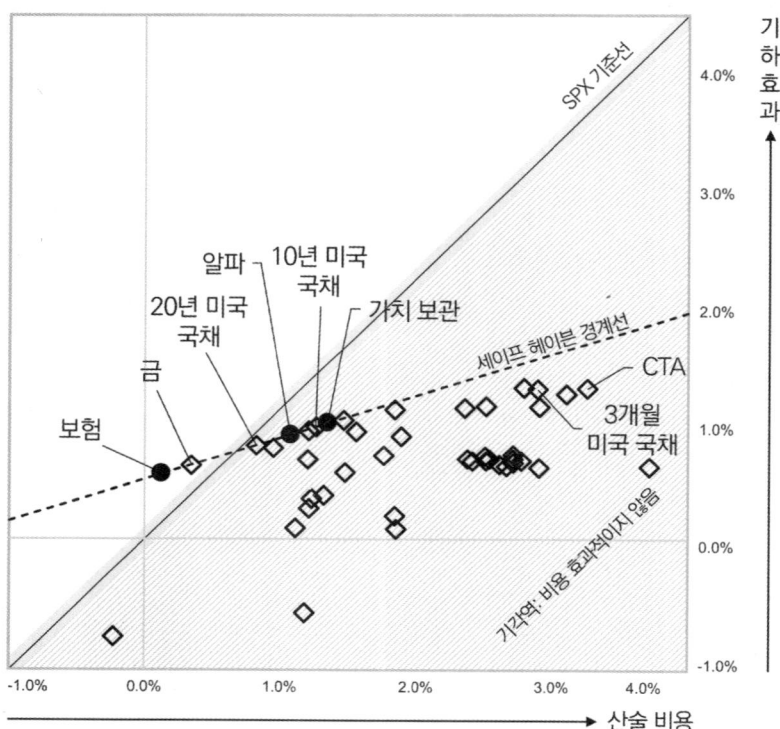

이미 우리가 살펴본 두어 가지 예외 사례를 포함하여, 이 평면은 비용 효과성의 측면에서 기각역에 속하는 세이프 헤이븐의 진정한 무덤을 나타내는 듯하다. 이들 세이프 헤이븐 사이에는 정말 많은 움직임이 있지만, 행동이랄 것은 거의 없다.

---

* 투자자들이 주식 시장의 변동성을 거래할 수 있는 가장 보편적인 수단.

하지만 이게 전부는 아니다. 이 비용 효과 평면은 세이프 헤이븐 스펙트럼이라는 연속체를 나타내며, 3가지 프로토타입 모델에서 정의한 내용과 일맥상통한다. **그래프에서 3가지 세이프 헤이븐 모델을 가로지르는 선을 그린 후 양방향으로 연장하면, 그 선이 상당한 의미를 지닌다는 점이 바로 분명해진다.**

실제로 이 선은 리스크 완화 포트폴리오의 5 백분위수 CAGR을 리스크 완화를 하지 않았을 때의 2.7%에서 우리가 미리 설정한 4.8%로 끌어올리는 세이프 헤이븐을 추종한다. 이 선의 아래에 위치하는 점들은 5 백분위수를 끌어올리는 정도가 약하며, 선보다 더 아래에 있을수록 5 백분위수를 더 많이 끌어올리지 못한다.

이 선이 바로 우리의 '세이프 헤이븐 경계선'이다.

경계선과 비슷한 선을 아래쪽에 그려볼 수 있는데, 그런 선은 리스크 완화의 효과가 떨어지는 세이프 헤이븐을 가로지르게 된다. 세이프 헤이븐 간의 공정하고 대등한 비교는 그런 선을 따라 이루어진다.

세이프 헤이븐 경계선은 내가 이 책 전반에 걸쳐 시사한 실적의 스펙트럼으로, 세이프 헤이븐 유니버스의 보상과 비용 특성을 잘 보여준다.

우리의 부트스트랩에서 각 리스크 완화 포트폴리오의 5 백분위수 CAGR을 끌어올리기 위해 포트폴리오 내의 자산 배분 규모를 어떻게 정했는지 생각해보자. 보통 폭락 보상이 폭발적일수록 베르누이 폭포에 휩쓸리지 않게 세이프 헤이븐에 배분해야 하는 자산 규모가 작아진다. 그리고 세이프 헤이븐에 배분하는 자산 규모가 작아질수록 해당 세이프 헤이븐의 단독 산술평균 수익률이 낮아지기 때문에 포트폴리오에 미치는 산술 비용이 적어진다.

따라서 순 포트폴리오 효과, 즉 세이프 헤이븐의 비용 효과성은 특정 수준의 리스크를 완화하는 데 해당 세이프 헤이븐이 얼마나 '적게' 필요한지에 따라 달라진다. 세이프 헤이븐의 필요성이 적으면 기하 효과 대비 산술평균 비용이 줄어든다. 더 적은 비용으로 베르누이 폭포에 휩쓸릴 위험을 완화할수록 세이프 헤이븐 경계선을 타고 더 아래로 내려갈 수 있다. 즉, 비용 효과성이 더 커지는 것이다.

이런 식으로 세이프 헤이븐 경계선을 타고 내려가면 산술 비용 절감과 순 포트폴리오 효과 강화가 함께 작용하는 '경제적으로 우월한' 전략을 실현할 수 있다. 앞에서 보험을 적용한 주사위 게임과 보험 모델에서도 이 내용을 살펴보았다.

주사위 게임을 여러 번 진행해서 얻은 연역적인 계산 결과는 여러 세이프 헤이븐에서 중구난방으로 나타나는 결과에 부합하는 듯하다. 그러니까 세이프 헤이븐 모델에서 설정한 스펙트럼에 경험적인 이점이 있는 듯하다는 것이다. 안타깝게도 세이프 헤이븐 중 대다수가 틀렸음을 입증해야 하지만, 다행히도 우리의 '추측', 즉 리스크 완화를 비용 효과적으로 할 수 있다는 좀 더 포괄적인 세이프 헤이븐 가설은 여전히 유효하다.

우리가 일부 사례 연구를 진행한 목적은 그래프에 있는 각 점의 일관성 없는 세부 내용을 전부 알아내고자 함이 아니다. 그런 세부 사항은 부차적인 내용에 가깝다. 각 점의 위치에 영향을 미친 요인, 그리고 위치가 그렇게 정해진 이유가 중요하다. 비용 효과 평면은 우리가 검투를 벌인 결과를 기록한 점수표다. 그렇다면 우리는 '이 점수표를 움직이는 요인은 무엇인가'라는 질문을 항상 해야 한다.

이 세이프 헤이븐 경계선에는 훌륭한 질서가 있다. 최악의 경로에 따르는 리스크를 완화하면 가장 높은 곳에 있는 이 경계선에 세이프 헤이븐을 올려놓을 수 있고, 더 적은 비용으로 그런 최악의 경로에 따르는 리스크를 완화하면 해당 세이프 헤이븐을 경계선에서 더 왼쪽으로 이동시킬 수 있다는 것이다. 더 적은 비용으로 5 백분위수 경로를 끌어올릴 수 있는 능력(윌리엄 텔 화살의 '정밀성')을 개선하면, 그 결과로 중간값 경로(화살의 '정확성')를 끌어올리게 된다.

여기에서의 메시지는 더 큰 리스크를 감수한다고 해서 자산의 기하평균이나 중간값이 커지지는 않는다는 것이다. 오히려 리스크를 줄이고 적정 리스크를 감수해서 최악의 결과를 완화해야 한다. 전부 다 연결되어 있는 내용이다. 세이프 헤이븐 모델에서도 예상한 내용이고, 그전에는 베르누이가 곡선의 오목성 개념에서 이를 시사했다. 그리고 세이프 헤이븐 경계선은 현실 세계에 존재하는 각양각색의 세이프 헤이븐을 통해 이 점을 보여준다.

따라서 최악의 경로를 따라 비용 효과적으로 손실을 완화하면 현대 금융에서 불가능하다고 하는 일, 즉 리스크를 낮춰 자산을 늘리는 일을 해낼 수 있다.

해맑게 휘파람을 불며 지나는 무덤

이 가설 테스트에서 도출할 수 있는 3가지 주요 결론이 있다.

첫째, 예상했던 대로 비용 효과적인 리스크 완화는 어렵다. 전형적인 세이프 헤이븐이라고 해도 딱히 비용 효과적이지 않았다. 오히려 그 반대인 경우가 많았다. 이들은 전략적인 리스크 완화 수단이라기보다는 대체로 전술적인 수단이다.

둘째, 비용 효과적인 형태의 세이프 헤이븐이 존재한다고 하더라도 일관성이 없고, 심지어는 지속 기간이 아주 짧은 경향이 있다. 전술적 세이프 헤이븐과 전략적 세이프 헤이븐이 결합한 형태인데, 이들의 보상 프로필은 해왕성이나 벌컨으로 인해 변형된 양상을 보였다. 긴 시간을 놓고 보았을 때 금의 보상 모양은 보기 드물게 비용 효과적인 세이프 헤이븐의 모습을 띠었지만, 실제로 비용 효과성을 발휘하려면 1970년대 이후에는 볼 수 없었던 수준의 인플레이션이 필요하다. 1970년대 이후에 발생한 폭락 상황에서는 비용 효과적이지 않았으며, 금을 체계적 리스크 완화 전략으로 사용하면 큰 비용이 드는 것으로 나타났다(금은 1970년대의 실적이 매우 좋았기 때문에 전체적으로 좋은 실적을 냈다). 따라서 금은 인플레이션이 심한 시기에 전술적 헤지로 기능하지만, 전략적 세이프 헤이븐은 아니다.

셋째, 이 와중에 좋은 소식이 있다. **우리가 활용할 수 있는 실질적이고 유의미한 세이프 헤이븐 경계선, 즉 밀어붙일 수 있는 한계를 정의하고 설명하는 경계선이 있다는 것이다.** 경계선을 따라 내려갈 수 있도록 하는, 그리고 내려가면서 실제로 비용 효과성을 끌어올리는 세이프 헤이븐 보상 모양의 스펙트럼이 실재한다. 그런데다가 유명한 기관과 정교한 연구·투자 상품도 달성하지 못한 일을 산술평균 수익률이 0%에 불과한 일개 모델, 즉 우리의 보험 모델이 해냈다. 리스크를 줄여서 자산을 늘린 것이다. 그렇지만 생각해보면 놀랄 일도 아니다. 결국 페테르부르크 중개무역 사례니까.

　이 책에서는 원대한 생각과 커다란 기대를 비판하고 깨부수기만 했지, 별달리 한 일이 없는 듯하다고 느낄 수도 있다. 지금쯤이면 우리가 투자계의 패배주의적 허무주의자처럼 보일지도 모르겠다.

　하지만 그건 완전히 잘못된 생각이다. 지식은 반박된 이론의 무덤을 헤쳐나가면서 발전한다. 섬뜩한 망령의 틈에서 즐거움을 누려야 하고, 해맑게 휘파람을 불며 '과감한' 추측의 무덤을 지나야 하는 것이 지식이다.

　포퍼가 이야기했듯, 추측이 과감할수록 더 좋다. 그 추측을 반박해서 무덤으로 보내기 더 쉬워진다는 뜻이다. 과감한 추측일수록 더 세게 거꾸러진다. 이렇게 깔끔하게 반증이 이루어지기 때문에 그런 추측이 더 과학적이다. **좀비가 된 생각은 유사 과학이다.**

　우리가 이 장에서 무덤으로 보내려고 한 구체적인 세이프 헤이븐에 대한 추측 중 다수는 리스크 완화의 관점에서 보면 건드릴 수 없는 것이었다. 현대 금융학의 분석틀로는 이런 추측을 고려조차 할 수 없기 때문이다. 겨냥하는 과녁 자체가 전혀 달라서 우리가 따지는 최종 자산과 복리수익률을 고려할 수 없다. 사용하는 점수표가 다르기에 방법론이 틀렸다고 이야기할 수도 없다. 반증도 불가능하다. 그러니까 현대 금융학은 애초에 유사 과학인 셈이다.

이 장에서 관찰한 포트폴리오 효과의 후건을 부인하면, 각 세이프 헤이븐의 비용 효과성에 대한 기본 가설을 반박하게 된다. 그리고 더 나은 실적을 거둘 수 있도록 의도적으로 리스크를 낮추어 시간이 지나면서 더 높은 복리수익률을 실현한다는 이 근본적인 목표야말로 '투자 운용의 본질' 그 자체다.

그렇기는 하지만 이런 본질은 급진적인 생각이다. 포퍼가 그렇게 좋아하는, 과감하고 쉽게 거꾸러지는 추측인 것이다. 투자자로서 우리가 할 수 있는 가장 과감한 추측일지도 모르겠다. 그리고 그 추측은 반박될 때까지 잠정적으로만 인정된다.

빠르게 판단한다고 해서 불편하게 여길 필요는 없다. 비용 효과적이지 않다는 이유로 어떤 세이프 헤이븐을 폐기하게 되더라도 아예 쓸데없는 일을 한 건 아니다. 그보다는 각 추측을 상호 비교·측정할 수 있는 새로운 기준선을 설정하는 작업으로 보아야 한다.

누가 결승선을 먼저 통과하느냐가 중요한 게 아니다. 승자 독식의 문제도 아니고, 상위권의 잠정적 순위표도 똑같이 중요하다. 경주는 영원히 끝나지 않으며, 투자는 결국 점진적인 조정과 개선의 문제이니 말이다. 배워나가는 과정에서 과녁 정중앙에 한 걸음씩 다가가는 것이다. 비용 효과성의 기준선이 발전하는 만큼 우리의 투자 역시 발전한다. 최선책이 있다고 해서 괜찮은 선택지를 버릴 필요는 없다.

파인만의 말마따나 "틀렸다고 나쁜 게 아니다. 오히려 기회다."

이런 기초 작업을 바탕으로 투자에서 가장 중요한 문제이자 이 책을 쓴 이유인 커다란 딜레마의 문제에 대해 엄밀하고 건설적으로 생각할 수 있다. 세이프 헤이븐의 스펙트럼, 그리고 한 걸음씩 리스크 완화 문제를 개선해나가는 해결책으로서 세이프 헤이븐 경계선을 생각해보고 찾아내기까지 하지 않았나.

투자는 오류를 교정해나가며 발전한다. 이런 오류는 현대 금융의 도그마에 내재한 오류이기도 하고, 우리의 세이프 헤이븐 가설을 현실 세계에 적용하려는 과정에서 발생하는 오류이기도 하다. 이는 전진을 위한 후퇴, 즉 뒤로 물러서는 듯하지만 실제로는 앞으로 나아가기 위한 움직임이다. 반증을 통해 진리에서 물러섬으로써 오히려 진리에 가까워지고, 자체적인 비용 효과적 세이프 헤이븐과 어딘가 묻혀 있는 보물을 찾아내어 커다란 딜레마를 스스로 해결할 수 있게 될 것이다.

후기

운명을 사랑하라

돌이켜보면

11살 즈음의 나는 커서 오케스트라의 호른 연주자가 되고 싶었다(그렇다. 나는 상남자였다). 온갖 레퍼토리에 파묻혀 매일같이 몇 시간이고 연습했다(학교에 가기 전에 한 시간씩 연습했는데, 아침마다 말러의 곡에 나오는 굉음 때문에 눈을 떴을 부모님은 굉장히 힘드셨을 것이다. 불쌍한 우리 부모님). 나는 호른 연주를 아주, 아주 잘하게 되었다.

그 당시에는 몰랐지만, 어떤 운명 같은 것이 미리 정해져 있었는지도 모르겠다. 세계에서 가장 유명한 호른 연주자 2명의 생일과 내 생일이 같은 날이었기 때문이다. 하지만 그날이 '유명한 호른 연주자 3명이 태어난 날'이 되지는 못했다.

14살쯤이었던 어느 날, 별안간 이런 생각이 들었다. 내가 확고하고 간절하게 원했던 호른 연주자 자리는 딱 셋이었다. 시카고 교향악단, 뉴욕 필하모닉, 베를린 필하모닉의 수석 호른 연주자. 그게 다였다! 그 셋 중 하나가 아니라면 호른을 시작한 걸 후회할 것이었다.

다른 길이 있을 수도 있다는 점은 중요하지 않았다. 위의 세 오케스트라에서 부수석 연주자가 될 수도 있고, 다른 오케스트라의 수석 연주자가 될 수도 있고, 그도 아니면 지하철역에서 공연할 수도 있었겠지만, 나는 전부 받아들일 수 없었다. 그리고 그토록 간절히 원했던 오케스트라의 수석 호른 연주자 자리는 한 세대에 한 자리가 날까 말까 했다. 그래서 나는 기대를 하면서 좋아하다가도, 그런 기대가 실현될 확률을 생각하면서 진저리치곤 했다(유명한 호른 연주자 2명이 태어난 날이냐 아니냐의 문제 말이다).

나는 나름의 상트페테르부르크 역설에 맞닥뜨렸다. 내 운명을 사랑하게 되는 결과의 기댓값은 중간값보다 훨씬, 훨씬 낮았다. 그리고 나는 그런 기대치에 못 미치는 결과가 나오면 내 운명을 저주할 사람이었다. 그런 기대치의 대가로 치르기에 진로는 너무 중요한 문제였다.

나는 두말할 필요도 없이 포기했다. 그리고 두 번 다시 뒤돌아보지 않았다. 그 이후로는 호른을 거의 건드리지 않았다(물론 지금도 말러의 곡을 불어대곤 하는데, 아내가 힘들 것이다. 불쌍한 우리 아내). 이는 그 당시 내 마음 속의 내적 가치평가 지표를 바탕으로 내린 올바른 결정이기도 했고, 이 책에서 내내 내세운 것과 같은 기준에 따른 것이었다.

하나의, 단 하나의 길

책을 마무리하기 전에 우리가 함께 즐거운 시간을 보내면서 어디까지 왔는지 돌이켜보도록 하자. 앞에서는 여러 갈래로 구불구불하게 나올 수 있는 경로를 모두 고려하면서 주사위 게임을 했다(나만큼 독자 여러분도 즐거웠기를 바란다). 셀 수 없이 많은 그 길을 전부 지나가면서 길마다 도플갱어를 하나씩 보내고, 새로운 길이 나올 때마다 전부 다 가보았으면 좋았을 것이다. 그랬으면 다중 우주를 전부 둘러볼 수 있었을 테다.

경이로운 생각이기는 하지만, 우리에게 다른 길이란 디킨스 소설에 나오는 것과 같이 과거에 일어났을 수도 있는 일의 유령일 뿐이다. 하나의 길, 즉 실제로 일어나서 지금의 상태로 이끈 길을 뺀 나머지는 전부 유령이다.

한 번에 6면이 모두 펼쳐지는 주사위에서부터 믿기 어려운 120면 주사위에 이르기까지, 여러 주사위 게임을 진행하면서 알게 된 점이 있다. 우리에게 주어진 단 하나의 길을 지나오면서 떠올리기 어려운 점이기도 한데, 다른 길로 갔다면 아주 즐거웠을 수도 있지만, 반대로 아닐 수도 있다는 점이다. 그리고 다른 길은 모두 지금 우리가 있는 곳이 아닌 곳으로 이어져 있다.

그렇다면 이제 어떻게 될까? 아니, 좀 더 정확하게 이야기하자면, 언젠가 각자에게 주어진 구불구불한 길의 끝에 다다르면 어떤 일이 벌어질까? 기쁘게 옛일을 돌아보며 겪은 일에 고마워하면서 결과에 만족할까? 우리가 고른 길을 정말로, 그러니까 그 길을 한 번 더, 그리고 무수히 많이 원할 정도로 좋아하게 될까? **지독하게 외로운 순간에 니체의 악마가 슬그머니 들어온다면 우리는 그 악마를 저주할까, 아니면 악마에게 키스할까?**

마찬가지로, 우리가 택한 투자 경로와 투자자로서 한 일을 두고 어떤 말을 하게 될까? 지금뿐만 아니라 시간이 많이 흐른 뒤까지 영향을 미치는 선택과 결정을 좋아할까, 아니면 저주할까?

어떤 리스크를 감수하거나 그러지 않았다면 우리가 선택한 길을 사랑하게 되었을까? 뒤돌아서 돌이켜보면 항상 분명한 답이 있다. 아주 흔히 저지르게 되는 회고적 세이프 헤이븐 오류다. 하지만 모든 일이 끝난 뒤 높은 곳에 고고하게 앉아 지난 일을 돌이켜보아서 알게 된 내용을 가지고 아는 척(특히 우리가 해야 했지만, 또는 할 수 있었지만 하지 않은 일에 대해 '내 그럴 줄 알았다'는 말)을 하는 게 아니라면, 어떤 말을 할 수 있을까?

돌이킬 수 없이 늦기 전에 바로 '지금' 리스크 완화에 대해 어떻게 생각해야 하는지가 곧 이 문제의 답이다.

몸을 더 사리고, 다악화를 더 하고, 배를 항구에 더 묶어 두었으면 좋았으리라고 말하게 될까? 훨씬 거창하게 예측하고 모험을 했어야 한다고 말하게 될까? 스스로를 카지노라고 생각하면서 모든 경로의 산술평균을 더 끌어 올렸어야 한다거나, 각 경로의 변동성 대비 평균을 끌어올리려 했어야 한다고 말하게 될까? 내 생각에는 저런 패배주의적이고 허무주의적인 말을 할 일은 별로 없을 것 같다.

가능한 모든 부분에서(특히 최악의 경로에 대해) 결괏값 집단을 전반적으로 끌어올리고 범위를 좁혀서 우리가 좋아할 만한 방향으로 나아가는 데 더 집중했어야 한다고 말할 공산이 가장 크다. 즉, 결괏값의 기하평균에 더 집중했어야 한다고 말할 것이다. 그런 결괏값 집단은 우리가 '지금' 있을 수도 있는 더 나은 경로를 포함하고 있을 가능성이 더 크니까. 그러면 우리가 쏜 화살이 도달하는 탄착군의 범위 자체가 더 좋아질 수 있다. 높은 곳에 고고하게 앉아서 지난 일을 돌이켜보아야만 이 점을 알게 되는지도 모르겠다.

즉, 리스크를 감수 또는 회피하는 결정을 할 때 '비용 효과성'을 주된 기준으로 삼았어야 한다고 말할 확률이 가장 높다. 물론 안전도는 이 기준에 포함되어 있다. 안전을 너무 추구해도, 또 지나치게 안전을 추구하지 않아도 아주 큰 비용을 치를 수 있다.

높은 곳에 고고하게 앉아서 지난 일을 돌이켜보면, 잘 모르는 길을 한창 걸을 때는 갖추기 어려운 관점을 확보하게 된다. 그런 관점을 바탕으로 광범위하고 명확하게 '트랙 전체'를 시야에 넣을 수 있다. 그러면 우리의 N은 1이라는 점이 눈에 더 잘 들어올 것이다.

베이브 루스에게 야구 역사상 50번째로 많은 10,617타석이 아니라 커리어를 통틀어 단 한 번의 타석만 주어진다면 어떻게 될까? 홈런을 가장 많이 칠 수 있는 '삼진아웃의 왕' 전략은 더 이상 최적의 전략이 아니게 된다. 타석이 한 번밖에 주어지지 않는다면, 홈런에 대한 그런 기대치를 현실화하기가 몹시 어렵다. 주어진 타석이 한 번일 때 그런 기대는 의미가 없다. 베이브 루스에게는 새로운 가치평가 기준이 필요해진다. 출루 확률을 최대화하는 빌리 빈Billy Bean의 '머니볼Moneyball' 전략과 비슷한 전략이 최적일 것이다(실제로 베이브 루스는 요즘의 스트라이크 아웃 기준으로 보면 공을 잘 맞히는 타자에 훨씬 가깝고, 그게 정말 대단한 점이다).

자유 도시이자 피난처인 바젤이 배출한 두 인재, 베르누이와 니체의 가르침이 잘 반영되기를 바라면서 우리가 채택한 관점이 바로 이것이다. 베르누이와 니체의 경고와 원칙에 따라 우리가 걷게 될 단 하나뿐인 길의 가치를 잘 이해하고, 중요하게 생각해야 한다. 그래서 제대로 해내야 한다. 그 점이 가장 중요하다.

윌리엄 텔의 화살

청소년이 되어 진로를 결정하면서 나는 호른 연주와 오케스트라의 영예를 포기하고, 전혀 다른 길을 택했다. 16살 즈음 시카고 상품 거래소의 '베이브 루스' 에버렛 클립을 만나, 100년에 한 번 있을까 말까한 주식 폭락장에서 폭발적인 수익을 내는 일을 간절하게 좇아보기로 했다. 운명은 아이러니를 좋아한다.

하지만 100년에 한 번 있을까 말까한 주식 폭락장은 꽤 자주 발생했다. 지금까지 사반세기 정도 커리어를 이어오는 동안 이런 폭락장이 몇 번 있었는지 세려면 한 손으로는 모자라다. 그리고 나머지 폭락장을 세려면 두 손을 다시 동원해야 한다(하지만 누가 그런 걸 세고 있단 말인가?).

이 책에서 리스크로 인한 커다란 딜레마의 확실한 해결책을 다루면서 알게 되었듯, 그런 폭발적인 폭락 보상을 포트폴리오에 편입해 체계적 리스크를 완화하려고 하면(소금 딱 한 꼬집이 요리에서 가장 중요한 재료가 되는 것처럼), 최악의 결괏값뿐만 아니라 자산의 중간값, 즉 포트폴리오의 CAGR 결괏값도 함께 끌어올린다는 점이 훨씬 중요하다. 그림의 떡처럼 허황한 자산의 기댓값이 아니라 중간값이 중요하다. 그리고 다른 선택지 중에는 이를 끌어올릴 방법이 없다(이게 바로 유니버사에서 해온 일이다).

목표를 높이 설정하지 말아야 한다는 뜻은 아니다. 리스크를 감수하지 말아야 한다는 이야기도 아니다. 오히려 그 반대다! 목표를 높이 설정하고 리스크를 감수해야 한다. 목표를 낮게 잡도록 유도하는 온갖 패배주의적·허무주의적 생각을 고쳐야 한다. 근거 없이 리스크에 노출하기보다는 의도적으로 그래야 한다는 뜻이다. **과녁을 맞히지 못하더라도 다른 것들, 즉 나올 수 있는 결과 중 다른 것이 나왔을 때도 그 결과를 좋아할 수 있도록 목표를 높이 잡아야 한다.**

목표를 높이, 그리고 작게 잡아야 빗맞더라도 높이, 그리고 작게 빗맞는다.

과녁의 정중앙을 맞힐 기회는 한 번뿐이다. **통제의 이분법을 투자에 적용하여 그 한 번의 기회에서 통제할 수 있는 것은 통제하되, 일단 화살을 쏜 뒤에는 통제할 수 없다.** 리스크 완화 전략은 정확성과 정밀성을 둘 다 잡아야 한다. 그래서 어떤 화살을 쏘든 그 한 발이 윌리엄 텔의 화살이 되어서 그 화살을 좋아할 수 있어야 한다. 운과의 전쟁에 맞서 싸우고, 결국 이길 수 있도록 하는 화살이어야 한다.

우리에게 주어질 수 있는 무수한 운명의 분포에서 임의로 하나를 뽑는다고 생각하면 심란하다. 하지만 달리 생각하는 건 착각일 뿐이다. 내가 어릴 때, 그리고 이 책 전반에 걸쳐 시도했던 것처럼, 이 광활한 운명의 분포에 우리가 원하는 만큼 항상 영향을 줄 수는 없다. 그냥 운명일 때도 있다. 본인의 삶을 전 세계 인구에서 임의로 뽑아 주어진 것으로 생각해보자(실제로도 그렇다). 그리고 시간을 수천 년 거슬러 올라가 보자(과거에도 그랬다).

우리의 N이 1이면, 애초에 그 N이 좋은 선택지였든 아니었든 반드시 좋은 것으로 만들어야 한다.

해적의 보물

안타깝게도 우리의 페테르부르크 상인은 리스크 딜레마를 해결하지 못했다. 생각을 너무 잘못한 나머지, 벽에 액자로 걸어놓은 '항구에 있는 배는 안전하다'라는 글귀를 아쉽게 바라보았을 뿐이었다. 그 앞에 있는 책상에는 알아볼 수 없는 글씨로 발트해의 잭 선장을 피해 우회하는 항로를 표시하다가 너덜너덜해진 몇 년 치의 항해도 더미가 쌓여 있다. 그러면서 액자에 끼운 배 판화를 바라보며 몽상에 빠진다. 그러던 어느 날, 예전에는 전혀 눈치채지 못했던 점을 하나 알게 되는데, 당연히 상선이리라 생각했던 판화의 배가 사실은 해적선이었음을 깨닫게 되었다. 믿을 수 없었던 상인은 그림을 계속 들여다보았고, 최대 강적의 기함旗艦인 '서든 데스'호가 그림에 겹쳐 보였다.

그동안 상인은 서든 데스호로 인해 갑작스러운 손실을 몇 차례 보았고, 커다란 금전적 타격을 입었다. 손실 이후에는 자본금이 확 줄어들어서 영원처럼 느껴지는 기간 동안 화물의 선적 규모를 줄여야 했다. 거센 바다를 뚫고 그 무시무시한 잭 선장을 겨우 따돌려 상트페테르부르크의 시장에 무사히 화물을 보내기를 여러 번, 상인은 이를 악물고 서서히 원래 상태를 회복했다. 그렇게 애를 써서 겨우 원상 복귀한 것이다. 그러는 동안에도 실상을 제대로 파악하지 못했으니 안타까운 일이다.

니체는 "상인과 해적은 오랫동안 같은 사람이었다"라면서 "상도덕이란 실제로는 해적의 덕목을 다듬은 것에 지나지 않는다"라는 독특한 생각을 했다. 우리의 상인이 니체가 이야기한 해적의 덕목을 조금만 더 갖추었더라면 좋았을 것이다(버크민스터 풀러의 생각을 이해했다면 더 좋았겠고). 그랬다면 해결책이 처음부터 코앞에 있었음을 알아차렸으리라. **상인의 보물 지도는 복잡한 항해도가 아니라, 베르누이의 로그 그래프였으니 말이다.**

우리의 상인은 많이 고통받기도 했고, 커다란 기쁨을 맛보기도 했다. 화물을 잃고 큰 비용을 치르기도 했고, 또 무사히 화물을 운반해 이익을 누리기도 했다. 이전 항이 다음 항과 복리로 계산되는 기하수열을 직접 겪었다. 즉, 주사위 게임이 아니라, 현실 세계에서 실시간으로 시간 요소가 작용하는 복리 작용을 목격한 것이다. 상인은 이 점을 깨달았어야 했다. 그러기만 했다면 아주 많은 시간과 비용을 절감할 수 있었을 것이다. 2장에서 살펴본 것처럼 베르누이의 로그 그래프에서 '오목한 곡선'을 따라 화물을 보내기만 하면 됐을 테니까. 해적에게 강탈당해 바다의 심연으로 가라앉는 불쌍한 상선을 추적할 수도 있었을 테다. 즉, 다음번 출항의 로그 수익률 기댓값(또는 '에몰루멘툼 미디움')을 계산하여 해당 출항의 결과를 바탕으로 계속해서 화물을 보냈을 때의 기하평균 수익률을 알게 됐을 것이다.

그 얼마나 놀라운 경험이 됐겠는가! 큰 손실이 발생하면 다음번 출항에 재투자해서 복리 수익을 올릴 자본이 크게 줄어들기 때문에 기하평균 수익률이 확 떨어진다는 점을 알게 됐을 테니 말이다. 그리고 '터무니없이 비싸'다고 생각했던 800루블짜리 보험을 구매했을 때와 그러지 않았을 때의 기하 수익률을 다시 계산하여, 부분이 아니라 대해적처럼 전체를 볼 수도 있었을 것이다. **전체는 부분의 합보다 훨씬 크다는 점을 알 수도 있었으리라.**

주사위 게임을 피하거나 '보험을 들라'는 자연의 경고인 베르누이의 로그 그래프는 사실 지도다. 나중에 밝혀지듯, 우리와 페테르부르크 상인이 처음부터 찾고 있던 바로 그 지도, 어디를 파면 묻혀 있는 보물을 찾을 수 있는지를 정확하게 보여주는 지도다.

복리의 곱셈 작용은 '가장 강력한' 힘 중 하나다('최강'의 힘이라고 하는 사람도 있다). 이 힘을 이용하고 써먹어야 한다. 하지만 이 힘에 휩쓸려 베르누이 폭포 너머로 내쳐지면 '가장 파괴적인' 힘이 되고 만다. 그 힘 때문에 죽지만 않는다면 더 강해질 수 있다. 니체의 유명한 말을 빌리자면, "시련으로 죽지 않았다면 그로 인해 더 강해진다."

위대함의 공식

니체가 남긴 주옥같은 여러 메시지 중, 이 책에서는 영겁 회귀의 근본 원칙, 즉, 같은 결과를 다시 또 반복해서 거두게 된다는 내용을 가장 면밀하게 살펴보았다. 니체는 실존적 원칙을 한층 더 발전시켜서 우리에게 주어진 유일한 길을 제대로 이해해야 할 뿐만 아니라, 그 길을 사랑해야 한다고 했다.

이게 '아모르 파티Amor fati', 즉 '운명을 사랑한다'는 개념이다. 영겁 회귀와 마찬가지로, 고대부터 존재한 개념을 니체가 가져온 것이다. 짧게 잡아도 에픽테토스와 마르쿠스 아우렐리우스 등 스토아 학파의 철학자들에게로 거슬러 올라가는 내용이다. 아우렐리우스가 《명상록》에서 이야기했듯, "운명이 준 패를 사랑하고, 그 패를 내 것 삼아 나아간다. 그보다 더 나은 방법이 달리 있는가?"(마르쿠스 아우렐리우스가 포커를 치지는 않았지만, 이 말은 스클랜스키의 포커 이론과 일맥상통한다.)

하지만 운명을 사랑한다는 개념을 제대로 받아들인 건 니체였다. 아모르 파티는 니체가 주장한 근본 원칙의 논리적 연장이다. 그래서 니체가 이야기한 "가장 고차원적인 긍정"에서 새롭게 발전된 공식이 탄생했다.

> "인간이 위대해지는 데 필요한 공식으로 나는 아모르 파티를 제안한다. 과거에도, 미래에도, 영원의 시간을 통틀어 무엇도 바뀌기를 바라지 않는 상태가 아모르 파티다. 필연을 견디는 것만이 아니라 (필연을 숨기는 건 더더욱 아니고), 그 필연을 사랑하는 것이다."

"신은 죽었다!"라는 선언을 둘러싼 숱한 오해 때문에 니체는 허무주의자로 잘못 분류되곤 한다. 니체는 허무주의자가 아니었다. 여러 가지 측면에서 아모르 파티는 허무주의에 반대하는 니체의 입장을 보여준다. "존재의 위대한 주사위 게임"에서 불확정성에 맞닥뜨렸을 때, 덮어놓고 체념하고 나서 세이프 헤이븐 등을 통해 베팅 금액을 줄이기는 쉽다. 하지만 니체에게 아모르 파티란, 주사위를 던져서 나오는 보상을 살짝 바꾸어서 무엇이 나오든 그 결과를 사랑할 수 있도록 하는 것이었다.

어떤 주사위 면이 나오든 그 운명을 사랑한다는 건 체념이 아니다. 그보다는 운명(주사위 자체가 아니라 주사위를 던졌을 때의 결과)을 바꾸어야 한다는 요구로서, "내가 그렇게 의도했다!"라고 선언할 수 있어야 함을 의미한다.

'현재'의 길을 제대로 이해해야 한다. 그러려면 다른 길도 거의 다 제대로 파악해야 하고, 실현된 경로를 확고하게 밀고 나가야 한다.

같은 수익률이 영원히 반복된다고 하면, 투자에서 중요한 문제에 집중하게 된다. 제대로 살펴보고 게임의 성질을 이해하게 된다. 우리는 카지노가 아니기에, 발생할 수 있는 동시 수익률 분포가 들어간 포트폴리오는 있을 수 없다. 오히려 이전의 베팅 결과가 계속해서 다음번 베팅에 복리로 계산된다. 기회는 한 번뿐이며, 그 한 번에 집중하면 여러 가지 실수를 피할 수 있다. 더 나은 내적 가치평가 기준을 바탕으로 중요한 것에 집중해서 우리에게 주어진 기회가 그 가능성을 최대한 발휘할 수 있도록 해야 한다. 나올 수 있는 결괏값의 범위를 좁히면서 가장 확률이 높은 결괏값을 최대화해야 한다.

이게 비용 효과적인 리스크 완화의 본질이다. 어떤 운명이 주어지든 자신의 운명을 제대로 이해하는 것이다. 예상되는 운명의 평균이나 나쁜 운명만이 아니라, 어느 운명을 받아들게 되더라도 상관이 없게끔 모든 운명을 제대로 이해해야 한다.

삶의 모든 순간을 무수히 다시 살게 되리라는 가정을 하면 매 순간 최대의 중량을 느끼게 된다. 그 무게가 참기 어려운 무게일 수도 있다(밀란 쿤데라 Milan Kundera가 1984년 출간한 소설 《참을 수 없는 존재의 가벼움 The Unbearable Lightness of Being》의 주제가 바로 이 내용이다).

매 순간, 그리고 모든 회귀는 그저 일어났다가 사라지는 데 그치지 않고, '영원히' 남게 된다. 이는 수학적인 사실이다. 복리의 곱셈 작용이 가장 강력하면서도 파괴적인 이유는 직전 항의 수익률을 다음 항에 곱하는 성질 때문이다. 안타깝게도 곱셈에는 가환성이 있으니 말이다. 3장에서 살펴보았듯, 오늘의 큰 손실은 수십 년 후의 최종 자산에 영향을 미친다. 그런 손실이 수십 년 후에 날 때와 똑같다(다만, 영향을 받는 자산의 규모가 훨씬 커진다). 큰 손실이 실제로 언제 발생하든, 수면에 이는 파문처럼 그 여파는 영원하다.

매 순간은 이제 사라지는 찰나가 아니다. 무겁고 영속적인 구조가 되어 현재뿐만 아니라 우리가 볼 수 있는 만큼의 미래를 결정짓는다.

그래서 단일 기간의 투자를 평가할 때, 실제로는 그렇게 하지 않는

운명을 사랑하라

다고 해도 그 투자의 결과를 몇 번이고(영원을 가정할 수도 있다) 다시 투입한다고 가정했을 때의 복리 효과를 평가해보아야 한다. 실질적으로, 그리고 수학적으로도 복리 계산을 하게 될 테니 말이다. 이게 베르누이 로그 목적함수의 메시지였다(즉, 베팅했을 때 나올 수 있는 모든 결괏값의 기하평균을 따져야 한다는 것이다). 그리고 이게 투자에서의 아모르 파티다!

인간의 위대함을 위한 니체의 공식은 훌륭한 투자를 위한 우리의 공식이자, 우르릉대며 떨어지는 라인 폭포의 강둑을 따라 늘어선 돌에 새겨진 공식이기도 하다. 어떤 투자 전략을 취하는지보다 훨씬 중요한 것이 바로 운명을 사랑하는 성향이다. 이 점을 이해하면 다른 사람보다 훌쩍 앞서나갈 수 있다.

하지만 정신없이 살다 보면 이 공식을 잊기 마련이다. 그래서 영업 비밀을 하나 더 공개하겠다. 할 수 있다면 이 내용을 환기해주는 무언가를 마련하는 편이 좋다(전화 알림을 설정하거나 문신을 할 수도 있고, 차에 120면체를 매달아서 백미러로 힐끔힐끔 볼 수도 있겠다).

그리고 리스크를 대폭 줄이는 것이 비용 효과적인 세이프 헤이븐의 본질은 아니라는 엄청난 반전을 언제나 기억해야 한다. 의도적으로 리스크를 완화해서 더 많이 얻는 것이 목적이지, 그 반대가 아니라는 점을 이해해야 한다. 위대한 스토아 철학자 마르쿠스 아우렐리우스는 "사람이 두려워해야 하는 것은 죽음이 아니라, 삶을 아예 시작하지도 못하는 것"이라고 말했는데, 자칫하면 이 말이 들어맞는 상황에 처하게 될 수도 있다.

"우산을 잊고 있었다"

우리는 자본을 복리로 늘리고 그에 따라 리스크를 완화하게끔 되어 있고, 이를 본능적으로 뼛속 깊이 알고 있다. 조상들이 겪은 온갖 힘든 일, 어려움, 배고픔, 고통은 다음 날이나 다음 분기, 다음 해까지 버티기 위함이 아니었다. 마지막까지 살아남아 번성하고, 자손을 많이 남기기 위함이었다. 인류는 그렇게 진화했고, 그게 문명 발전의 본질이다. 금융·투자업계에서도 여전히 알고 있는 내용이긴 하지만, 그 증거를 찾으려면 다른 곳을 살펴보아야 한다.

무역 해상 보험은 바빌로니아까지 거슬러 올라가는 세계 최초의 공식적인 보험 언더라이팅으로, 기원전 1750년경 함무라비 법전에 기록이 남아 있다. 수천 년간 인류 문명이 점차 발전하고 경계가 확장되면서, 위험을 무릅쓸 각오를 세운 용감무쌍한 상인들이 운명을 걸고 모험을 했다. 이에 따라 점점 더 형식을 갖춘 리스크 완화 옵션이 필요에 의해 생겨났다. 18세기에 베르누이가 주사위 게임을 연구하고 나서야 마침내 보험업계와 리스크 완화 분야 전반에 걸쳐 엄밀하고 과학적이며, 도박과 관계없는 기준이 정립되었다니, 기가 막힐 일이 아닐 수 없다.

하지만 오늘날에도 투자 분야에서 리스크 완화의 너무 많은 부분이 연극이나 피상적인 아이러니, 그도 아니면 도박에 불과한 것이 되었다. 그렇게 보면, 확률이라는 학문 덕분에 운명에 대한 인류의 반동적인 견해에서 마침내 벗어나게 되었지만, 리스크 완화는 예전의 운명적 허무주의로 되돌아가는 듯하다. 현대 금융학은 세이프 헤이븐 투자를 통해 더 큰 투자 가치를 실현할 수 있다는 희망을 버렸다. 베르누이의 이론을 잊어버린 것은 현대 금융 신봉자들에게 대단히 큰 손실이다.

리스크 완화 보상에 대한 여러 테스트에서 확실하게 살펴봤지만, 핵심은 '효율성'이다. 산술 비용보다 기하 포트폴리오 효과가 커지면 세이프 헤이븐 경계선을 따라 내려가게 되고, 비용 효과적인 세이프 헤이븐이 생겨난다. 그런 세이프 헤이븐은 조용히, 또 야단스럽지 않게 때를 기다릴 수 있어야 한다. 그래서 사람들이 존재를 알아채지 못할 정도로 잠자코 있다가, 필요할 때 혜성처럼 등장해야 한다. 요컨대 비용 효과적인 세이프 헤이븐은 다니는 데 방해가 되지 않도록 곱게 접은 우산 같다. 손에 들고 있었는지도 잊어버렸지만, 갑자기 비바람이 몰아치면 바로 펼쳐서 비를 막아주는 존재다.

날씨와 시장 예측이야 어쩔 수 없다고 해도, 우산이 있으면 날씨와 시장이라는 주사위를 던졌을 때 어느 면이 나오든 결과를 받아들일 수 있다(그 결과를 사랑하게 될 수도 있). 슈뢰딩거의 고양이와 한 번에 6면이 모두 펼쳐지는 주사위처럼, 비가 오든 날씨가 좋든 별일 없이 지낼 수 있다.

물론 우리는 이런 실제적인 이점을 직관적으로 알고 있다. 날씨가

고약했던 어느 날 엥가딘에 갔는데, 그때 나이 든 가이드가 "나쁜 날씨라는 건 없어요. 장비가 나쁠 뿐이죠"라는 현명한 말을 했다(우리 할머니도 그렇지만, 이런 현명한 말을 건네는 할머니가 다들 한 분씩은 있지 않은가?). 진부하지만 우리가 다루고 있는 세이프 헤이븐 투자에 딱 들어맞는다 싶게 예리한 이런 말도 있다.

비바람이 지나가기를 기다리는 것이 인생은 아니다.
빗속에서 춤추는 법을 배우는 것이 인생이다.

밥 딜런도 그랬고, 우리도 "세찬 비가 내릴" 것임을(정말 그럴 것이다!) 알고는 있지만 모르는 것처럼 행동해야 한다. 그렇지 않으면 먹구름이 드리울 때마다(어째 먹구름은 항상 드리우는 것 같지만) 밖에 나가지 않고 집 안에 숨으려 하거나, 비가 올 때 더 비싼 값에 우산을 사게 될 수도 있다.
니체의 사후에 발견된 미발간 원고 더미에 수수께끼 같은 구절이 하나 있었다. 맥락도 없고, 괄호 안에 갇혀 쓴 문장이다.

《우산을 잊고 있었다.》

이 구절이 발견된 이후 여러 철학자가 머리를 싸매고 해석을 시도했지만, 니체의 말이 대부분 그렇듯 해석하기에 따라 여러 의미를 띨 수 있다. 우리의 경우에는 세이프 헤이븐이라면 그게 원래 있었는지도 몰라야 한다고 해석하면 된다. 비가 오든 해가 나든, 어떤 경제 폭풍이 닥쳐와도 우리가 할 일을 할 수 있도록, 그래서 좋은 날을 안전하게 누리도록 해야 한다. 어떤 비바람도 견뎌낼 수 있어야 한다. '어떤 비바람'에는 비바람이 치지 않는 상황도 포함된다는 점을 유념하자.

이 책을 쓰면서 내가 달성하고자 했던 목표 중 일부라도 달성했다면 좋겠다. 전체 빙산 중 수면 위로 드러난 8분의 1 정도만 다룬 셈인데, 그래도 수면 아래의 나머지 부분보다는 독자 여러분에게 도움이 될 것이다.

이 책에서는 세이프 헤이븐이 제 역할을 다하려면, 자산을 늘리는 데 기여해야 한다는 관점에서 리스크 완화를 분석하는 논리적·실용적 틀을 제시했다. 그리고 이런 관점이 우리의 제1원칙이다. 투자를 하다가 황야에서 세이프 헤이븐이라는 짐승을 만난다면, 분류하기에 앞서 표면적인 특징이나 내러티브 이외에 다른 내용도 항상 깊이 생각해보면 좋겠다. 본인에게 주어진 단 하나의 길을 가는 데 그 세이프 헤이븐이 어떤 역할을 할 수 있는지 구체적으로 생각해보기를 바란다. 어떻게 세이프 헤이븐을 통해 로그 그래프에서 뚝 떨어지는 구간에 발 들이지 않을 수 있는지, 그래서 우리에게 주어진 길이 통째로 뒤바뀌지 않을 수 있는지 생각해야 한다. 또한, 비용 효과 분석과 세이프 헤이븐 경계선에서 어디쯤 위치할지도 가늠해야 한다. 이 책을 읽고 이런 관점, 즉 세이프 헤이븐 투자에 대한 보다 현실적인 전제와 기제, 트랙 전체를 볼 수 있는 좀 더 일관되고 전체론적인 틀을 갖추게 되었다면, 경험 많고 가방끈이 길고 점잖은 대개의 전문 투자자보다 더 능숙하게 세이프 헤이븐의 덫을 피해갈 수 있을 것이다. 우리의 커다란 딜레마도 해결할 준비가 되었고 말이다.

그리고 아주 오랜 시간이 지난 후 한숨을 쉬며 이렇게 말하지 않을까. 큰 손실이 나서 복리수익률이 타격을 받았다면 다른 길을 가고 싶어 했으리라고. 하지만 비용 효과적으로 그런 손실을 제거했기에 모든 것이 달라졌노라고. 우리는 이 운과의 전쟁에서 싸워 이겨야 한다.

그러니 행운을 빈다. 운이 없을 수도 있겠지만. 운명을 사랑하라.

-마크 스피나츠젤

항구에 있는 배는 안전하다….

옮긴이의 말

투자에 관심을 보이는 사람이 많아지고 있다. 경제 상황이 급변하는 가운데 은퇴 이후까지 생각하다 보면 '재테크'를 하지 않아도 되는 사람은 거의 없을 것이다. '경제적 자유'를 이유로 투자에 뛰어드는 경우도 상당하다.

《손자병법》에서 손자는 "전쟁이란 나라의 중대한 일이다. 죽음과 삶의 문제이며, 존립과 패망의 길"이라고 했다. 전쟁의 엄중함을 인식하여 "망한 나라는 다시 존재할 수 없다"라고도 했다. 여기에서 전쟁의 맥락만 투자로 바꾸어도 그대로 적용되는 이야기다. 투자는 중요한 일이고, 개인·가정·기관 등의 존립과 패망을 결정한다. 큰 손실이 나면 시장에서 다시 존재할 수 없다. 아무 생각 없이 투자하다가 돌이킬 수 없는 손해가 발생하면 지속이 불가능해지니 신중해야 한다. 투자의 엄중함만 인식해도 많은 것이 바뀔 수 있다.

《손자병법》에서 한 구절을 더 인용하자면, "먼저 이길 수 있는 형세를 만든 뒤에 싸움에 임해야 한다"고 했다. 이겨야 한다는 신념이나 분노와 같은 감정을 앞세우면 안 되고, 이길 계산, 즉 '승산勝算'을 따지고 이길 수 있는 판을 만든 후에 들어가야 한다는 것이다. 투자의 관점에서 보자면, 투자의 무게를 인식한 뒤 어떤 경우에든 승률을 높일 수 있는 방향으로 나아가야 한다고 해석할 수 있다.

투자를 하는 사람들은 보통 수익을 내는 데 집중한다. '돈을 잃어야지'라는 마음으로 투자하는 사람은 없겠지만, 언제든 예상치 못한 상황으로 인해 손실이 발생할 수 있다는 점은 염두에 두어야 한다. 그러나 '투자한 돈을 잃을 수도 있고, 그럴 때의 손실을 최소화해야 한다'라는 이야기보다는 '투자한 돈이 수십, 수백 배 불었다' 같은 이야기가 훨씬 매력적이라는 점은 부인하기 어렵다. 초인적인 능력을 지닌 히어로가 종횡무진으로 활약하는 영화가 더 재미있지, 적을 앞에 두고 성의 방비를 탄탄히 하며 수성전을 준비하는 내용은 영화화되기 어렵다. 하지만 모든 싸움에서 이기기는 어렵고, 결국에는 어떤 상황에서도 '지지 않는 것'이 중요하다. 워런 버핏이 내세우는 제1원칙도 "절대 돈을 잃지 말라"가 아닌가.

이 책은 시장 수익률을 웃도는 수익을 내는 구체적인 방법론을 알려주는 책은 아니다. 저자는 처음부터 특정 방법이 효과적임을 '입증'하는 것이 목표가 아니라는 점을 분명히 하고 있다. 그러나 투자를 대하는 태도와 생각을 점검하고 가다듬는 계기가 될 수 있는 책이다. 투자업계의 전문가들이 대체로 하는 이야기와는 궤를 달리하지만, 생각해 볼 만한 대목이 많다.

 책의 원제가 '피난처'를 의미하는 '세이프 헤이븐'이라고 해서 무조건 안전만 강조하는 투자 방법이라고 생각하면 오산이다. 태풍이 몰아치는 상황에서도 시장에서 살아남는 방법, 그것도 최대한 '가성비' 있게 그런 목표를 달성하는 방법에 대한 고민을 철학적, 수학적으로 검증해서 풀어냈다. 책에 나온 수학적·통계학적 내용을 전부 이해하지 못하더라도 저자가 전달하려는 메시지를 이해하는 데는 큰 어려움이 없으니, 본문에 있는 수식이나 그래프를 보고 지레 겁먹을 필요는 없다.

 오늘을 사는 우리는 세계대전, 대공황, 오일쇼크, 닷컴 버블 붕괴, 금융위기 같은 사건을 역사적인 맥락에서 '일어날 만한 일'이었다고 덤덤하게 받아들인다. 더 먼 미래의 시점에서는 우리의 현재를 그렇게 생각할 수도 있을 것이다. 하지만 현재 시점에서 보면, 불확실성은 항상 크고 미래는 예측하기 어려우며, 주어진 정보는 불완전하다. 어떤 위기나 사태가 발생할지 지금의 우리로서는 알기 어렵다. 하지만 많은 투자자는 현재의 추세가 지속되리라 생각하는 경향이 있다. 그래서 상승장에서 매수했다가 하락세를 겪기도 하고, 그 반대의 경우도 많이 발생한다.

 남들과 똑같이 생각하고 움직이면 남들과 비슷한 결과를 낼 뿐이다. 남들과 되도록 긍정적인 방향으로 다른 실적을 내려면, 내가 가지고 있는 사고의 틀과 맹점을 성찰할 필요가 있다. 투자의 여정에서 생각지도 못한 태풍에 맞닥뜨릴 수도 있다는 겸허함을 마음 한구석에 품고, 최악의 상황이 닥쳐도 시장에서 버텨낼 수 있는 전략을 모색해야 한다.

  단기간에 큰돈을 벌게 해주는 비법을 전수하는 책은 아니지만, 나락으로 빠지지 않고 담담하고 의연하게 자신의 투자를 해나가고자 하는 독자라면 충분히 즐길 수 있는 지적 유희가 되리라 생각한다. 여기에서 한발 더 나아가, 각자 자신의 투자에 다양한 모습으로 '세이프 헤이븐'을 반영할 수 있다면 더더욱 좋겠다.